今日のごはん、
これに決まり！

Mizukiの
レシピノート

決定版！

500品

はじめに

「今日のごはん、これに決まり！」

これは実際に寄せられたフォロワーさんからのお声です。

毎日レシピを皆さんにお届けする中で、ひと目見て[作りたい][作れそう]、

そんなふうに思ってもらえるような料理を作りたいと思ってきました。だから、

このお声をいただいたときは本当にうれしくて、少しでもお役に立つことがで

きた気がして、今でも大きな励みになっています。

仕事や子育てをしながら、さらには健康のことも考えて料理を作る。それを

365日ほぼ毎日！ しんどくなるのは当然ですし、本当にすごいことだと思うの

です。時には、時間に追われてしんどい時もありますよね。そんな時は無理を

せず、お惣菜や冷食にも頼ってください。そして、何を作ったらいいか迷った

時は、どうか頼りにしてもらいたいなと思っています。

毎日頂くコメントを通して皆さんからリアルな声を聞かせてもらいながら考え

た500品を、この本にまとめました。よく手に取る食材や、冷蔵庫のストック

のこと、日々の忙しさや、家族への想い……。いろんなことを聞かせてもらい

ながら皆さんと一緒に作り上げたレシピです。

どうかこの本が、少しでもお役に立ちますよう心から願っております。

Mizuki

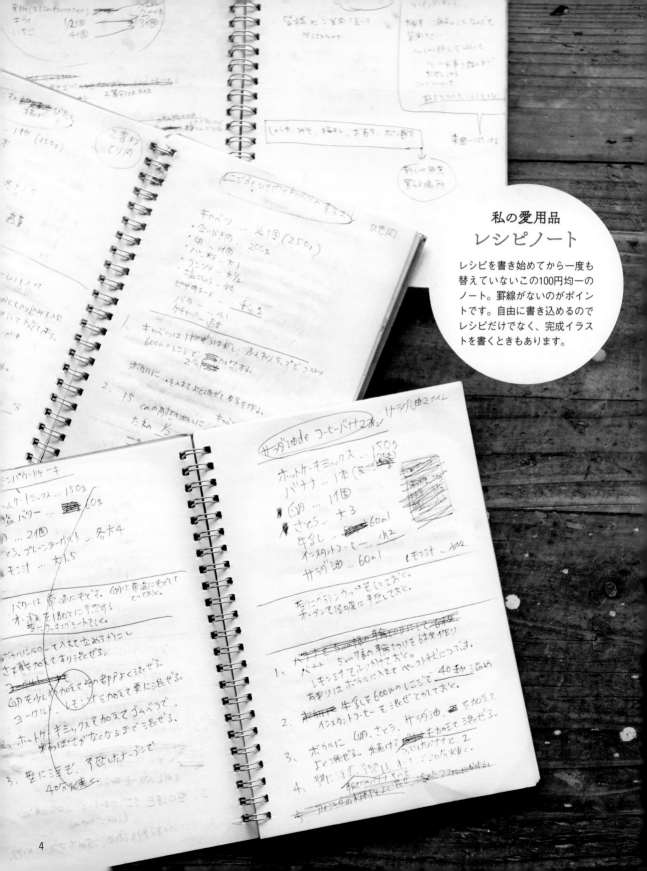

レシピを書き始めてから一度も
替えていないこの100円均一の
ノート。罫線がないのがポイン
トです。自由に書き込めるので
レシピだけでなく、完成イラス
トを書くときもあります。

4

ずっと
レシピノートで
大切にしていること

簡単なこと

やっぱり「ごはん、毎日作るのしんどい」って思うのが普通です。
だからこそ、ちょっとでもラクしてもらえるように、レシピが簡
単なことを一番大切にしています。「こうしなきゃいけない」とい
うことも料理には特にないと思っているので、私なりに一番シン
プルな方法を模索しながらレシピを書いています。

時短なこと

忙しい方が多いので、少しでも早くできあがるように、火の通り
やすい食材だったり、手が空くようにレンジ調理を活用したりす
る工夫をしています。また、味つけについても悩まなくてすむ調
味料を使ったり、全部合わせ調味料にして一発で味が決まるよう
に考えたり、少しでも短時間でできるレシピにしています。

節約なこと

私は和歌山県在住。買いものは、いつも普通のスーパー。珍しい
スパイスも使わないし、野菜や肉、魚もどこでも買える素材のみ。
季節ごとに安くなっている野菜や冷蔵庫にあるものだけで作れる
ようなレシピを意識しています。「うちの冷蔵庫見えてますか?」
なんてお声も頂くほど(笑)、皆さんの等身大です。

いつも、

「今日のごはん、これに決まり!」

につながるレシピを目指して

作るのをラクにするポイント

使う材料は手軽なものだけ

買いやすい
材料で

メイン材料はいつも冷蔵庫にありそうなものだけです。野菜は季節ものもたまにありますが、多くは年中売っているものを使っています。本書では、肉については部位別にレシピをまとめています。家にあるものや、今日買ってきたものから検索しやすくなっているので、活用してみてください。

家にある
調味料で

基本調味料に加えて、便利調味料も多数使用しています。あったら便利なものを左にまとめました。めんつゆ、ポン酢しょうゆはあえものなどに、オイスターソースや焼き肉のたれは、よく炒めものなどに使用しています。これだけでも味が決まる、お助けアイテムです。

便利なもので
おいしい工夫を

料理に欠かせない、にんにくやしょうがは基本チューブを使用しています。ただし、薬味が要(かなめ)になるレシピについては、生のにんにくやしょうがを使用しています。お好みで使い分けてください。また、だしやスープの素は基本的に顆粒のものを使っています。ご自身でお好みのものをご使用ください。

手順は少なく、時短に

効率重視に

ただ単に炒める作業でも、少しでも段取りよくできるよう考えています。例えば、肉にしっかり火を通しつつ、野菜にもゆっくり火を通せる方法がこちらの写真の方法！ お肉を敷いた上に野菜をのっけておくことで、この後の野菜の火入れはあっという間です。シュウマイや餃子も包まずに作ったり、一気に入れて煮こむだけの「ほったらかし煮」など、簡単な方法を本書にたくさん詰めこみました。

レンジだけだって
おいしく!

時間がかかる根菜類はレンジであらかじめ加熱しておくなど、時短できる工夫を取り入れています。レンジ調理も併用することで、煮ものなども短時間で完成させられます。メインも副菜もレンジだけで作れるものも多数。忙しいときのお助けレシピとしてお使いください。

使いやすい調理器具

フライパン

26cmと20cmをメインに使用しています。炒めものには24cmも使いやすくておすすめです。

焦げつきにくいテフロン加工のものがおすすめです。26cmあると葉もの野菜もすっぽり入り、ゆでるときにも便利です。

26cm

20cm

ふたつきがおすすめ。蒸すときなんかも使えます。揚げるときはこちらの小さいほうを使うと少ない油の量で揚げ焼きにできます。

平たいおたま
（サーバー）

私の一番のおすすめはこれ！ 炒めものなども皿に盛りつけやすいし、菜箸よりも扱いやすいのでよく使っています。

普通のおたまよりも、平たく浅いから炒めものの汁も余すことなく、すくえます。

素材はいろいろなので、使いやすいものを選んで。

お鍋

大きい両手鍋と小さな片手鍋を
よく使っています。よく使うの
は片手鍋のほう。「ほったらかし
煮（P44〜P45）」もこの大きさ
で煮ています。

ふたつきがおすすめ。
たっぷりの量で煮も
のを作るときや、麺
をゆでるときに使い
ます。

16cm

20cm

炒めたり、煮たりといろんな
用途で使うので、こちらもテ
フロン加工がおすすめです。

レンジOKの容器

よくレンジ調理をするので、この容器は必須！ 最近のお気
に入りは、素材も軽く、頑丈なポリカーボネート製のボウル。
材料をここであえて、このままチンできる優れもの。

ガラス製のものもよく使
っています。ふたつきで
あれば、加熱して冷まし
たらそのまま保存容器に
もなるから便利です。

ポリカーボネート製
でレンジでも使える
タイプ。そして軽い。
頻繁に使っています。

Contents

はじめに … 2
ずっとレシピノートで大切にしていること … 5
作るのをラクにするポイント … 6
使いやすい調理器具 … 8

Part 1
今日の晩ごはん、どうしよう…
毎日を気ラクにのりきる Mizuki式ごはんのコツ

Q1 おかずのマンネリに困っています！ … 18
・シンプルチキンソテー ・カレー味チキンソテー
・フレッシュトマトのチキンソテー
・ハニーマスタードチキンソテー

Q2 栄養バランスが心配です… … 20
・豚バラキャベツマウンテン ・トマトと卵のスープ
・牛肉と小松菜きのこのバタポン
・ピーマンの豚カルビのせ

Q3 副菜が思いつきません！ … 22
・白菜のおかかマヨあえ ・大根とツナのしょうが煮
・キャベツとウインナーのカレー炒め
・きゅうりの中華漬け ・ポリ袋ぬか漬けも便利！

Q4 献立の味が全部一緒になってしまう！ … 24
・豚肉のスタミナ焼き ・トマトのごまポンあえ
・豆腐となめこのみそ汁

**Q5 メインが、焼き魚など
ボリュームがないときの副菜に悩みます** … 26
・トースターde厚揚げのみそチーズ焼き
・じゃがいもとウインナーのコンソメチーズ炒め
・レンジde厚揚げとなめこの和風煮
・長いものバターしょうゆ焼き

**Q6 仕事から帰宅後に晩ごはんをつくるので、
とにかく時間がない！** … 28
・豚肉と玉ねぎのうまだれ炒め
・きのこのコンソメバタースープ

Part 2
冷蔵庫にあるものからすぐ決まる！
メインの肉おかずと魚介、豆腐、卵のおかず

鶏もも肉

チキンのトマトクリーム煮 … 32
鶏肉と白菜のうま塩煮 … 33
鶏肉とれんこんの甘辛煮 … 33
甘辛スパイシーチキン … 34
鶏肉とキャベツの
　にんにくしょうゆ炒め … 34
鶏肉と新じゃがのしょうが焼き … 34
鶏肉のホイル焼き … 35
鶏肉とピーマンのみそ炒め … 35
チキンのきのこバターソース … 35
チキンのチーズクリーム煮 … 40
皮パリチキンのトマポン酢 … 40

皮パリチキンの中華だれ … 41
鶏肉とキャベツの塩バター煮 … 41
鶏肉とねぎの照り焼き … 41
鶏肉とれんこん甘酢ごま炒め … 42
鶏肉と大根のバターしょうゆ煮 … 42
鶏肉と長いもの甘辛あえ … 42
BBQチキン … 43
ヤンニョムチキン … 43
鶏肉とアスパラのチーズ焼き … 43
ねぎ塩だれde皮パリチキンステーキ … 46
チキンとほうれん草のグラタン … 46
鶏肉の甘酢しょうがだれ … 46
鶏肉と白菜の春雨煮 … 47
鶏肉とさつまいもの甘辛しょうゆ … 47

鶏肉となすのさっぱり煮 … 47
チキンのカレークリームグラタン … 48
鶏肉とじゃがいものすき煮 … 48
BBQ照りチキン … 48
鶏肉とかぼちゃの甘辛カレーだれ … 49
鶏肉とれんこんのうまだれ炒め … 49
鶏肉と卵の照り煮 … 49

かんたんバリエがうれしい！
シリーズレシピ

やみつきチキン&唐揚げ

香味しょうゆde
　やみつきチキン … 36
のり塩チキン … 37

塩レモンチキン … 37
ごましょうゆチキン … 37
しょうがじょうゆ唐揚げ … 38
オイマヨ唐揚げ … 39
黒こしょうチーズ唐揚げ … 39
ごまねぎだれ唐揚げ … 39

入れて煮るだけ！ ほったらかし煮
鶏肉のほったらかし甘酢煮 … 44
鶏肉とミックスビーンズの
　　ほったらかしトマト煮 … 45
鶏肉の中華風ほったらかし煮 … 45
鶏肉と卵のしょうが煮 … 45
鶏肉のほったらかしみそ煮 … 45

火を使わない レンジde完成レシピ
鶏肉とキャベツのうま塩煮 … 50
チキン南蛮風 … 50
絶品鶏チャーシュー … 51
みそ鶏チャーシュー … 51
レンジ蒸し鶏のねぎ塩だれ … 51

鶏むね肉

鶏むね肉とブロッコリーの
　　オーロラソースあえ … 52
鶏むね肉de甘酢マヨチキン … 52
鶏むね肉とじゃがいもの
　　細切り炒め … 53
鶏むね肉のごまねぎポン酢 … 53
鶏むね肉の甘酢煮 … 53
鶏むね肉のチーズフライ … 56
鶏むね肉deカレーナゲット … 56
鶏むね肉のオイマヨあえ … 56
鶏むね肉のから揚げ
　　梅おろしポン酢 … 57
鶏むね肉de甘辛スティックチキン … 57
鶏むね肉のペッパーカツ … 57
鶏肉とれんこんの甘辛だれ … 58
鶏むね肉のから揚げ
　　ハニーマヨソース … 58
コンソメガーリックチキン … 58
鶏むね肉のチーズパン粉焼き … 59
韓国風甘辛チキン … 59
鶏むね肉deガリバタチキン … 59
鶏むね肉de磯辺鶏天 … 60
鶏むね肉のカレーソース … 60
鶏むね肉とチンゲン菜の
　　中華あんかけ … 60
鶏むね肉de揚げ出し鶏 … 61
鶏むね肉のチリソース … 61
鶏むね肉とにらのみそだれ炒め … 61

かんたんバリエがうれしい！
シリーズレシピ

しっとりレンジ蒸し鶏アレンジ
レンジ蒸し鶏 … 54
蒸し鶏の韓国風サラダ … 55
蒸し鶏の香味だれ … 55
蒸し鶏のごまみそだれがけ … 55
蒸し鶏きゅうり … 55

鶏ささみ肉

ささみの南蛮漬け … 62
ねぎだく♡マヨポンささみ … 62
ささみのカレーしょうゆ焼き … 63
ささみのカリカリチーズ揚げ … 63
ささみのレモン煮 … 64
コンソメしょうゆde
　　ささみの唐揚げ … 64
ささみde簡単うま辛チキン … 65
ささみの香り揚げ … 65
ささみdeスティックフライドチキン … 66
ささみのバターチーズ焼き … 66
ささみdeとり天 … 66
まるごと！ ささみの名古屋風 … 67
ささみでタンドリーチキン … 67
ささみの串焼きみそマヨだれ … 67

鶏手羽肉

手羽と大根の照り煮 … 68
名古屋風甘辛スペアリブ … 68
手羽中のポン酢揚げ … 69
手羽と卵のうま照り煮 … 69
フライドチキン … 69
手羽元のほったらかし煮 … 70
手羽と野菜のオーブン焼き … 70
手羽とポテトの甘酢照り焼き … 70
手羽元のガーリックバター焼き … 71
手羽中の甘辛しょうがだれ … 71
手羽先の甘辛煮 … 71

かんたんバリエがうれしい！
シリーズレシピ

漬けて焼くだけ！ グリルチキン
手羽先のうま塩グリル … 72
漬けこみだれバリエ … 73
　・中華風グリル
　・塩ごま油焼き
　・カレーグリル
　・コンソメしょうゆdeローストチキン
　・BBQローストチキン

豚こま切れ肉

豚たま甘酢あんかけ … 74
厚揚げチンジャオロース … 75
豚肉となすのオイスター炒め … 75
豚肉とごぼうのしぐれ煮 … 76
豚肉とスナップえんどうの甘辛炒め … 76
豚こま焼き南蛮 … 76
豚肉と野菜のあんかけ風 … 77
豚こまのペッパーチーズ揚げ … 77
豚肉ときゅうりのごまポン酢あえ … 77
豚肉と小松菜の春雨煮 … 80
豚肉とじゃがいものとろみ煮 … 80
とろ～りチーズ回鍋肉 … 80
豚肉と厚揚げのヤンニョム風 … 81
豚肉と卵の甘辛煮 … 81
豚にらもやし春巻き … 81
豚肉と残り野菜のプルコギ … 82
豚肉とごぼうの柳川風 … 82
豚こまde四宝菜 … 82
玉ねぎ入り豚こま天 … 83
豚こまのねぎだれがけ … 83
豚こまとれんこんの甘辛おろし … 83

かんたんバリエがうれしい！
シリーズレシピ

フライパン5分の炒めもの
豚肉とにらのうま辛チーズ … 78
豚肉とほうれん草の
　　コーンバターしょうゆ … 79
豚肉とにらのスタミナ炒め … 79
てりたまポーク … 79
豚肉ときのこのマヨしょうゆ炒め … 79

おつまみポーク＆カリカリ豚
ごまだれdeおつまみポーク … 84
甘酢あんdeおつまみポーク … 84
香味だれのカリカリ豚レタス巻き … 85
カリカリ豚のトマポンだれ … 85

豚バラ肉

豚肉とほうれん草のプルコギ風 … 86
豚肉と小松菜のとろ卵炒め … 86
白菜回鍋肉 … 87
豚肉とキャベツの塩バター煮 … 87
豚肉と残り野菜のチャプチェ … 87
焼き肉のっけ温キャベツ … 88
豚肉と小松菜の和風煮 … 88
こってり甘辛豚バラ大根 … 88
豚肉と卵のカレーしょうゆ煮 … 89

豚バラ肉

豚にらもやしのフライパン蒸し … 89
豚肉となすの蒲焼き風 … 89
豚キムチーズ … 92
うま塩肉じゃが … 92
豚肉と長いものうまだれ蒸し … 92
とろ卵豚キャベツ … 93
豚肉となすのスタミナ炒め … 93
豚肉と白菜のほったらかし煮 … 93

かんたんパリエがうれしい！
シリーズレシピ

定番！ 野菜巻き

長いもこってり巻き … 90
えのきのうまだれ肉巻き … 90
なすの肉巻きごまポン … 90
豆苗のピリ辛肉巻き … 91
れんこんの肉巻きフライ … 91
アスパラのカレー肉巻き … 91
ピーマンのチーズイン肉巻き … 91

豚バラでボリューム鍋

豚肉と白菜のにんにくみそ鍋 … 94
うま辛キムチ鍋 … 95
豚にらもやしdeもつ鍋風 … 95
豚肉とキャベツの塩バター鍋 … 95

豚ロース（薄切り）

厚揚げの肉巻きしょうが焼き … 96
すぐできチャーシュー … 96
豚しゃぶとキャベツのおろしあえ … 96
特製だれde冷しゃぶサラダ … 97
ねぎだれ焼きしゃぶ … 97
香味だれde豚しゃぶ豆腐 … 97

豚ロース（厚切り）

ひと口ポークチャップ … 98
カレーしょうゆポークソテー … 98
ガーリックポークソテー … 98
オニオンポークチャップ … 99
バターしょうゆポークソテー … 99
3色酢豚 … 99

ひき肉

ひき肉とじゃがいものチーズ焼き … 100
ペパマヨチキンナゲット … 100
超簡単ねぎつくね … 101
照り焼き鶏つくね … 101
ひき肉とトマトのチーズ焼き … 101

焼き肉のたれdeマーボーなす … 104
煮るだけ簡単ミートボール … 104
肉だんごと小松菜のうま煮 … 104
ひき肉ともやしの春巻き … 105
ひき肉じゃが … 105
ひき肉と白菜のみそグラタン … 105
長いも入り鶏つくね … 108
ひき肉とピーマンの春雨煮 … 108
鶏つくねのしょうが焼き … 108
ひき肉となすのチャプチェ風 … 109
照り焼きチーズつくね … 109
なすとミートソースのチーズ焼き … 109
トロトロなすのはさみ焼き … 110
オニオンだれde豚つくね … 110
れんこんつくね … 110
ひき肉とキャベツの甘辛炒め … 111
厚揚げと白菜のそぼろあんかけ … 111
輪切りピーマンの肉詰め … 111

かんたんパリエがうれしい！
シリーズレシピ

味変！ ハンバーグ

基本のハンバーグの肉だね … 102
甘辛おろしハンバーグ … 103
とろ〜りチーズハンバーグ … 103
きのこソースハンバーグ … 103
たっぷり煮込みハンバーグ … 103

ワザあり！ シュウマイ＆餃子

皮をのっけて！ かにシュウマイ … 106
花咲シュウマイ … 106
たっぷりキャベツの棒餃子 … 107
小松菜棒餃子 … 107
うまみ満点！ 塩餃子 … 107

牛肉

牛こまと厚揚げのすき煮 … 112
牛肉の洋風炒め … 112
牛肉とれんこんの甘辛炒め … 113
牛こまdeビーフカツ … 113
ユッケジャン風煮込み … 113
牛肉とトマトの中華炒め … 114
肉吸い … 114
牛肉と大根の甘辛煮 … 115
スタミナプルコギ … 115
焼き肉のレタス包み … 115

ハレの日のかたまり肉

超簡単！ 豚の角煮 … 116
本格焼き豚 … 116
フライパンローストビーフ … 117
フライパンローストチキン … 117

魚介類

サーモンとブロッコリーの
　クリームシチュー … 118
さけのマヨパン粉焼き … 118
さけときのこのクリーム煮 … 119
さけの中華野菜あんかけ … 119
さけと長いもの
　バターしょうゆ焼き … 119
焼きざけの香味だれがけ … 120
揚げない！ さけの南蛮漬け … 120
さばのしょうが焼き … 120
ぶりの照りバターしょうゆ … 121
ぶりのガーリックソテー … 121
ぶりとねぎの照り焼き … 121
かじきとエリンギのマスマヨソース … 122
かじきの
　カレーしょうゆムニエル … 122
かじきの和風おろしだれ … 122
まぐろとアボカドの
　和風カルパッチョ … 123
えびのうま煮 … 123
えびとアスパラのガーリック炒め … 123
簡単衣で、たらのフライ … 124
たらのアクアパッツァ … 124
シーフードグラタン … 124
かれいのチーズ風味ムニエル … 125
かれいの煮つけ … 125
きびなごの南蛮漬け … 125

豆腐類・卵

和風マーボー厚揚げ … 126
ひじき入り豆腐つくね … 126
厚揚げの肉にらのせ … 127
野菜あんかけ豆腐ステーキ … 127
おろしあんかけ豆腐ハンバーグ … 127
豆腐肉だんごの中華あんかけ … 128
ひき肉deすき焼き肉豆腐 … 128
ひき肉とじゃがいものオムレツ … 128
もや玉中華あんかけ … 129
かにカマdeふわとろかに玉 … 129
ゆで卵の肉巻き … 129

Part 3

野菜メインの
サブおかずとスープ

ほうれん草・チンゲン菜・小松菜

ほうれん草のだし辛子あえ … 132
ほうれん草とツナの甘辛あえ … 132
チンゲン菜とベーコンの中華炒め … 132
小松菜とツナのごまマヨあえ … 133
小松菜とじゃこのふりかけ … 133
チンゲン菜とベーコンの
　　クリーム煮 … 133

キャベツ・きゅうり・さやいんげん

キャベツとちくわの塩昆布あえ … 134
キャベツとハムのマリネ … 134
ごはんが進むキャベたま … 134
きゅうりとささみの
　　ごまだれサラダ … 135
きゅうりとちくわの塩昆布ナムル … 135
いんげんとツナのごまマヨあえ … 135

トマト・なす

ミニトマトカプレーゼ … 136
ミニトマトのマリネ … 136
超簡単！ 甘辛なす … 136
なすのレンジ煮びたし … 137
蒸しなすの中華だれ … 137
めんつゆdeなすの焼きびたし … 137

レタス・ピーマン・ブロッコリー・アスパラ

レタスと韓国のりのサラダ … 138
ピーマンとウインナーの
　　コンソメ炒め … 138
ピーマン春雨 … 138
ブロッコリーとゆで卵の
　　和風サラダ … 139
ブロッコリーとウインナーの
　　マヨチーズ焼き … 139
アスパラのカルボ風 … 139

大根・白菜

大根とベーコンのほったらかし煮 … 140
切り干し大根の中華サラダ … 140
切り干し大根のやみつきサラダ … 140
とろうまマーボー大根 … 141
マーボー白菜 … 141
白菜とツナのマヨポンあえ … 141

もやし・きのこ

もやしの中華サラダ … 142
もやしのラー油あえ … 142
もやしとにらの炒めナムル … 142
エリンギとミニトマトの
　　バタポンソテー … 143
きのこのホイル焼き … 143
きのことベーコンのチーズ焼き … 143

いも・かぼちゃ・根菜類

春のポテサラ … 144
新じゃがの煮っころがし … 144
ポテトグラタン … 144
新じゃがのそぼろ煮 … 145
新じゃがのおかかバターしょうゆ … 145
一口ハッシュドポテト … 145
コンソメマヨdeジャーマンポテト … 146
新じゃがdeハッセルバックポテト … 146
さつまいもの
　　はちみつしょうゆ炒め … 146
レンジdeさつまいも甘辛煮 … 147
さつまいもの甘辛がらめ … 147
さつまいものスイートサラダ … 147
長いもの唐揚げ … 148
長いものそぼろあんかけ … 148
長いもの坦々風 … 148
ベーコンかぼちゃサラダ … 149
かぼちゃのバターしょうゆ煮 … 149
かぼちゃのグラタン … 149
かぼちゃのスコップコロッケ … 150
筑前煮 … 150
れんこんの唐揚げ … 150
れんこんのツナマヨサラダ … 151
きんぴらごぼうサラダ … 151
ごぼうと牛肉の甘辛 … 151

卵

たまごマカロニサラダ … 152
やみつきアボたまご … 152
ゆで卵のラザニア風 … 152
皮なしキッシュ … 153
ほうれん草とベーコンの卵炒め … 153
お好み焼き風卵焼き … 153

スープ

豚肉とほうれん草の
　　ごまみそスープ … 154
豚肉と白菜のおかずスープ … 154
豚バラもやしの
　　みそラーメン風スープ … 154
落とし卵のみそスープ … 155
えのきのとろたまスープ … 155
さつまいもの豚汁 … 155
豚にらもやしのみそスープ … 156
ベーコンとブロッコリーの
　　豆乳スープ … 156
マカロニミルクスープ … 156
ひき肉ともやしのみそスープ … 157
豆腐とひき肉のとろみスープ … 157
ひき肉とにらのとろたまスープ … 157
肉だんごと野菜のおかずスープ … 158
鶏だんごときのこのおかずスープ … 158
具だくさんミネストローネ … 158
豚肉とキャベツの
　　塩バタースープ … 159
白菜入り坦々春雨スープ … 159
白菜入りチゲ風おかずスープ … 159
にんじんのとろたまスープ … 160
じゃがいものミルクスープ … 160
生クリームなし♡
　　クラムチャウダー … 160
キャベツとベーコンの
　　ミルクスープ … 161
トマトと卵のサンラータン風
　　春雨スープ … 161
豆腐のとろたまジンジャースープ … 161

Part 4
パパッとできる
1品ごはん

ごはんもの

オムライス風てりたまチキン丼 … 164
フライパンビビンバ … 164
豚肉とキャベツのスタミナ丼 … 165
豚肉と白菜のあんかけ丼 … 165
豚ピーマンのスタミナごはん … 165
豚バラガーリックライス … 166
豚キムチーズ丼 … 166
豚こまルーロー飯 … 166
玉ねぎ豚丼 … 167
タコライス … 167
カフェ風！ 甘辛ミンチライス … 167
てりたまチキン丼 … 168
なすのボロネーゼドリア … 168
ふわとろだし卵丼 … 168
ふわとろかにかま天津飯 … 169
ひき肉と小松菜の甘辛丼 … 169
ジンジャーライス … 169

かんたんバリエがうれしい！
シリーズレシピ

カレー＆クリームライス

ひき肉となすのドライカレー … 170
豚肉ときのこのクリームライス … 170
たっぷり野菜のドライカレー … 171
白菜のドライカレー … 171
レンジde豚こまハヤシライス … 171
ガーリックチーズクリームライス … 171

めん類

レンチンミートソースパスタ … 172
オリジナルぺぺたま … 172
ベーコンとなすの和風パスタ … 173
めんつゆバターde納豆パスタ … 173
牛乳deたらこクリームパスタ … 173
ツナと塩昆布の和風パスタ … 174
えびのトマトクリームパスタ … 174
ベーコンときのこの
　　めんつゆバターパスタ … 174
ベーコンとキャベツのパスタ … 175
ウインナーとほうれん草の
　　バタポンパスタ … 175
ツナマヨパスタサラダ … 175
ベーコンとアスパラの
　　クリームパスタ … 177
ウインナーとほうれん草の
　　バターしょうゆパスタ … 177
トマトクリームパスタ … 177
塩レモン焼きそば … 178
豚肉とキャベツの和風焼きそば … 178
黄金比率de上海焼きそば … 178
コクうましょうゆ焼きそば … 179
焼きそばナポリタン … 179
海鮮あんかけ焼きそば … 179
おうちde簡単！ 油そば … 180
焼きラーメン … 180
おうちつけめん … 180

台湾風混ぜうどん … 181
超簡単プルコギうどん … 181
たまごとろ〜り納豆うどん … 181
めんつゆde鶏たまつけうどん … 182
豚バラとねぎのつけうどん … 182
ツナとトマトの冷やしうどん … 182
豚焼き肉のっけうどん … 183
甘辛そぼろうどん … 183
やみつき塩昆布うどん … 183

かんたんバリエがうれしい！
シリーズレシピ

ひと鍋パスタ

ハムとアスパラのカルボナーラ … 176
春キャベツとしらすの和風パスタ … 176
ツナと水菜のマヨポンパスタ … 176

パン

マルゲリータトースト … 184
ドテマヨトースト … 184
カルボ炒めのっけトースト … 185
厚切りフレンチトースト … 185
王道★卵サンド … 185

【本書の表記について】

[分量や加熱時間について]

● 材料は基本的に 2 人分です。料理により異なる場合もありますので、レシピをご確認ください。
● 計量スプーンは大さじ 1 ＝15㎖、小さじ 1 ＝ 5 ㎖、計量カップは 1 カップ＝200㎖です（ 1 ㎖＝ 1 ccです）。
● 電子レンジの加熱時間は600Wの場合です。500Wの場合は1.2倍、700Wの場合は0.8倍の時間を目安にしてください。機種や加熱時の状態によって異なる場合もあるので、様子を見て調節することをおすすめします。
● オーブンは機種によって焼き上がりの状態が異なる場合があります。レシピを参考にしながら、お使いのオーブンに合わせて加減してください。

〈電子レンジの加熱時間の目安〉

500W	600W	700W
2分20秒	2分	1分40秒
3分40秒	3分	2分30秒
4分50秒	4分	3分10秒
6分	5分	4分
7分10秒	6分	4分50秒

ホットケーキミックスの
お菓子
世界一簡単なホケミクッキー … 188
チョコチップクッキー … 188
塩バタークッキー … 188
抹茶とホワイトチョコのスコーン … 189
チョコチャンクスコーン … 189
レモンとチーズのスコーン … 189
バナナブラウニー … 190
超簡単チョコ蒸しパン … 190
チーズ蒸しパン … 190
レモンパウンドケーキ … 191
リッチバナナケーキ … 191
パイナップルチーズケーキ … 191
黒糖サーターアンダギー … 192
シュガードーナツ … 192
豆腐パンケーキ … 192
メロンパントースト … 193
カリッとモチモチ♡チーズボール … 193
オニオンリング … 193

かんたんバリエがうれしい!
シリーズレシピ

ホットケーキMixで、
いろいろオイル生地マフィン

プレーンマフィン … 194
レモンマフィン … 194
ブルーベリー
　クリームチーズマフィン … 194
チョコバナナマフィン … 195

りんごと紅茶のマフィン … 195
カフェモカマフィン … 195
クッキー&クリームマフィン … 195

ホットケーキミックスで
簡単食事パン
世界一簡単なホケミピザ … 196
世界一簡単なお惣菜パン … 196
カップカレーパン … 197
お惣菜マフィン6種 … 197

毎日食べたい
カンタンおやつ
スイートポテト&
　パンプキンケーキ … 198
バスク風チーズケーキ … 198
チョコレートチーズケーキ … 199
抹茶バスクチーズケーキ … 199
混ぜて焼くだけチーズテリーヌ … 199
さつまいものはちみつバター … 200
クリームレアチーズケーキ … 200
超濃厚チョコテリーヌ … 200
レモンパックレアチーズケーキ … 201
世界一カンタンな大学いも … 201
スコップケーキ … 201
ラクラク桃缶ゼリー … 202
いちごミルクプリン … 202
さつまいものプリン … 202
みかん缶ゼリー … 203

超簡単♡みたらしだんご … 203
チョコ白玉 … 203
オレオon
　カップレアチーズケーキ … 204
レンジdeとろけるミルクプリン … 204
寒天ショコラ … 204
抹茶寒天〜小豆添え … 205
フルーツ牛乳寒天 … 205
片栗粉deわらび餅 … 205
塩カラメルポテト … 206
コーヒーゼリーフロート … 206
プレーンラッシー … 206

column

1 お気に入りが詰まった、
　　仕事場ツアー … 130

2 万能だれは台所の救世主! … 162

3 器選びの偏愛ポイント … 186

おわりに … 207

[材料について]
- 砂糖は上白糖、塩は「伯方の塩」などを使用しています。しょうゆは濃口しょうゆ、みそは合わせみそ(みそは商品によって塩分量が異なるので、量は加減してください)、小麦粉は薄力粉です。
- はちみつは、1歳未満の乳児が食べた場合、乳児ボツリヌス症にかかる場合があるので与えないでください。
- レシピ中の工程では省いていますが、野菜はよく洗い、皮をむくなどの下処理をしてから調理してください。野菜の重量は目安量です。
- レシピに出てくる水は、基本的に分量外です。
- めんつゆは2倍濃縮のものを使用しています。3倍濃縮の場合、分量を2/3に減らして調整してください。
- おろししょうが、おろしにんにくは基本的に市販のチューブ入りを使用しています。お好みのものをお使いください。

[レシピのマークについて]

時計マーク
調理にかかる時間の目安です。材料を洗うなどの下準備、冷ます時間、漬けておく時間などは含まれない場合もあります。

フライパンマークなど
使用する主な調理器具です。

Pointマーク
作り方のコツ、材料や味つけのアレンジ、保存についてなどを紹介しています。

今日の晩ごはん、
どうしよう…

毎日を気ラクにのりきる
Mizuki式ごはんのコツ

ごはんがなーんにも思いつかない日、あります、あります。
こちらでは、いつもSNSで寄せられる、
ごはんのお悩みの中から、特に多かったものをピックアップ。
私なりに解決策を考えてレシピにしてみました。
「こんなもんでいいんだな」と、
気ラクに思ってもらえるきっかけにしていただければうれしいです。

17

毎日のごはんのお悩み

Q1 おかずのマンネリに困っています！

Mizukiの A

鶏肉×フライパンの焼くだけレシピでも
特徴のある味つけにするとガラリと変わります！

毎日のごはんですから、
マンネリに悩みますよね。
でも、同じ材料と調理法でも
パンチのある味つけにすることで、
印象が大きく変わりますよ。

＼定番！焼くだけ！／

シンプルチキンソテー

シンプルな味つけのときは、塩の量は、「肉の重さの1％」が適量です。これを覚えておけば、間違いなし！

《材料｜2人分》

鶏もも肉 … 大１枚（300ｇ）
塩 … 小さじ1/2（３ｇ）
こしょう … 少々
サラダ油 … 小さじ１
（あれば）ベビーリーフ … 適量

《作り方》

❶鶏肉は身の厚い部分を開いて厚みを均等にし、塩とこしょうをふり、10分おく。
❷フライパンにサラダ油を中火で熱し、鶏肉を皮目からフライ返しで押さえながら焼く。しっかり焼き色がついたら裏返し、ふたをして弱めの中火で５分蒸し焼きにする。器に盛り、ベビーリーフを添える。

Point フライ返しで押さえながら焼くことで皮目がパリッと香ばしく仕上がります。

作る前に
●鶏肉の生焼けが心配な方は焼く前に15分ほど常温においておくと◎。
●鶏肉は身の厚い部分は開いて厚みを均等にしてください

Point ソースがある場合は、鶏肉に小麦粉をふってから焼くことで、よくからみます。

＼ごはんも進む！／
カレー味チキンソテー

《 **材料 | 2人分** 》
鶏もも肉 … 大1枚（300g）
塩、こしょう … 各少々
薄力粉 … 適量
サラダ油 … 大さじ1/2
A｜酒、しょうゆ
　｜　… 各大さじ1と1/2
　｜砂糖 … 小さじ1
　｜カレー粉 … 小さじ1/2
粗びき黒こしょう、
　（あれば）サラダ菜 … 各適量

《 **作り方** 》
❶鶏肉に塩、こしょうをふって薄力粉をまぶす。Aは合わせておく。
❷フライパンにサラダ油を中火で熱し、鶏肉を皮目から焼く。しっかり焼き色がついたら裏返し、ふたをして弱めの中火で4分蒸し焼きにする。
❸Aを加えて煮からめ、サラダ菜を添えてお好みで黒こしょうをふる。

＼見た目も味もさわやか／
フレッシュトマトのチキンソテー

《 **材料 | 2人分** 》
鶏もも肉 … 大1枚（300g）
塩、こしょう … 各少々
薄力粉 … 適量
にんにく … 1かけ
オリーブ油 … 小さじ2
トマト … 1個
玉ねぎ … 1/4個
塩 … 小さじ1/4
粉チーズ … 適量

《 **作り方** 》
❶鶏肉に塩、こしょうをふって薄力粉をまぶす。にんにくは薄切りにする。トマトは1cm角、玉ねぎはみじん切りにし、ボウルに入れて塩を加えソースを作っておく。
❷フライパンにオリーブ油とにんにくを入れて中火にかけ、鶏肉を皮目から焼く。しっかり焼き色がついたら裏返し、ふたをして弱めの中火で3分蒸し焼きにする。
❸①のソースを加えて2分ほど煮からめ、お好みで粉チーズをふる。

＼くせになる！／
ハニーマスタードチキンソテー

《 **材料 | 2人分** 》
鶏もも肉 … 大1枚（300g）
塩、こしょう … 各少々
薄力粉 … 適量
オリーブ油 … 大さじ1/2
A｜粒マスタード、酒
　｜　… 各大さじ1
　｜はちみつ、しょうゆ
　｜　… 各小さじ2
（あれば）レタス … 適量

《 **作り方** 》
❶鶏肉に塩、こしょうをふって薄力粉をまぶす。Aは合わせておく。
❷フライパンにオリーブ油を中火で熱し、鶏肉を皮目から焼く。しっかり焼き色がついたら裏返し、ふたをして弱めの中火で4分蒸し焼きにする。
❸Aを加えて煮からめる。器に盛り、レタスを添える。

Q2 栄養バランスが心配です…

Mizukiの A
お肉を焼く前に**野菜を炒めて皿に敷く**。
それだけで一気にバランスがとれます。

毎日の食卓、お肉に頼りがちですよね。
ちょっと栄養が心配なときは、お肉の下に野菜をどかんと敷き詰めます。
野菜は炒めることで、たっぷりの量でも食べやすくなります。

豚バラキャベツマウンテン

《 材料 | 2人分 》
豚バラ薄切り肉 … 200g
キャベツ … 1/4個（250g）
玉ねぎ … 1/4個
サラダ油 … 小さじ2
塩、こしょう … 各少々
A│砂糖、しょうゆ、酒
　│　… 各大さじ1
　│にんにく、しょうが
　│　… 各チューブ1cm
粗びき黒こしょう … 少々

《 作り方 》
❶キャベツはざく切り、玉ねぎは1cm幅のくし形に切る。豚肉は4cm長さに切る。Aは合わせておく。
❷フライパンにサラダ油を中火で熱し、キャベツと玉ねぎを炒めて塩、こしょうをふる。しんなりしたら、器に盛りつけておく。
❸②のフライパンをそのまま中火で熱し、豚肉を炒める。焼き色がついたら余分な油をふき取り、Aを加えて煮からめる。
❹②の上に③をのせ、お好みで黒こしょうをふる。

バランスよし！の
＼簡単スープ／
トマトと卵のスープ

《 材料 | 2人分 》
トマト … 1/2個
卵 … 1個
A│水 … 400mℓ
　│鶏ガラスープの素
　│　… 小さじ2
　│しょうがチューブ … 1cm
　│こしょう … 少々
（あれば）小ねぎ（小口切り）
　… 適量

《 作り方 》
❶トマトは3等分のくし形に切り、長さを半分に切る。卵は溶きほぐす。
❷鍋にAを入れて中火にかけ、煮立ったらトマトを加える。再び煮立ったら溶き卵をまわし入れ、ふんわりしたら火を止めて器に盛り、小ねぎをのせる。

牛肉と小松菜きのこのバタポン

《 **材料|2人分** 》
牛こま切れ肉 … 200g
まいたけ … 1パック
小松菜 … 1束（200g）
にんにく … 1かけ
塩、こしょう … 各適量
薄力粉 … 小さじ2
サラダ油 … 小さじ1
バター … 15g
ポン酢しょうゆ … 大さじ3

《 **作り方** 》
❶牛肉は塩、こしょうをふって薄力粉を
まぶす。まいたけはほぐす。小松菜は4
cm長さに切り、にんにくは薄切りにする。
❷フライパンにサラダ油を中火で熱し、
小松菜の茎を炒める。しんなりしたら小
松菜の葉とまいたけも加えて炒め、塩、
こしょう各少々をふって器に盛る。
❸②のフライパンにバターとにんにくを
入れて中火にかけ、牛肉を炒める。火が
通ったらポン酢しょうゆを加えて煮から
め、②の野菜の上に盛りつける。

野菜と肉の組み合わせは自由！

野菜は基本的に塩、こしょうのみ。
上のお肉はしっかりとした味にしてバランスをとります。

ピーマンの豚カルビのせ

《 **材料|2人分** 》
豚バラ肉（焼き肉用）… 250g
ピーマン … 4個
赤パプリカ … 1個
A｜しょうゆ、砂糖 … 各大さじ2
　｜酒 … 大さじ1
　｜ごま油 … 小さじ2
　｜豆板醤 … 小さじ1
　｜にんにくチューブ … 3cm
サラダ油 … 小さじ1
塩、こしょう … 各少々

《 **作り方** 》
❶豚肉にAをもみこんでおく。ピーマ
ンとパプリカはひと口大に切る。
❷フライパンにサラダ油を中火で熱し、
ピーマンとパプリカを3分ほど炒め、塩、
こしょうをふって器に盛る。
❸②のフライパンをそのまま中火で熱
し、豚肉を軽く汁けをきって並べ、両面
を焼く。火が通ったら残りの漬けだれを
加えて煮からめ、②の上にのせる。

Q3 副菜が思いつきません！

Mizukiの
A
時間のあるときに、大きな野菜で
大量消費の作りおきをしておくと悩みません。

大きな野菜をどかんと買ってきて、簡単なものをたっぷり作ってしまえば
数日は悩まなくてすみます。1品作りおきがあるだけでなんだか安心できますよ。
どれも冷蔵で3～4日保存可能です。

白菜のおかかマヨあえ

《材料｜作りやすい分量》
白菜 … 1/4個（400g）
にんじん … 1/3本
塩 … 小さじ1/3
A｜マヨネーズ、白すりごま…各大さじ2
　｜かつお節 … 小2袋（5g）

《作り方》
❶白菜は1cm幅に切り、にんじんは細切りにし、ポリ袋に入れ塩をふってしんなりするまでもみこみ、そのまま15分おく。
❷出てきた水けをしっかりしぼってボウルに入れ、Aを加えてあえる。

大根とツナのしょうが煮

《 材料｜作りやすい分量 》
大根 … 10cm（400ｇ）
ツナ … 1缶
しょうが … 1/2かけ
A ┃ 水 … 200㎖
┃ 酒 … 大さじ2
┃ しょうゆ
┃ … 大さじ1と1/2
┃ 砂糖 … 大さじ1

《 作り方 》
❶大根は1cm角の角切りにする。しょうがはせん切りにする。
❷鍋にツナをオイルごと入れて中火にかけ、❶を加えて5分炒める。Aを加えて弱めの中火にし、落としぶたをして汁けが少なくなるまで煮る（たまに混ぜる）。

キャベツとウインナーのカレー炒め

《 材料｜作りやすい分量 》
キャベツ … 1/4個（250ｇ）
ウインナーソーセージ … 4本
オリーブ油 … 大さじ1
A ┃ カレー粉 … 小さじ1
┃ 塩 … 小さじ1/2
┃ 粗びき黒こしょう
┃ … 少々

《 作り方 》
❶キャベツは太めのせん切りにする。ウインナーは斜め薄切りにする。
❷フライパンにオリーブ油を中火で熱し、ウインナーを炒め、焼き色がついたらキャベツとAを加え、さらに3分ほど炒める。

きゅうりの中華漬け

《 材料｜作りやすい分量 》
きゅうり … 3本
しょうが … 1/3かけ
赤唐辛子（小口切り） … 1/2本分
A ┃ しょうゆ、酢、白いりごま
┃ … 各大さじ1と1/2
┃ 砂糖、ごま油 … 各小さじ2
┃ 鶏ガラスープの素
┃ … 小さじ1/3

《 作り方 》
❶きゅうりに塩（分量外）をふって板ずりし、10分ほどおいて洗い流す。縦半分に切り、皮目に斜めに細かい切りこみを入れ、3cm長さに切る。しょうがはせん切りにする。
❷きゅうりの水けをふき取りポリ袋に入れ、しょうがと唐辛子、Aを加えてもみこみ、冷蔵庫で10分以上漬ける。

ポリ袋ぬか漬けも便利！

ぬか床をミニマムサイズにして、ポリ袋で管理しておくと便利です。買ってきたきゅうりを折ってインするだけ。なんなら毎日混ぜなくても大丈夫。すぐに漬けものとして出せますし、我が家では常備しています。

Q4 献立の味が全部一緒になってしまう!

Mizukiの A | **レシピの調味料の一番上を見たら、メインの味がわかります。**

レシピ内の調味料は使用量が多いものから順に書かれていることが多いので、そこを見てみると、なんとなく味の傾向がわかります。

参考にしてみてください。全部茶色くても、味が違えば飽きません。大丈夫!

‖ こってりメイン ‖
豚肉のスタミナ焼き

《 材料｜2人分 》
豚ロース肉（しょうが焼き用）
　… 6枚
薄力粉 … 適量
サラダ油 … 大さじ1/2
A　しょうゆ … 大さじ1と1/2
　　酒、みりん … 各大さじ1
　　にんにく、しょうが … 各チューブ2cm
キャベツ（せん切り）、マヨネーズ … 各適量

しょうゆの量が
一番多いので、
これはこってり
しょうゆ味！

《 作り方 》
❶豚肉に薄力粉をまぶす。Aは合わせておく。
❷フライパンにサラダ油を中火で熱し、豚肉の両面を焼く。火が通ったら、Aを加えて煮からめる。
❸器に❷を盛り、キャベツとお好みでマヨネーズ添える。

‖ さっぱり副菜 ‖
トマトのごまポンあえ

ポン酢しょうゆが
多いので、
さっぱり
ポン酢味！

《 材料｜2人分 》
トマト … 1個
A　ポン酢しょうゆ、
　　白すりごま … 各大さじ1
　　砂糖 … ひとつまみ
（あれば）青じそ（せん切り） … 適量

《 作り方 》
❶トマトはひと口大に切ってボウルに入れ、Aを加えてあえる。
❷器に盛り、青じそをトッピングする。

‖ ほっとする汁もの ‖
豆腐となめこのみそ汁

《 材料｜2人分 》
絹ごし豆腐 … 1/3丁（100g）
なめこ … 1/2袋（50g）
乾燥わかめ … 2g
A　水 … 400㎖
　　顆粒和風だし
　　　… 小さじ1/2
みそ … 大さじ1と1/2

調味料は
みそのみ！
王道みそ汁！

《 作り方 》
❶豆腐はひと口大に切る。なめこは洗って水けをきる。
❷鍋にAを入れて煮立て、豆腐となめこを加えて3分煮る。わかめを加えてひと混ぜし、火を止め、みそを溶き入れる。

Q5 メインが、焼き魚などボリュームが ないときの副菜に悩みます

トースターde厚揚げの みそチーズ焼き

《材料|2人分》
厚揚げ … 2枚（250g）
しめじ … 1/2袋
A みそ、マヨネーズ … 各大さじ1
しょうゆ … 小さじ1
ピザ用チーズ、（あれば）小ねぎ
（小口切り）… 各適量

《作り方》
❶しめじはみじん切りにしてAと混
ぜる。
❷厚揚げは1枚を3等分に切ってアル
ミ箔に並べ、①を等分にのせてチー
ズをかけてオーブントースターで
約10分焼き、小ねぎをのせる。

じゃがいもとウインナーの コンソメチーズ炒め

《材料|2人分》
じゃがいも … 小2個（200g）
ウインナーソーセージ … 4本
オリーブ油 … 大さじ1
顆粒コンソメ … 小さじ1/2
塩、こしょう … 各少々
粉チーズ、（あれば）パセリ
（みじん切り）… 各適量

《作り方》
❶じゃがいもは5mm角の棒状に切
る。ウインナーは斜め薄切りにする。
❷フライパンにオリーブ油を中火
で熱し、じゃがいもを炒める。し
んなりしたらウインナーを加えて
炒め、じゃがいもがやわらかくな
ったらコンソメ、塩、こしょうを
加えて炒め合わせる。
❸器に盛り、お好みで粉チーズを
かけてパセリをふる。

Mizukiの A 満足食材は厚揚げか、おいも！ この2食材が救世主です。

どんなに葉物野菜でカサ増ししても、なんとなく足りない…。そんなときは、
お腹にたまるこの2食材に頼ります。味も少しこってりさせるとさらに満足度アップです。

レンジde厚揚げと なめこの和風煮

《 材料｜2人分 》
厚揚げ … 2枚（250g）
なめこ … 1袋（100g）
A　水 … 100ml
　　めんつゆ（2倍濃縮）
　　　… 大さじ3と1/2
（あれば）小ねぎ（小口切り）
　　… 適量

《 作り方 》
❶厚揚げはひと口大に切る。なめこ
はさっと洗って水けをきる。
❷耐熱ボウルに①とAを入れてざっ
くりと混ぜる。ラップをふんわりと
かけ、電子レンジで7分加熱し、そ
のまま5分おく。
❸器に盛り、小ねぎを散らす。

長いもの バターしょうゆ焼き

《 材料｜2人分 》
長いも … 10cm（250g）
片栗粉 … 大さじ1
サラダ油 … 小さじ2
A　しょうゆ、みりん
　　　… 各大さじ1
　　バター … 10g
刻みのり … 適量

《 作り方 》
❶長いもは皮をむいて1.5cm
厚さの輪切りにし、ポリ袋に
入れる。片栗粉を加え、シャ
カシャカとふってまぶす。
❷フライパンにサラダ油を中
火で熱し、①の両面を焼き色
がつくまで焼き、Aを加えて
さっとからめる。
❸器に盛り、お好みで刻みの
りをのせる。

Q6 仕事から帰宅後に晩ごはんを作るので、とにかく時間がない！

Mizukiの A 同時調理できる2品を選んで。
メインがボリュームたっぷりだと満足度も◎

フライパンとレンジ、フライパンと混ぜるだけ、フライパンとトースターなど、
かぶらない調理器具で2品を完成させるのが一番スムーズです。

フライパン

豚肉と玉ねぎのうまだれ炒め

《 材料｜2人分 》

豚ロース薄切り肉
… 200g
玉ねぎ … 1/2個
サラダ油 … 小さじ2

A｜しょうゆ … 大さじ2
　｜砂糖 … 大さじ1
　｜にんにくチューブ … 3cm
　｜しょうがチューブ … 1cm

（あれば）レタス、トマト（くし形切り）
… 各適量

電子レンジ

きのこのコンソメバタースープ

《 材料｜2人分 》

しめじ … 1/2袋
しいたけ … 2枚
コーン … 大さじ3
水 … 400ml

しょうゆ、顆粒コンソメ
… 各小さじ1
塩、こしょう … 各少々
バター … 5g

（あれば）パセリ（みじん切り）
… 適量

スタート

① Aを合わせておく。玉ねぎは薄切りにする。

同時に行う

① しめじはほぐす。しいたけは薄切りにする。

② 耐熱ボウルにパセリ以外の材料を入れ、ラップをふんわりとかけ、電子レンジで7分加熱する。

Point
すべてボウルに入れてあとはレンジへ。ほったらかしの時間にメインを作ります。

③ フライパンにサラダ油を中火で熱し、豚肉をなるべく広げて入れ、玉ねぎをのせる。豚肉に焼き色がついたらざっと炒め合わせ、Aを加えて煮からめる。

Point
肉の上に玉ねぎをのせてじんわり火を通しておけば、あっという間にできあがります。

④ 器に盛り、レタスとトマトを添える。

⑤ 器に盛り、パセリをふる。

完成！2品で約10分！

Part 2

冷蔵庫にあるものから
すぐ決まる！

メインの肉おかずと
魚介、豆腐、卵のおかず

たっぷりの肉レシピと、使いやすい魚の切り身、
ヘルシーな豆腐・卵のメインおかずをまとめています。
冷蔵庫にあったものからすぐ決められるよう材料別に並べています。
使いやすいデイリーなレシピから、
鍋、ハレの日のかたまり肉のレシピまで盛りだくさん。
人気のシリーズレシピも集合です。

鶏もも肉

プリプリのもも肉は、揚げてよし、焼いてよしの万能お肉。食べ飽きないメニューとともに、よりおいしく仕上げるコツを紹介。

＼ トマト缶いらず！ ／
チキンのトマトクリーム煮

フライパン 🔍 ⏱ 15分

《材料｜2人分》

鶏もも肉 … 大1枚（300ｇ）
塩、こしょう … 各少々
薄力粉 … 適量
玉ねぎ … 1/4個
しめじ … 1/2袋
サラダ油 … 大さじ1/2
A｜牛乳 … 150㎖
　｜トマトケチャップ … 大さじ2
　｜中濃ソース … 大さじ1
（あれば）クレソン … 適量

《作り方》

❶鶏肉は身の厚い部分を開いて厚みを均等にし、半分に切り、塩、こしょうをふって薄力粉をまぶす。玉ねぎは薄切りにする。しめじはほぐす。

❷フライパンにサラダ油を中火で熱し、鶏肉を皮目から焼く。焼き色がついたら裏返して端に寄せ、空いたところで玉ねぎとしめじを1分炒める。

❸Aを加え、とろみがつくまで混ぜながら3分ほど煮る。器に盛ってクレソンを添える。

Point 鶏肉は皮目にしっかり焼き色がつくまで焼いてください♪ フライ返しで押さえながら焼くと香ばしく仕上がります。ソースは、中濃、ウスター、とんかつ、なんでもOK！

＼切って煮るだけ！／
鶏肉と白菜のうま塩煮   15分

《 **材料｜2人分** 》
鶏もも肉 … 1枚（250ｇ）
白菜 … 1/6個（300ｇ）
にんにく … 1かけ
ごま油 … 小さじ1
A 水 … 300㎖
　酒、みりん … 各大さじ1
　鶏ガラスープの素 … 小さじ2
　塩 … ふたつまみ
粗びき黒こしょう … 適量

《 **作り方** 》
❶鶏肉は3㎝大に切る。白菜はざく切り、にんにくは薄切りにする。
❷鍋にごま油を中火で熱し、鶏肉の両面を焼き色がつくまで焼く。
❸A、白菜、にんにくを入れ、たまに混ぜながら8分煮る。器に盛り、お好みで黒こしょうをふる。

Point にんにくの代わりにしょうがを使っても◎！きのこを加えてカサ増しするのもありです。

Part 2 鶏もも肉

15分de ＼味しみ抜群／ 鍋 20分
鶏肉とれんこんの 甘辛煮

《 **材料｜2人分** 》
鶏もも肉 … 小1枚（200ｇ）
れんこん … 1節（200ｇ）
サラダ油 … 小さじ1
A 水… 250㎖
　しょうゆ… 大さじ2
　砂糖… 大さじ1と1/2
　顆粒和風だし… 小さじ1/3
（あれば）スプラウト … 適量

《 **作り方** 》
❶れんこんは3㎝大の乱切りにし、水に3分さらして水けをきる。鶏肉は3㎝大に切る。
❷鍋にサラダ油を中火で熱し、①を炒める。鶏肉の色が変わったらAを加え、たまに混ぜながら汁けが少なくなるまで15分ほど煮る。器に盛ってスプラウトを添える。

Point 火加減はずっと中火のままです。煮汁は少し残して仕上げたほうが、しっとり仕上がります。

33

甘辛スパイシーチキン

 フライパン 🔍 | ⏱ 15分

《材料|2人分》
鶏もも肉 … 1枚（250g）
A｜塩、こしょう … 各少々
　｜にんにくチューブ … 2cm
片栗粉 … 適量
B｜しょうゆ、みりん、酒
　｜　… 各大さじ1
　｜はちみつ … 小さじ1
サラダ油 … 大さじ1
粗びき黒こしょう、
　白いりごま … 各適量
（あれば）レタス … 適量

《作り方》
①鶏肉は3cm大に切り、Aをもみこんで片栗粉をまぶす。Bは合わせておく。
②フライパンにサラダ油を中火で熱し、鶏肉を焼く。焼き色がついたら裏返し、ふたをして弱めの中火で3分蒸し焼きにする。
③肉に火が通ったらBを加えて煮からめ、お好みで黒こしょうとごまをふって混ぜる。器に盛り、レタスを添える。

Point 肉はむね肉でもOK。その場合は1cm厚さのそぎ切りにし、蒸し焼き時間は同じ3分で。

鶏肉とキャベツの にんにくしょうゆ炒め

フライパン 🔍 | ⏱ 15分

《材料|2人分》
鶏もも肉 … 1枚（250g）
キャベツ … 1/5個（200g）
A｜しょうゆ … 大さじ2
　｜砂糖 … 大さじ1と1/2
　｜酒 … 大さじ1
　｜にんにくチューブ … 3cm
サラダ油 … 小さじ2
（あれば）温玉 … 1個

《作り方》
①鶏肉は3cm大に切り、キャベツは4cm大に切る。Aは合わせておく。
②フライパンにサラダ油を中火で熱し、鶏肉を焼く。焼き色がついたら裏返してキャベツを加え、ふたをして弱めの中火で3分蒸し焼きにする。
③ふたを取って炒め合わせ、キャベツがしんなりしたらAを加えて煮からめる。器に盛り、温玉を割り落とす。

Point 合わせ調味料と一緒にバター（小さじ1程度）を加えてもおいしいです！

\\ 甘辛だれで // ごはんが進む

\\ レンジde時短！ //

鶏肉と新じゃがの しょうが焼き

電子レンジ＆フライパン 🔍 | ⏱ 15分

《材料|2人分》
鶏もも肉 … 1枚（250g）
新じゃが … 小6個（250g）
薄力粉 … 適量
A｜しょうゆ、みりん
　｜　… 各大さじ2
　｜砂糖 … 大さじ1/2
　｜しょうがチューブ … 3cm
サラダ油 … 大さじ1
（あれば）パセリ … 適量

《作り方》
①鶏肉は3cm大に切り、薄力粉をまぶす。新じゃがは皮つきのまま3cm大に切り、耐熱ボウルに入れてラップをふんわりとかけ、電子レンジで3分加熱する。Aは合わせておく。
②フライパンにサラダ油を中火で熱し、鶏肉を焼く。焼き色がついたら裏返し、じゃがいもを加えてふたをし、弱めの中火で4分蒸し焼きにする（途中で一度混ぜると◎）。
③じゃがいもがやわらかくなったら、Aを加えて煮からめ、器に盛り、パセリを添える。

Point 小ぶりの新じゃががない時期は普通サイズを皮をむいてひとロサイズにカットして。

＼包んで焼くだけでうまみ満点／

鶏肉のホイル焼き

 フライパン　20分

《材料｜2人分》
鶏もも肉 … 1枚（250g）
玉ねぎ … 1/2個
しめじ … 1袋
塩、こしょう … 各少々
バター … 10g
白ワイン（または酒）… 小さじ2
レモン（くし形切り）、
　（あれば）小ねぎ（斜め切り）、
　しょうゆ … 各適量

Point　塩、こしょうはしっかりめにふったほうが味がぼけません。

《作り方》
❶鶏肉は3cm大に切り、塩、こしょうをふる。玉ねぎは薄切りにし、しめじはほぐす。
❷30cm長さのアルミ箔を2枚用意し、玉ねぎ、しめじ、鶏肉、バターの順に半量ずつのせ、白ワインを小さじ1ずつふる。アルミ箔の手前と奥を合わせて閉じ、両端も折ってしっかり閉じる。
❸フライパンに②を並べ、水150mℓ（分量外）を注ぎ、ふたをして中火にかける。沸騰したら弱火にして15分ほど蒸し焼きにする。
❹アルミ箔を開き、レモンを添えて小ねぎをのせ、しょうゆをかける。

＼しょうがたっぷりで風味満点！／

鶏肉とピーマンのみそ炒め

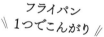 フライパン　10分

《材料｜2人分》
鶏もも肉 … 1枚（250g）
ピーマン … 7個
しょうが … 1/2かけ
A　みそ、酒 … 各大さじ1と1/2
　　砂糖、しょうゆ … 各小さじ2
サラダ油 … 小さじ2

Point　ピーマンは包丁を使わずに手でざっくりとちぎり、ヘタと種を取り除けばOK。

《作り方》
❶鶏肉は3cm大に切り、ピーマンは大きめのひと口大にちぎる。しょうがはせん切りにする。Aは合わせておく。
❷フライパンにサラダ油を中火で熱し、鶏肉を焼く。焼き色がついたら裏返し、ピーマンとしょうがを加え、ふたをして弱めの中火で3分蒸し焼きにする。
❸ふたを取って炒め合わせ、ピーマンがしんなりしたら、Aを加えて煮からめる。

フライパン
＼1つでこんがり／

チキンのきのこバターソース

 フライパン　15分

《材料｜2人分》
鶏もも肉 … 大1枚（300g）
しめじ … 1袋
塩、こしょう … 各少々
薄力粉 … 適量
サラダ油 … 大さじ1/2
バター … 10g
A　しょうゆ、酒、みりん
　　… 各大さじ1と1/2
（あれば）レタス … 適量

《作り方》
❶鶏肉は身の厚い部分を開いて厚みを均等にし、半分に切り、塩、こしょうをふって薄力粉をまぶす。しめじはほぐす。Aは合わせておく。
❷フライパンにサラダ油を中火で熱し、鶏肉を皮目から焼く。焼き色がついたら裏返し、ふたをして弱めの中火で4分蒸し焼きにする。火が通ったら、食べやすい大きさに切って器に盛り、レタスを添える。
❸②のフライパン（洗わなくてOK）にバターを溶かし、中火でしめじを炒める。しんなりしたらAを加え、さっとからめて②にかける。

もんで焼くだけ！

やみつき
チキン＆唐揚げ

すべて、もみこんでフライパンで焼くだけ。
やみつきチキンを粉づけして揚げ焼きにすれば唐揚げにもなっちゃいます！

基本の
作り方 香味しょうゆ**de**やみつきチキン

《 材料｜2人分 》
鶏もも肉 … 1枚（250g）
A｜しょうゆ、酒 … 各小さじ2
　 ごま油 … 小さじ1
　 塩 … ひとつまみ
　 にんにく、しょうが
　 … 各チューブ2cm

《 作り方 》
❶鶏肉は2cm大に切ってポリ
袋に入れ、Aを加えて50回もむ。

❷フライパンに油を引かずに
①を入れ、両面を焼いて火を
通す。

Point ポリ袋に入れてよく
もむことで、肉もやわらかく
なります。

36

やみつきチキン

すべて同じ作り方。肉を入れてから火をつけるコールドスタートで、あとは弱火から中火で焼いて完成！

のり塩チキン

《 **材料** | 2人分 》
鶏もも肉 … 1枚（250g）
A｜マヨネーズ … 小さじ2
　｜にんにくチューブ … 2cm
　｜塩 … 小さじ1/3
　｜こしょう … 適量（しっかりめに）
青のり … 小さじ2〜適量

《 **作り方** 》
基本の作り方と同様に作り、青のりをふる。

やみつき！

さっぱり＆
がっつり！

塩レモンチキン

《 **材料** | 2人分 》
鶏もも肉 … 1枚（250g）
A｜レモン汁 … 大さじ1
　｜オリーブ油 … 小さじ1
　｜にんにくチューブ … 2cm
　｜塩 … 小さじ1/3
　｜こしょう … 少々
粗びき黒こしょう、レモン … 各適量

《 **作り方** 》
基本の作り方と同様に作り、お好みで黒こしょうをふってレモンを添える。

コクうま！

ごましょうゆチキン

《 **材料** | 2人分 》
鶏もも肉 … 1枚（250g）
A｜しょうゆ … 大さじ1と1/2
　｜酒、白すりごま … 各大さじ1
　｜砂糖 … 大さじ1/2
　｜ごま油 … 小さじ1
　｜にんにくチューブ … 2cm
（あれば）レタス … 適量

《 **作り方** 》
基本の作り方と同様。レタスを添えて盛る。

やみつき唐揚げ

肉にたれをもみこんだら、
粉づけして揚げ焼きに。両面合わせて 7 〜 8 分が目安。
やみつきチキンの味で唐揚げにしても。

基本の 作り方 しょうがじょうゆ唐揚げ

《 材料 | 3〜4人分 》
鶏もも肉 … 2枚（500g）
A | しょうゆ、酒 … 各大さじ 1 と 1/2
　 | 塩 … 小さじ 1/4
　 | ごま油 … 小さじ 1
　 | しょうがチューブ … 5cm
卵 … 1 個
片栗粉、サラダ油 … 各適量

《 作り方 》

❶鶏肉を 3cm大に切ってポリ袋に
入れて A をもみこみ、次に、卵を
もみこむ。1 切れずつ片栗粉をま
ぶす。

❷フライパンにサラダ油を深さ 1
cmほど入れて中火で熱し①を入れ
両面色よく揚げ焼きにする。

出来上がり!!

オイマヨ唐揚げ

うまみ
ジュワ〜！

《 材料｜2人分 》

鶏もも肉 … 大1枚（300g）

A｜オイスターソース、しょうゆ
　　… 各大さじ1/2
　｜マヨネーズ … 小さじ2
　｜こしょう … 少々
　｜にんにく、しょうが各チューブ
　　… 各2cm

片栗粉、サラダ油 … 各適量
レモン（くし形切り）… 適量

《 作り方 》

①鶏肉を3cm大に切ってポリ袋に入れてAをもみこみ、1切れずつ片栗粉をまぶす。

②フライパンにサラダ油を1cmほど入れて中火で熱し①を入れ両面色よく揚げ焼きにする。

③お好みでレモンを添える。

コンソメが
決め手！

黒こしょうチーズ唐揚げ

《 材料｜2人分 》

鶏もも肉 … 大1枚（300g）

A｜酒 … 小さじ2
　｜顆粒コンソメ、しょうゆ
　　… 各小さじ1
　｜にんにくチューブ … 2cm

片栗粉、サラダ油 … 各適量
粗びき黒こしょう、
　　粉チーズ … 各適量

《 作り方 》

①鶏肉を3cm大に切ってポリ袋に入れてAをもみこみ、1切れずつ片栗粉をまぶす。

②フライパンにサラダ油を1cmほど入れて中火で熱し①を入れ両面色よく揚げ焼きにする。

③お好みで粗びき黒こしょうと粉チーズをかける。

ごまねぎだれ唐揚げ

たれが
うまい！

《 材料｜2人分 》

鶏もも肉 … 大1枚（300g）

A｜酒 … 大さじ1/2
　｜塩、こしょう … 各少々

片栗粉、サラダ油 … 各適量

B｜長ねぎ（みじん切り）
　　… 10cm分
　｜酢、しょうゆ
　　… 各大さじ1と1/2
　｜砂糖、白いりごま
　　… 各大さじ1
　｜しょうがチューブ … 3cm

《 作り方 》

①鶏肉を3cm大に切ってポリ袋に入れてAをもみこみ、1切れずつ片栗粉をまぶす。

②フライパンにサラダ油を1cmほど入れて中火で熱し①を入れ両面色よく揚げ焼きにする。

③合わせたBをかける。

フライパン 15分

チキンのチーズクリーム煮

《材料｜2人分》

鶏もも肉 … 1枚（250g）
玉ねぎ … 1/4個
しめじ … 1/2袋
塩、こしょう … 各少々
サラダ油 … 小さじ2
薄力粉 … 大さじ1
牛乳 … 200ml
A｜顆粒コンソメ
　　　 … 小さじ1
　｜ピザ用チーズ … 40g
（あれば）パセリ（みじん切り）
　… 適量

Point 粉を加えたら焦げやすくなるので、火を弱めて炒めましょう。

《作り方》

①鶏肉は3cm大に切り、塩、こしょうをふる。玉ねぎは薄切りにし、しめじはほぐす。
②フライパンにサラダ油を中火で熱し、鶏肉を両面に焼き色がつくまで焼く。玉ねぎとしめじを加え、さっと炒める。
③薄力粉をふり入れ、弱めの中火で1分炒める。粉っぽさがなくなったら牛乳を3回に分けて加え、そのつどよく混ぜる。
④仕上げにAを加え、とろみがつくまで1〜2分煮る。器に盛り、パセリをふる。

＼パリッと皮目がおいしい！／

フライパン 15分

皮パリチキンのトマポン酢

《材料｜2人分》

鶏もも肉 … 大1枚（300g）
A｜しょうゆ … 大さじ1/2
　｜にんにくチューブ … 2cm
薄力粉 … 適量
サラダ油 … 大さじ1
トマト … 1個
B｜ポン酢しょうゆ … 大さじ2
　｜ごま油 … 小さじ1
（あれば）青じそ（せん切り）
　… 適量

Point 皮面はしっかり焼き色がつくまでフライ返しで押さえながら焼くと、パリッと仕上がります。

《作り方》

①トマトは1.5cm角に切ってBと合わせておく。鶏肉は身の厚い部分を開いてAをもみこみ、薄力粉をまぶす。
②フライパンにサラダ油を中火で熱し、鶏肉を皮目を下にして入れ、フライ返しで押さえながら焼く（ここで7割ほど火を通す）。
③皮がパリッと焼けたら裏返し、裏面も焼いて火を通す（裏面は押さえずに焼く）。
④③を食べやすい大きさに切って器に盛り、①のたれをかけて青じそをのせる。

皮パリチキンの中華だれ

《焼くだけで 見た目豪華!》

フライパン ⏱ 15分

《材料|2人分》
鶏もも肉 … 大1枚（300g）
水菜 … 1株
塩、こしょう … 各少々
A｜しょうゆ … 大さじ1
　｜酢、ごま油、白すりごま
　｜　… 各小さじ2
　｜砂糖 … 小さじ1

《作り方》
①鶏肉は身の厚い部分を開いて塩、こしょうをふる。水菜は4cm長さに切る。Aは合わせておく。
②フライパンを中火で熱し、鶏肉を皮目を下にして入れ、フライ返しで押さえながら焼く（ここで7割ほど火を通す）。
③皮がパリッと焼けたら裏返し、裏面も焼いて火を通す（裏面は押さえずに焼く）。
④③を食べやすい大きさに切って器に盛り、水菜をのせ、Aをかける。

Point 焼きたてを切ると肉汁が流れ出てしまうので、時間に余裕があれば、1分ほど落ち着かせてから切って!

《あっさり、でもコクうま》

鶏肉とキャベツの塩バター煮

鍋 ⏱ 15分

《材料|2人分》
鶏もも肉 … 1枚（250g）
キャベツ … 3枚（150g）
にんにく … 1かけ
A｜水 … 250ml
　｜酒 … 大さじ1
　｜鶏ガラスープの素
　｜　… 小さじ1/2
　｜塩 … 小さじ1/4
バター … 10g
粗びき黒こしょう … 適量

《作り方》
①鶏肉は3cm大に切る。キャベツはざく切り、にんにくは薄切りにする。
②鍋にA、にんにく、鶏肉を入れて中火にかける。煮立ったらアクを取り、たまに混ぜながら5分煮る。キャベツを加え、さらに5分煮て火を止める。
③仕上げにバターを加えて余熱で溶かし、器に盛ってお好みで黒こしょうをふる。

Point にんにくはチューブでもOK。その場合は2cmほど加えてください。

《はちみつしょうゆでまろやかに》

鶏肉とねぎの照り焼き

フライパン ⏱ 15分

《材料|2人分》
鶏もも肉 … 1枚（250g）
長ねぎ … 1本
ごま油 … 小さじ2
塩、こしょう … 各少々
A｜酒、はちみつ、しょうゆ
　｜　… 各大さじ1
粗びき黒こしょう … 適量

《作り方》
①鶏肉は3cm大に切り、長ねぎは3cm長さに切る。Aは合わせておく。
②フライパンにごま油を引き、鶏肉と長ねぎを並べて全体に塩、こしょうをふる。中火にかけ、焼き色がついたら裏返し、ふたをして弱めの中火で3分蒸し焼きにする。
③ふたを取り、Aを加えて煮からめる。器に盛り、お好みで黒こしょうをふる。

Point フライパンに材料を並べてから火にかける、コールドスタートです。塩とこしょうも先にふってください。

\\ 黄金比率のたれで失敗なし \\

鶏肉とれんこん甘酢ごま炒め

フライパン | 15分

《材料|2人分》
鶏もも肉 … 1枚（250g）
れんこん … 1節（200g）
A | 塩、こしょう … 各少々
　 | 片栗粉 … 大さじ2
B | 砂糖、しょうゆ、酢、
　 | 酒、白いりごま
　 | 　　… 各大さじ1と1/2
サラダ油 … 大さじ2
（あれば）水菜 … 適量

《作り方》
①鶏肉は3cm大に切る。れんこんは1cm厚さの半月切りにし、水に3分さらして水けをきる。鶏肉とれんこんをポリ袋に入れてAを加え、シャカシャカふってまぶす。Bは合わせておく。
②フライパンにサラダ油を中火で熱し、鶏肉とれんこんを焼く。焼き色がついたら裏返し、ふたをして弱めの中火で3分蒸し焼きにする。
③余分な油をふき取り、Bを加えて煮からめ、水菜を盛りつけた器に盛る。

\\ お鍋1つで煮るだけ \\

鶏肉と大根のバターしょうゆ煮

鍋 | 25分

《材料|2人分》
鶏もも肉 … 1枚（250g）
大根 … 10cm（400g）
A | 水 … 300mℓ
　 | 酒、みりん、しょうゆ
　 | 　　… 各大さじ1と1/2
　 | 砂糖 … 大さじ1/2
バター … 10g
（あれば）小ねぎ（小口切り）
　　… 適量

《作り方》
①鶏肉は3cm大に切り、大根は3cm大の乱切りにする。
②鍋にAと①を入れてから中火にかけ、煮立ったらアクを取り、ふたを少しずらして20分煮る。
③大根がやわらかくなったら火を止め、バターを加えて余熱で溶かす。器に盛り、小ねぎをふる。

Point 時間に余裕があれば、一度冷ますとより味がしみます。

\\ こってり＆ホクホク \\

鶏肉と長いもの甘辛あえ

電子レンジ＆フライパン | 15分

《材料|2人分》
鶏もも肉 … 1枚（250g）
長いも … 10cm（200g）
塩、こしょう … 各少々
片栗粉、サラダ油 … 各適量
A | 砂糖、しょうゆ、酒
　 | 　　… 各大さじ1と1/2
粗びき黒こしょう … 適量
（あれば）クレソン … 適量

《作り方》
①大きめの耐熱ボウルにAを入れ、電子レンジで2分加熱する。
②鶏肉と長いもは3cm大に切り、塩、こしょうをふって片栗粉をまぶす。
③フライパンにサラダ油を深さ1cmほど入れて中火で熱し、②の両面を色よく揚げ焼きにする。
④火が通ったら油をきり、①に加えてたれをからめる。器に盛り、お好みで黒こしょうをふり、クレソンを添える。

Point お子さんには黒こしょうをかける前に取り分けると◎。

漬けこみ不要でラクラク

BBQチキン

 フライパン 15分

《 材料｜2人分 》

鶏もも肉 … 1枚（250g）
玉ねぎ … 1/2個
塩、こしょう … 各少々
薄力粉 … 適量
A｜トマトケチャップ、中濃ソース、
　　みりん … 各大さじ2
　　砂糖、しょうゆ … 各小さじ1
　　にんにくチューブ … 2cm
サラダ油 … 大さじ1
（あれば）パセリ … 適量

《 作り方 》

❶鶏肉は3cm大に切り、塩、こしょうをふって薄力粉をまぶす。玉ねぎは薄切りにする。Aは合わせておく。
❷フライパンにサラダ油を中火で熱し、鶏肉を焼く。焼き色がついたら裏返し、空いているところに玉ねぎを加え、ふたをして弱めの中火で3分蒸し焼きにする。
❸ふたを取って炒め合わせ、Aを加えて煮からめる。器に盛り、パセリを添える。

ヤンニョムチキン

フライパン 15分

《 材料｜2人分 》

鶏もも肉 … 大1枚（300g）
塩、こしょう … 各少々
酒 … 大さじ1/2
片栗粉 … 適量
A｜コチュジャン、トマトケチャップ、
　　砂糖、みりん … 各大さじ1
　　しょうゆ、ごま油
　　　… 各大さじ1/2
　　にんにくチューブ … 3cm
サラダ油 … 大さじ3
白いりごま、（あれば）レタス … 各適量

《 作り方 》

❶鶏肉は3cm大に切り、塩、こしょう、酒をもみこみ、片栗粉をまぶす。Aは合わせておく。
❷フライパンにサラダ油を中火で熱し、鶏肉を焼く。焼き色がついたら裏返し、ふたをして弱めの中火で3分蒸し焼きにする。
❸余分な油をふき取り、Aを加えて煮からめる。お好みで白ごまをふって器に盛り、レタスを添える。

揚げずに簡単!

Point　むね肉で作る場合、全体をフォークで刺して1cm厚のそぎ切りにし、焼き時間はやや短めに。

たっぷりチーズで満足♡

鶏肉とアスパラのチーズ焼き

フライパン&トースター 15分

《 材料｜2人分 》

鶏もも肉 … 1枚（250g）
アスパラガス … 4本
玉ねぎ … 1/2個
A｜薄力粉 … 小さじ2
　　塩 … 小さじ1/3
　　こしょう … 少々
オリーブ油 … 大さじ1
ピザ用チーズ … 60g

Point　アスパラは真ん中と根元を持って折り曲げると、かたい部分が折れます。

《 作り方 》

❶鶏肉は3cm大に切り、Aをまぶす。アスパラは根元のかたい部分を除き、下3cm分の皮をむき、4cm長さに切る。玉ねぎは1cm幅のくし形に切る。
❷フライパンにオリーブ油を中火で熱し、鶏肉の両面を3分ずつ焼く。アスパラと玉ねぎを加え、さらに3分炒め合わせる。
❸耐熱皿に❷を入れてチーズをのせ、オーブントースターで焼き色がつくまで焼く。

入れて煮るだけ！

ほったらかし煮

すべての材料を入れたら、あとはほったらかしで煮ておけばOK！
びっくりするほど味がしみしみにできあがります。

基本の作り方

鶏肉のほったらかし甘酢煮

《材料｜2人分》
鶏もも肉 … 大1枚（300g）
A｜ 酒 … 50㎖
　｜ しょうゆ … 大さじ2と1/2
　｜ 砂糖、酢 … 各大さじ1
（あれば）サラダ菜 … 適量

《作り方》
❶小さめの鍋にAを入れ、鶏肉を皮目を下にして加え
中火にかける。煮立ったらふたをし、弱めの中火で12
分煮る。火を止めてそのまま5分おく。
❷器にサラダ菜を敷き、①を食べや
すい大きさに切って盛りつける。

Point　お肉ピッタリサ
イズの鍋で煮ることで、
汁が行き渡って味がしみ
ます。冷蔵庫で3～4日
保存可能です。

鶏肉とミックスビーンズのほったらかしトマト煮

《 **材料**|2人分 》

鶏もも肉 … 大 1 枚（300 g）

ミックスビーンズ … 1 缶（120 g）

A｜カットトマト缶
　　… 1/2 缶（200 g）
　｜水 … 50ml
　｜顆粒コンソメ … 小さじ 1
　｜にんにくチューブ … 2 cm
　｜塩、こしょう … 各少々

（あれば）バジル … 適量

《 **作り方** 》

❶小さめの鍋にAを入れて混ぜ、鶏肉を皮目を下にして加え、ミックスビーンズも加えて中火にかける。煮立ったらふたをし、弱めの中火で12分煮る。火を止めてそのまま5分おく。

❷①を食べやすい大きさに切って器に盛り、バジルを添える。

鶏肉の中華風ほったらかし煮

《 **材料**|2人分 》

鶏もも肉 … 大 1 枚（300 g）

A｜酒 … 80ml
　｜砂糖、しょうゆ、
　｜オイスターソース
　｜　… 各大さじ 1
　｜しょうがチューブ … 3 cm

（あれば）白髪ねぎ … 適量

《 **作り方** 》

❶小さめの鍋にAを入れ、鶏肉を皮目を下にして加え中火にかける。煮立ったらふたをし、弱めの中火で12分煮る。火を止めてそのまま5分おく。

❷①を食べやすい大きさに切って器に盛り、白髪ねぎを添える。

鶏肉と卵のしょうが煮

《 **材料**|2人分 》

鶏もも肉 … 大 1 枚（300 g）

しょうが … 1/2 かけ

ゆで卵 … 3 個

水 … 大さじ 3

しょうゆ、酒、みりん
　… 各大さじ 2

砂糖 … 大さじ 1

《 **作り方** 》

❶鶏肉は 3 cm大に切る。しょうがはせん切りにする。

❷小さめの鍋に材料をすべて入れて中火にかける。煮立ったらふたをし、弱めの中火で12〜13分、途中で3回だけ混ぜながら煮る（卵は途中で転がしながら煮ると均等に色がつく）。

鶏肉のほったらかしみそ煮

《 **材料**|2人分 》

鶏もも肉 … 大 1 枚（300 g）

A｜水 … 100ml
　｜酒 … 大さじ 2
　｜砂糖、しょうゆ、みそ
　｜　… 各小さじ 2

（あれば）かいわれ菜
　… 適量

《 **作り方** 》

❶小さめの鍋にAを入れて混ぜ、鶏肉を皮目を下にして加え中火にかける。煮立ったらふたをし、弱めの中火で12分煮る。ふたを取り、煮汁が少なくなるまでさらに4〜5分煮る。

❷①を食べやすい大きさに切って器に盛り、かいわれ菜を添える。

\\ たれをたっぷりかけて♡ //

ねぎ塩だれde皮パリチキンステーキ

 フライパン 15分

《材料｜2人分》
鶏もも肉 … 大1枚（300g）
塩、こしょう … 各少々
A┌ 長ねぎ（みじん切り）
　│　 … 1/3本分
　│ ごま油 … 大さじ1と1/2
　│ 塩 … 小さじ1/3
　│ 鶏ガラスープの素
　│　 … ひとつまみ
　└ にんにくチューブ … 1cm
粗びき黒こしょう、
　レモン（半月切り）… 各適量

《作り方》
①鶏肉は身の厚い部分を開いて塩、こしょうをふる。Aは合わせておく。
②フライパンを中火で熱し、鶏肉を皮目を下にして入れ、フライ返しで押さえながら焼く（ここで7割ほど火を通す）。
③皮がパリッと焼けたら裏返し、裏面も焼いて火を通す（裏面は押さえずに焼く）。
④③を食べやすい大きさに切って器に盛り、Aをかけてお好みで黒こしょうをふり、レモンを添える。

 電子レンジ＆フライパン＆トースター 18分

\\ 生クリーム不要! //

チキンとほうれん草のグラタン

《材料｜2人分》
鶏もも肉 … 1枚（250g）
玉ねぎ … 1/2個
ほうれん草 … 1/2束（100g）
バター … 30g
薄力粉 … 大さじ2
牛乳 … 350㎖
A┌ 顆粒コンソメ … 小さじ1
　└ 塩、こしょう … 各少々
ピザ用チーズ … 60g

《作り方》
①鶏肉は3cm大に切り、玉ねぎは薄切りにする。ほうれん草は根元を切って洗い、ラップでふんわりと包み、電子レンジで1分30秒加熱する。ラップをはずして粗熱をとり、水けをしぼって4cm長さに切る。
②フライパンにバターを中火で熱し、鶏肉と玉ねぎを炒める。肉の色が変わったら弱火にし、薄力粉をふり入れて木べらで1分炒める。
③牛乳を3回に分けて加え、そのつどよく混ぜる。Aも加えて中火にし、とろみがついたらほうれん草を加えてさっと混ぜる。
④耐熱皿に③を入れてチーズをのせ、オーブントースターで焼き色がつくまで焼く。

鶏肉の甘酢しょうがだれ

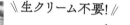 フライパン 15分

《材料｜2人分》
鶏もも肉 … 大1枚（300g）
塩、こしょう … 各少々
片栗粉 … 適量
A┌ 砂糖、しょうゆ、酢
　│　 … 各大さじ1と1/2
　└ しょうがチューブ … 3cm
サラダ油 … 大さじ1
キャベツ（せん切り）… 適量

《作り方》
①鶏肉は身の厚い部分を開いて縦半分に切り、塩、こしょうをふって片栗粉をまぶす。Aは合わせておく。
②フライパンにサラダ油を中火で熱し、鶏肉を焼く。焼き色がついたら裏返し、ふたをして弱めの中火で4分蒸し焼きにする。
③火が通ったら余分な油をふき取り、Aを加えて煮からめる。器にキャベツを盛り、鶏肉を食べやすい大きさに切ってのせる。

\\ しっかり味で冷めてもおいしい //

Point 鶏肉はひと口大に切ってから焼いてもOK。マヨネーズをかけてチキン南蛮風にするのもおすすめ。

\\ もどす手間いらず！//
鶏肉と白菜の春雨煮

フライパン 🔍 ⏱15分

《 材料｜2人分 》
鶏もも肉 … 小1枚（200g）
白菜 … 1/8個（200g）
春雨 … 40g
ごま油 … 小さじ1
A ┌ 水 … 200mℓ
　├ しょうゆ … 大さじ1と1/2
　├ 砂糖 … 大さじ1
　├ オイスターソース … 小さじ1
　└ しょうがチューブ … 2cm

《 作り方 》
① 鶏肉は3cm大に切る。白菜は芯を1cm幅に切り、葉はざく切りにする。
② フライパンにごま油を中火で熱し、鶏肉の両面を焼き色がつくまで焼く。
③ A、白菜、春雨を加え、混ぜながら4〜5分煮る。

Point　春雨はもどさず加えて。オイスターソースがなければ、しょうゆを少し増量してください。

\\ レンジde時短 //
電子レンジ＆フライパン 🔍 ⏱15分
鶏肉とさつまいもの甘辛しょうゆ

《 材料｜2人分 》
鶏もも肉 … 小1枚（200g）
さつまいも … 1本（200g）
塩、こしょう … 各少々
薄力粉 … 適量
A ┌ 酒、みりん、しょうゆ
　│　　… 各大さじ1と1/2
　└ 砂糖 … 大さじ1
サラダ油 … 小さじ2
黒いりごま … 適量

Point　さつまいもをレンジにかけておけば、フライパンに加えたらさっと炒めるだけでOK。

《 作り方 》
① さつまいもは皮つきのまま3cm大に切り、水に5分さらして水けをきる。耐熱ボウルに入れてラップをふんわりとかけ、電子レンジで4分加熱する。鶏肉は3cm大に切り、塩、こしょうをふって薄力粉をまぶす。Aは合わせておく。
② フライパンにサラダ油を中火で熱し、鶏肉を焼く。焼き色がついたら裏返し、ふたをして弱めの中火で3分蒸し焼きにする。
③ ふたを取り、さつまいもを加えてさっと炒め、Aを加えて煮からめる。器に盛り、お好みで黒ごまをふる。

\\ ポン酢で簡単、失敗なし！//
鶏肉となすのさっぱり煮

フライパン 🔍 ⏱15分

《 材料｜2人分 》
鶏もも肉 … 1枚（250g）
なす … 2本
塩、こしょう … 各少々
片栗粉 … 適量
ごま油 … 大さじ1と1/2
A ┌ 水、ポン酢しょうゆ … 各50mℓ
　└ みりん … 大さじ2
（あれば）小ねぎ（小口切り）… 適量

《 作り方 》
① なすはひと口大の乱切りにし、水に3分さらして水けをきる。鶏肉は3cm大に切り、塩、こしょうをふって片栗粉をまぶす。
② フライパンにごま油を中火で熱し、①を炒める。鶏肉の色が変わったらAを加え、たまに混ぜながら5〜6分煮る。
③ 器に盛り、小ねぎを散らす。

チキンのカレークリームグラタン

フライパン＆トースター 15分

《 材料 | 2人分 》

鶏もも肉 … 小1枚（200g）
玉ねぎ … 1/4個
（好みで）ゆで卵 … 1〜2個
コーン … 大さじ4
塩、こしょう … 各少々
バター … 30g
A｜薄力粉 … 大さじ2
　｜カレー粉 … 小さじ1
牛乳 … 350mℓ
顆粒コンソメ … 小さじ1/4
ピザ用チーズ … 60g
（あれば）パセリ（みじん切り）… 少々

《 作り方 》

①鶏肉は3cm大に切り、塩、こしょうをふる。玉ねぎは薄切りにする。ゆで卵はスライスする。
②フライパンにバターを中火で熱し、鶏肉と玉ねぎを炒める。肉の色が変わったらAをふり入れ、弱火にして1分炒める。
③牛乳を3回に分けて加え、そのつどよく混ぜる。コーンとコンソメを加え、とろみがつくまで中火で煮る。
④耐熱皿に③を入れ、ゆで卵とチーズをのせ、オーブントースターで焼き色がつくまで焼く。パセリを散らす。

《 まろやかで、ほどよく辛い 》

Point　辛いものが好きでカレー風味を強くしたいなら、カレー粉を増量にしてもOKです。

鶏肉とじゃがいものすき煮

鍋 15分

《 材料 | 2人分 》

鶏もも肉 … 1枚（250g）
じゃがいも … 2個（300g）
長ねぎ … 1/2本
サラダ油 … 小さじ1
A｜水、しょうゆ … 各大さじ2
　｜砂糖、酒、みりん
　｜　… 各大さじ1と1/2

《 作り方 》

①鶏肉とじゃがいもは3cm大に切る。長ねぎは1cm幅の斜め切りにする。
②鍋にサラダ油を中火で熱し、鶏肉とじゃがいもを炒める。肉の色が変わったらAと長ねぎを加え、ふたをしてたまに混ぜながら、じゃがいもがやわらかくなるまで12分ほど煮る。

Point　じゃがいもは種類によって煮こみ時間が異なる場合があります。やわらかくなる前に煮汁が少なくなったら、水を少し足してください。

《 メインになる煮ものです 》

《 ケチャップ味のソースでテリッと 》

BBQ照りチキン

フライパン 18分

《 材料 | 2人分 》

鶏もも肉 … 大1枚（300g）
玉ねぎ … 1個
塩、こしょう … 各少々
薄力粉 … 適量
サラダ油 … 小さじ2
A｜トマトケチャップ
　｜　… 大さじ3
　｜中濃ソース、はちみつ
　｜　… 各大さじ1
粗びき黒こしょう、
（あれば）パセリ … 各適量

《 作り方 》

①鶏肉は身の厚い部分を開いて塩、こしょうをふって薄力粉をまぶす。玉ねぎは1cm厚さの輪切りにする。
②フライパンにサラダ油小さじ1を中火で熱し、玉ねぎの両面を焼いて火を通し、器に盛る。
③フライパンに残りのサラダ油を足して鶏肉を焼く。焼き色がしっかりついたら裏返し、ふたをして弱めの中火で5分蒸し焼きにする。火が通ったらAを加えて煮からめる。
④食べやすい大きさに切って②に盛り合わせ、お好みで黒こしょうをふり、パセリを添える。

\\ やみつき必至! //
鶏肉とかぼちゃの甘辛カレーだれ

電子レンジ＆フライパン
15分

《 材料 | 2人分 》
鶏もも肉 … 1枚（250g）
塩、こしょう … 各少々
片栗粉 … 適量
かぼちゃ … 1/6個（正味200g）
A｜しょうゆ、みりん
　　… 各大さじ2
　｜砂糖 … 大さじ1/2
　｜カレー粉 … 小さじ1/3
サラダ油、粗びき黒こしょう
　… 各適量

《 作り方 》
①耐熱ボウルにAを入れ、電子レンジで1分30秒加熱する。
②鶏肉は3cm大に切り、塩、こしょうをふって片栗粉をまぶす。かぼちゃはワタと種を除き、8mm厚さに切ってから長さを半分に切る。
③フライパンにサラダ油を深さ1cmほど入れて中火で熱し、②の両面を色よく揚げ焼きにする。火が通ったら油をきり、①に加えてたれをからめる。器に盛り、お好みで黒こしょうをふる。

\\ こってり、甘辛♡ //
鶏肉とれんこんのうまだれ炒め

フライパン
15分

《 材料 | 2人分 》
鶏もも肉 … 小1枚（200g）
れんこん … 1節（200g）
塩、こしょう … 各少々
サラダ油 … 大さじ1
A｜酒、オイスターソース
　　… 各大さじ1と1/2
　｜砂糖、しょうゆ、水
　　… 各大さじ1
　｜片栗粉 … 小さじ1/2
（あれば）サラダ菜、
　ミニトマト … 各適量

《 作り方 》
①鶏肉は3cm大に切り、塩、こしょうをふる。れんこんは8mm厚さの半月切りにし、水に3分さらして水けをきる。Aは合わせておく。
②フライパンにサラダ油を中火で熱し、鶏肉とれんこんをなるべく重ならないように入れて焼く。焼き色がついたら裏返し、ふたをして弱火で4分蒸し焼きにする。
③鶏肉に火が通ったら、Aをもう一度混ぜて加え、煮からめる。器に盛り、サラダ菜とミニトマトを添える。

Point 鶏肉とれんこんは広げて焼くとムラなく焼けます。

\\ 作りおきにもおすすめ! //
鶏肉と卵の照り煮

鍋
20分

《 材料 | 2人分 》
鶏もも肉 … 大1枚（300g）
ゆで卵 … 2個
A｜しょうゆ … 大さじ3
　｜酒、みりん … 各大さじ2
　｜砂糖 … 大さじ1と1/2
　｜酢 … 大さじ1

《 作り方 》
①鶏肉は身の厚い部分を包丁で開いて厚みを均等にする。
②鍋にAを入れて混ぜ、①とゆで卵を加えて中火にかける。煮立ったら、ふたをして弱火で15〜18分、途中2回ほど上下を返しながら煮る。

Point 煮汁に酢を加え、弱火で煮ることで、鶏肉がやわらか〜く仕上がります。冷蔵庫で3〜4日保存もOK。

ボウル1つでできあがり♪
鶏肉とキャベツのうま塩煮

《 **材料|2人分** 》
鶏もも肉 … 1枚（250ｇ）
キャベツ … 1/5個（200ｇ）
A｜水 … 50㎖
　｜鶏ガラスープの素、しょうゆ、
　｜　ごま油 … 各小さじ1
　｜にんにくチューブ … 2㎝
白いりごま、粗びき黒こしょう … 各適量

《 **作り方** 》
①鶏肉は3㎝大に切り、Aをもみこむ。大
きめの耐熱ボウルにキャベツをちぎって入
れ、鶏肉をたれごとのせる。
②①にラップをふんわり
とかけ、電子レンジで7
分加熱する。取り出して
混ぜ、さらに3分加熱し
て混ぜる。
③器に盛り、お好みで白
ごまと黒こしょうをふる。

レンジ前　キャベツ
を下に鶏肉を上にし
てボウルに入れて。

火を使わない
レンジde完成レシピ

材料をレンジに入れたらスイッチぴ！で簡単にできる
レシピを集めました。忙しいときのお助けラインナップです。

※すべて600Wの加熱時間です。500Wであれば1.2倍、
　700Wであれば0.8倍の加熱時間にしてください。

レンジ前　ラップは
ボウルの上ではなく、
肉の上に落としラッ
プのようにかけて。

即席タルタルソースで！
チキン南蛮風

《 **材料|2人分** 》
鶏もも肉 … 大1枚（300ｇ）
A｜しょうゆ … 大さじ1と1/2
　｜砂糖 … 大さじ1
　｜酒、酢 … 各小さじ2
ゆで卵 … 1個
B｜マヨネーズ … 大さじ3
　｜塩、こしょう … 各少々
（あれば）ベビーリーフ、ミニトマト
　　　　　… 各適量

《 **作り方** 》
①鶏肉は厚い部分を切り開いて厚みを均等に
し、フォークで全体を刺す。大きめの耐熱ボ
ウルに入れ、Aを加えてよくもみこむ。
②鶏肉の皮を下にし、肉の上にラップをふん
わりとのせ、電子レンジで6分加熱する。粗
熱をとり、食べやすい大きさに切って器に盛る。
③ゆで卵をボウルに入れてつぶし、Bを混ぜ
てタルタルソースを作る。②にかけ、ベビー
リーフとミニトマトを添える。

6分加熱
するだけ！

絶品
鶏チャーシュー

食べごたえ
あり！

レンジ蒸し鶏の
ねぎ塩だれ

やさし～い
甘みそ味

みそ鶏
チャーシュー

絶品鶏チャーシュー

《**材料**｜2人分》
鶏もも肉 … 大1枚（300g）
A｜砂糖、しょうゆ、酒
　　… 各大さじ1と1/2
　｜オイスターソース … 大さじ1/2
　｜しょうがチューブ … 2cm
（あれば）レタス … 適量

《**作り方**》
❶鶏肉は身の厚い部分を開いて厚み
を均等にし、フォークで全体を刺す。
大きめの耐熱ボウルに入れ、Aを加
えてよくもみこむ。
❷鶏肉の皮を下にし、肉の上にラッ
プをふんわりとのせ、電子レンジで
6分加熱する。
❸粗熱をとり、食べやすい大きさに
切って器に盛り、
レタスを添える。

みそ鶏チャーシュー

《**材料**｜2人分》
鶏もも肉 … 大1枚（300g）
A｜みそ、砂糖、酒
　　… 各小さじ2
　｜しょうゆ … 小さじ1
　｜ごま油 … 小さじ1/2
　｜しょうがチューブ … 3cm
（あれば）小ねぎ（小口切り）… 適量

《**作り方**》
❶鶏肉は身の厚い部分を開いて厚み
を均等にし、フォークで全体を刺す。
大きめの耐熱ボウルに入れ、Aを加
えてよくもみこむ。
❷鶏肉の皮を下にし、肉の上にラッ
プをふんわりとのせ、電子レンジで
6分加熱する。
❸粗熱をとり、食
べやすい大きさに
切って器に盛り、
小ねぎをのせる。

レンジ蒸し鶏のねぎ塩だれ

《**材料**｜2人分》
鶏もも肉 … 大1枚（300g）
A｜塩、こしょう … 各少々
　｜酒 … 大さじ1
B｜長ねぎ（みじん切り）… 1/3本分
　｜鶏肉の蒸し汁、ごま油 … 各大さじ1
　｜塩 … 小さじ1/3
　｜鶏ガラスープの素 … ひとつまみ
粗びき黒こしょう … 適量

《**作り方**》
❶鶏肉は身の厚い部分を開いて厚みを均等
にし、フォークで全体を刺す。大きめの耐
熱ボウルに入れ、Aを加えてよくもみこむ。
❷鶏肉の皮を下にし、肉の上にラップをふ
んわりとのせ、電子レンジで6分加熱する。
❸Bを混ぜてねぎ塩だれを作る（鶏肉の蒸し
汁は、②でボウルに残った汁）。
鶏肉を食べやすい大きさ
に切り、器に盛ってBと
お好みで黒こしょうをか
ける。

レンジ前 ラップはボウルの上ではなく、肉の上に落としラップのようにかけて。

Chicken

鶏むね肉

「フォークで全体を刺す」「そぎ切りにする」「粉をまぶす」。この3つの下ごしらえでパサつきがちなむね肉を大満足おかずに！

電子レンジ＆フライパン
15分

\\ しっとり仕上げでパサつきゼロ \\
鶏むね肉とブロッコリーのオーロラソースあえ

Point ブロッコリーの茎も加える場合は小さめに切ってください♪ むね肉だけにオーロラソースをからめ、キャベツやレタスのせん切りにのせても◎。

《 材料 | 2人分 》
鶏むね肉 … 1枚（250ｇ）
A｜酒 … 小さじ2
　｜塩、こしょう … 各少々
片栗粉 … 適量
ブロッコリー … 1/2株（100ｇ）
サラダ油 … 大さじ1
B｜トマトケチャップ、マヨネーズ
　｜　 … 各大さじ2
　｜砂糖 … 小さじ1/2
　｜塩、こしょう … 各少々

《 作り方 》
❶ブロッコリーは小房に分ける。耐熱ボウルに入れて水大さじ1（分量外）をふりかけ、ラップをふんわりとかけ、電子レンジで2分加熱する。鶏むね肉はフォークで全体を刺して1cm厚さのそぎ切りにし、Aをもみこんで片栗粉をまぶす。
❷フライパンにサラダ油を中火で熱して鶏肉を焼く。焼き色がついたら裏返し、ふたをして弱めの中火で3分蒸し焼きにする。
❸ボウルにBを入れて混ぜ、水けをきったブロッコリーと❷を加えてあえる。

\\ 淡泊なむね肉をテリッテリに♡ \\
鶏むね肉de 甘酢マヨチキン

フライパン
15分

《 材料 | 2人分 》
鶏むね肉 … 1枚（250ｇ）
A｜塩、こしょう … 各少々
　｜酒 … 小さじ2
片栗粉 … 適量
B｜しょうゆ、酒
　｜　 … 各大さじ1と1/2
　｜砂糖、酢 … 各大さじ1
サラダ油 … 大さじ1
マヨネーズ、（あれば）小ねぎ
（小口切り） … 各適量

Point マヨネーズはポリ袋に入れ、先を少し切ってしぼると、細くきれいにかけられます。

《 作り方 》
❶鶏肉はフォークで全体を刺して1cm厚さのそぎ切りにし、Aをもみこんで片栗粉をまぶす。Bは合わせておく。
❷フライパンにサラダ油を中火で熱し、鶏肉を焼く。焼き色がついたら裏返し、ふたをして弱めの中火で3分蒸し焼きにする。
❸Bを加えて煮からめ、器に盛ってお好みでマヨネーズをかけ、小ねぎを散らす。

鶏むね肉と
じゃがいもの細切り炒め

 フライパン　⏱ 15分

《コスパ抜群♡》

《材料│2人分》

鶏むね肉 … 1枚（250g）
じゃがいも … 小2個（200g）
A│塩、こしょう … 各少々
　│酒、片栗粉 … 各小さじ1
B│しょうゆ、みりん
　│　… 各大さじ2
　│にんにくチューブ … 2㎝
ごま油 … 大さじ1
（あれば）パセリ（みじん切り）
　… 適量

《作り方》

❶鶏肉はフォークで全体を刺して1
㎝厚さのそぎ切りにしてから1㎝幅
の棒状に切り、Aをもみこむ。じゃ
がいもは5㎜角の棒状に切る。Bは
合わせておく。
❷フライパンにごま油を中火で熱し、
鶏肉を炒める。肉の色が変わったら、
じゃがいもを加えて3〜4分炒める。
❸じゃがいもがやわらかくなったら
Bを加えて煮からめる。器に盛り、
パセリをふる。

Point　じゃがいもは火が通りやすいように細
めにカット。歯ごたえを残す程度に炒めてたれ
を加えると、ちょうどよいかたさになります。

さっと焼いた
《むね肉をさっぱりと》

鶏むね肉の
ごまねぎポン酢

 フライパン　⏱ 10分

Point　小ねぎの量はお
好みで増減してください。

《材料│2人分》

鶏むね肉 … 大1枚（300g）
A│酒 … 大さじ1
　│塩 … 小さじ1/4
片栗粉 … 適量
B│小ねぎ（小口切り）… 4本
　│ポン酢しょうゆ … 大さじ3
　│白いりごま … 大さじ2
　│ごま油 … 小さじ1/2
サラダ油 … 大さじ1と1/2

《作り方》

❶鶏肉はフォークで全体を刺して1㎝
厚さのそぎ切りにし、Aをもみこんで
片栗粉をまぶす。Bは合わせておく。
❷フライパンにサラダ油を中火で熱し、
鶏肉を焼く。焼き色がついたら裏返し、
ふたをして弱めの中火で3分蒸し焼き
にする。
❸器に盛り、①のたれをかける。

鶏むね肉の甘酢煮

 フライパン ⏱ 15分

玉ねぎで
《ボリュームアップ！》

《材料│2人分》

鶏むね肉 … 大1枚（300g）
玉ねぎ … 1/4個
塩、こしょう … 各少々
薄力粉 … 適量
A│水 … 大さじ3
　│砂糖、しょうゆ
　│　… 各大さじ1と1/2
　│酒、酢 … 各大さじ1
サラダ油 … 大さじ1
（あれば）イタリアンパセリ
　… 適量

《作り方》

❶玉ねぎは薄くスライスし、水に3分さらして
水けをきる。鶏肉はフォークで全体を刺して1
㎝厚さのそぎ切りにし、塩、こしょうをふって
薄力粉ををまぶす。Aは合わせておく。
❷フライパンにサラダ油を中火で熱し、鶏肉を
焼く。焼き色がついたら裏返し、さらに1分焼き、
Aを加えてたれが少なくなるまで炒め煮にする。
❸器に②を盛り、①の玉ねぎ、イタリアンパセ
リをのせる。

Point　オニオンスライスを水菜やレタスに替え
ても合います。お好みでマヨネーズをかけても◎。

レンジ蒸し鶏

《材料｜2人分》

鶏むね肉 … 1枚（250g）

A｜酒 … 大さじ1
　｜砂糖 … 小さじ1/2
　｜塩 … 小さじ1/4

《作り方》

❶鶏肉は身の厚い部分を開いて厚み
を均等にし、フォークで全体を刺す。

❷耐熱容器に鶏肉を入れ、Aを表記
順に入れてもみこむ。ラップをふん
わりとかけ、電子レンジで5分加熱
する。そのまま粗熱をとる。

Point 鶏肉は厚みが均等になるよ
うに開いてください♪　冷蔵庫で3
〜4日保存可能です。

作りおきにも！

しっとりレンジ蒸し鶏
アレンジ

レンジで簡単！ 作りおきしておけば、あとはたれをかけるだけ、
あえるだけで立派な1品になりますよ。

蒸し鶏の韓国風サラダ

《材料｜2人分》
レンジ蒸し鶏 … 1枚分
乾燥わかめ … 3g
レタス … 1/3個
A│ごま油 … 大さじ2
　│白いりごま…大さじ1
　│コチュジャン、砂糖、
　│　しょうゆ … 各小さじ2

《作り方》
①わかめは水につけてもどし、水けをしぼる。鶏肉を食べやすい大きさに裂く。
②レタスをちぎって器に盛り、わかめ、鶏肉の順にのせ、Aを混ぜたドレッシングをかける。

蒸し鶏の香味だれ

《材料｜2人分》
レンジ蒸し鶏 … 1枚分
A│長ねぎ（みじん切り）… 10cm
　│しょうが（みじん切り）
　│　… 1/3かけ
　│しょうゆ、酢、白いりごま
　│　… 各大さじ1と1/2
　│砂糖、ごま油 … 各大さじ1/2
（あれば）レタス … 適量

《作り方》
①Aを合わせて香味だれを作る。
②鶏肉を食べやすく切る。ちぎったレタスと盛り合わせ、①をかける。

蒸し鶏のごまみそだれがけ

《材料｜2人分》
レンジ蒸し鶏 … 1枚分
トマト … 1個
きゅうり … 1本
A│みそ、白すりごま … 各大さじ1
　│砂糖 … 大さじ1/2
　│酢、しょうゆ、ごま油
　│　… 各小さじ2
　│しょうがチューブ … 1cm
白いりごま…適量

《作り方》
①トマトはくし形に切り、きゅうりは細切りにする。鶏肉は食べやすい大きさに裂く。
②器に①を盛り、Aをよく混ぜてかけ、お好みでごまをふる。

蒸し鶏きゅうり

《材料｜2人分》
レンジ蒸し鶏 … 1枚分
きゅうり … 1本
A│砂糖、酢、しょうゆ、
　│白いりごま
　│　… 各大さじ1
　│ごま油 … 小さじ1

《作り方》
①きゅうりは細切りにする。Aを混ぜ合わせる。
②鶏肉は食べやすい大きさに裂き、①とあえる。

鶏むね肉のチーズフライ

 フライパン 15分

《 材料 | 2～3人分 》

鶏むね肉 … 大1枚（300ｇ）
A｜溶き卵 … 1個分
　｜薄力粉 … 大さじ3
　｜塩、こしょう … 各少々
B｜パン粉 … 大さじ10
　｜粉チーズ … 大さじ3
サラダ油、トマトケチャップ
　　… 各適量
（あれば）イタリアンパセリ … 適量

《 作り方 》

①鶏肉はフォークで全体を刺して2cm幅の棒状に切る。ボウルにAを混ぜてバッター液を作り、鶏肉を入れてからめる。
②バットにBを入れて混ぜ、①を1切れずつまぶす。
③フライパンにサラダ油を深さ5mmほど入れて中火で熱し、②を色よく揚げ焼きにする。火が通ったら油をきって器に盛り、ケチャップとイタリアンパセリを添える。

Point 鶏肉は半分ほど凍らせておくときれいに切ることができます。

║ バッター液で超簡単! ║

\\ プリッとジューシー♡ //

鶏むね肉deカレーナゲット

 フライパン 15分

《 材料 | 2人分 》

鶏むね肉 … 1枚（250ｇ）
A｜溶き卵 … 1個分
　｜パン粉 … 大さじ3
　｜薄力粉 … 大さじ1
　｜カレー粉 … 小さじ1/2
　｜塩 … 小さじ1/3
　｜こしょう … 少々
サラダ油、トマトケチャップ、
（あれば）パセリ（みじん切り）
　　… 各適量

《 作り方 》

①鶏肉は皮を取り除いて適当に細かく切り、さらに包丁でたたいて粗いミンチ状にする。
②ボウルに①とAを入れて粘りが出るまでよく混ぜる。
③フライパンにサラダ油を深さ5mmほど入れて中火で熱し、②を3cm大の小判形に成形しながら入れ、返しながら4～5分揚げ焼きにする。
④油をきって器に盛り、ケチャップを添えてパセリを散らす。

Point 肉を成形するとき、手に水をつけるとくっつきにくくなります。成形は、スプーン2本で行ってもOKです。

\\ コクのあるソースが相性抜群 //

鶏むね肉のオイマヨあえ

フライパン 15分

《 材料 | 2人分 》

鶏むね肉 … 1枚（250ｇ）
塩、こしょう … 各少々
薄力粉 … 適量
A｜マヨネーズ … 大さじ2
　｜オイスターソース
　｜　… 小さじ1
　｜砂糖 … 小さじ1/2
サラダ油 … 小さじ2
（あれば）水菜、ミニトマト
　　… 各適量

《 作り方 》

①鶏肉はフォークで全体を刺して1cm厚さのそぎ切りにし、塩、こしょうをふって薄力粉をまぶす。水菜は食べやすい長さに切り、器に盛っておく。
②フライパンにサラダ油を中火で熱し、鶏肉を焼く。焼き色がついたら裏返し、ふたをして弱めの中火で3分蒸し焼きにする。
③ボウルにAを混ぜ合わせ、②を加えてあえる。水菜の上に盛り、半分に切ったミニトマトを添える。

Point 鶏肉を焼き終えたら、ひと呼吸おいてソースであえるとマヨネーズが分離しにくくなります。

\\ まるごと揚げてからカット \\

フライパン 15分

鶏むね肉の唐揚げ 梅おろしポン酢

《 材料｜2〜3人分 》

鶏むね肉 … 大1枚（300g）

A｜酒、しょうゆ … 各小さじ2
　｜しょうがチューブ … 2cm

大根 … 5cm（150g）

梅干し … 1個

片栗粉、サラダ油、ポン酢しょうゆ、
　（あれば）小ねぎ（小口切り）
　　… 各適量

《 作り方 》

①大根はすりおろし、軽く水けをきる。梅干しは種を除いて果肉をたたく。鶏肉は身の厚い部分を開いてフォークで全体を刺してAをもみこんで片栗粉をまぶす。

②フライパンにサラダ油を深さ5mmほど入れて中火で熱し、鶏肉の両面を色よく揚げ焼きにする。火が通ったら油をきり、食べやすい大きさに切る。

③②を器に盛り、大根おろしと梅肉をのせ、ポン酢しょうゆをかけて小ねぎを散らす。

\\ 甘辛のしょうゆをからめて完成 \\

フライパン 15分

鶏むね肉de甘辛スティックチキン

《 材料｜2人分 》

鶏むね肉 … 1枚（250g）

A｜酒 … 小さじ1
　｜塩、こしょう … 各少々

片栗粉 … 適量

B｜しょうゆ、酒
　｜　… 各大さじ1と1/2
　｜砂糖 … 大さじ1

サラダ油 … 大さじ1と1/2
（あれば）レタス、白いりごま
　… 各適量

《 作り方 》

①鶏肉はフォークで全体を刺して1cm厚さのそぎ切りにし、2cm幅の棒状に切る。Aをもみこみ、1切れずつ片栗粉をまぶす。Bは合わせておく。

②フライパンにサラダ油を中火で熱し、鶏肉の両面を色よく焼く。火が通ったら、ペーパータオルで余分な油をふき取り、Bを加えて煮からめる。

③レタスをちぎって器に盛り、②をのせてお好みで白ごまをふる。

鶏むね肉のペッパーカツ

フライパン 15分

《 材料｜2人分 》

鶏むね肉 … 1枚（250g）

A｜塩、粗びき黒こしょう
　｜　… 各小さじ1/2
　｜顆粒コンソメ … 小さじ1/4

B｜溶き卵 … 1個分
　｜薄力粉 … 大さじ2

パン粉、サラダ油、
　マヨネーズ … 各適量
（あれば）レタス … 適量

《 作り方 》

①鶏肉はフォークで全体を刺して1cm厚さのそぎ切りにし、Aをもみこむ。

②ボウルにBを混ぜてバッター液を作り、①を加えてからめ、1切れずつパン粉をまぶす。

③フライパンにサラダ油を深さ5mmほど入れて中火で熱し、②の両面を4〜5分色よく揚げ焼きにする。火が通ったら油をきって器に盛り、マヨネーズとレタスを添える。

\\ 黒こしょうがスパイシー \\

Point 黒こしょう入りですが、子どもにも食べられる味。大人は仕上げに黒こしょうを追加でかけてもOK！

＼揚げずに簡単♡／
鶏肉とれんこんの甘辛だれ

電子レンジ＆フライパン　15分

《《 材料｜2人分 》》
鶏むね肉 … 小1枚（200g）
れんこん … 小1節（150g）
塩、こしょう … 各少々
片栗粉 … 適量
A｜しょうゆ、酒 … 各大さじ2
　｜砂糖、みりん … 各大さじ1
サラダ油、黒いりごま … 各適量

Point　熱いうちにたれに加えて
味をなじませましょう。

《《 作り方 》》
❶鶏肉はフォークで全体を刺して1cm厚さ
のそぎ切りにし、塩、こしょうをふって片
栗粉をまぶす。れんこんは8mm厚さの半月
切りにし、水に3分さらして水けをきる。
❷耐熱ボウルにAを入れ、電子レンジで1
分30秒加熱する。
❸フライパンにサラダ油を深さ5mmほど入
れて中火で熱し、①の両面を色よく揚げ焼
きにする。
❹火が通ったものから油をきり②に加えて
からめ、器に盛り、お好みで黒ごまをふる。

＼まろやかな酸味が後をひく／
鶏むね肉の唐揚げハニーマヨソース

フライパン　15分

《《 材料｜2人分 》》
鶏むね肉 … 大1枚（300g）
酒、しょうゆ … 各大さじ1/2
片栗粉、サラダ油 … 各適量
A｜マヨネーズ … 大さじ2
　｜粒マスタード
　｜　　… 大さじ1/2
　｜はちみつ … 小さじ1
（あれば）レタス … 適量

《《 作り方 》》
❶鶏肉はフォークで全体を刺して1cm厚
さのそぎ切りにし、ポリ袋に入れて酒と
しょうゆをもみこみ、片栗粉をまぶす。
❷フライパンにサラダ油を深さ1cmほど
入れて中火で熱し、①の両面を色よく揚
げ焼きにする。火が通ったら油をきる。
❸ボウルにAを入れて混ぜ、②を加えて
あえる。レタスをちぎって器に敷き、上
に唐揚げを盛る。

＼揚げ焼きだからラクチン／
コンソメガーリックチキン

フライパン　15分

《《 材料｜2人分 》》
鶏むね肉 … 1枚（250g）
A｜顆粒コンソメ、マヨネーズ
　｜　… 各大さじ1/2
　｜にんにくチューブ … 3cm
片栗粉、サラダ油 … 各適量
（あれば）サラダ菜、
　トマト（くし形切り）… 各適量

《《 作り方 》》
❶鶏肉はフォークで全体を刺して
1.5〜2cm幅の棒状に切る。ポリ袋
に入れてAをもみこみ、片栗粉をま
ぶす。
❷フライパンにサラダ油を深さ5mm
ほど入れて中火で熱し、①の両面を
色よく揚げ焼きにする。
❸器に盛り、サラダ菜とトマトを添
える。

\\ コスパがよくて豪華見え！/

鶏むね肉のチーズパン粉焼き

フライパン ⏱ 15分

《 材料｜2人分 》

鶏むね肉 … 大1枚（300g）
塩、こしょう … 各少々
薄力粉 … 適量
溶き卵 … 1個分
A｜パン粉 … 大さじ9
　｜粉チーズ … 大さじ3
オリーブ油 … 大さじ3
（あれば）レモン（くし形切り）、
　ベビーリーフ … 各適量

《 作り方 》

①Aは合わせておく。鶏肉はフォークで全体を刺し、皮を除いて縦半分に切り、それぞれ厚みが半分になるように開く。
②鶏肉に塩、こしょうをふり、薄力粉、溶き卵、Aの順に衣をつける。
③フライパンにオリーブ油を中火で熱し、②の両面を色よく焼いて火を通す。器に盛り、レモンとベビーリーフを添える。

Point　鶏肉はなるべく大きく開くとボリュームが出ます。チーズパン粉はしっかりまぶしつけて。

Part 2 鶏むね肉

\\ 食べやすい甘めの味つけ /

韓国風甘辛チキン

フライパン ⏱ 15分

《 材料｜2人分 》

鶏むね肉 … 1枚（250g）
A｜マヨネーズ … 小さじ1
　｜塩、こしょう … 各少々
片栗粉 … 適量
ごま油 … 大さじ1
B｜コチュジャン … 大さじ1
　｜酒、しょうゆ、はちみつ
　｜　… 各小さじ2
　｜にんにくチューブ … 2cm
（あれば）レタス（太めのせん切り）、
　白いりごま … 各適量

《 作り方 》

①鶏肉はフォークで全体を刺して1cm厚さのそぎ切りにし、ポリ袋に入れてAをもみこみ、片栗粉をまぶす。Bは合わせておく。
②フライパンにごま油を中火で熱し、鶏肉を焼く。焼き色がついたら裏返し、ふたをして弱めの中火で3分蒸し焼きにする。ふたを取り、Bを加えて煮からめる。
③器にレタスを敷いて②をのせ、お好みで白ごまをふる。

　はちみつの量は好みで加減してください。

\\ ひと工夫でしっとり、やわらか /

鶏むね肉deガリバタチキン

フライパン ⏱ 15分

《 材料｜2人分 》

鶏むね肉 … 大1枚（300g）
塩、こしょう … 各少々
薄力粉 … 適量
サラダ油 … 小さじ2
A｜しょうゆ、酒、みりん
　｜　… 各大さじ1と1/2
　｜砂糖 … 小さじ1
　｜にんにくチューブ … 3cm
バター … 10g
（あれば）レタス、
　トマト（くし形切り）… 各適量

《 作り方 》

①鶏肉はフォークで全体を刺して1cm厚さのそぎ切りにし、塩、こしょうをふって薄力粉をまぶす。Aは合わせておく。
②フライパンにサラダ油を中火で熱し、鶏肉を焼く。焼き色がついたら裏返し、ふたをして弱めの中火で3分蒸し焼きにする。ふたを取り、Aとバターを加えて煮からめる。
③レタスをちぎって器に敷き、鶏肉をたれごとのせ、トマトを添える。

《衣はたっぷりが◎!》

鶏むね肉de磯辺鶏天 15分

《材料|2人分》
鶏むね肉 … 1枚（250g）
A｜酒、しょうゆ … 各小さじ2
　｜にんにく、しょうが
　｜　… 各チューブ2cm
　｜塩、こしょう … 各少々
B｜溶き卵 … 1個分
　｜薄力粉 … 大さじ4
　｜片栗粉 … 大さじ2と1/2
　｜水、青のり … 各大さじ2
サラダ油、ポン酢しょうゆ
　（あれば）レタス、レモン… 各適量

《作り方》
①鶏肉はフォークで全体を刺して1cm厚さのそぎ切りにし、ポリ袋に入れてAをよくもみこむ。
②ボウルにBを入れて混ぜ、①を加えてたっぷりからませる。
③フライパンにサラダ油を深さ1cmほど入れて中火で熱し②の両面を色よく揚げ焼きにする。油をきって器に盛り、レタスとレモン、ポン酢しょうゆを添える。

Point Bの粉類は天ぷら粉で代用できます。その場合、天ぷら粉に片栗粉少々と青のりを加え、かために水で溶いてください。

鶏むね肉のカレーソース   15分

《材料|2人分》
鶏むね肉 … 1枚（250g）
塩、こしょう … 各少々
薄力粉 … 適量
A｜しょうゆ、酒
　｜　… 各大さじ1と1/2
　｜砂糖 … 小さじ2
　｜カレー粉 … 小さじ1
サラダ油 … 小さじ2
粉チーズ、（あれば）かいわれ菜
　… 各適量

《作り方》
①鶏肉はフォークで全体を刺して1cm厚さのそぎ切りにし、塩、こしょうをふって薄力粉をまぶす。Aは合わせておく。
②フライパンにサラダ油を中火で熱し、鶏肉を焼く。焼き色がついたら裏返し、ふたをして弱めの中火で3分蒸し焼きにする。
③ふたを取り、Aを加えて煮からめる。器に盛って粉チーズをかけ、かいわれ菜をのせる。

Point ボリュームが出るよう、肉は大きめのそぎ切りに。厚さは1cmが目安です。

《チーズdeコクうま♡》

《ごはんにかけても
　グッド!》

鶏むね肉とチンゲン菜の中華あんかけ 15分

《材料|2人分》
鶏むね肉 … 1枚（250g）
チンゲン菜 … 2株
塩、こしょう … 各少々
薄力粉 … 適量
片栗粉、ごま油 … 各小さじ2
A｜水 … 200ml
　｜オイスターソース
　｜　… 大さじ1
　｜しょうゆ、みりん
　｜　… 各小さじ2
　｜しょうがチューブ … 2cm

《作り方》
①鶏肉はフォークで全体を刺して1cm厚さのそぎ切りにし、塩、こしょうをふり薄力粉をまぶす。チンゲン菜は長さを3等分に切り、芯の部分を縦3等分に切る。片栗粉は水大さじ1と1/2（分量外）で溶いておく。
②フライパンにごま油を中火で熱し、鶏肉を炒める。表面の色が変わったら、Aとチンゲン菜の芯の部分を加えて混ぜ、ふたをして弱めの中火で3分煮る。
③チンゲン菜の葉の部分を加えて混ぜ、しんなりしたら弱火にし、①の水溶き片栗粉でとろみをつける。

＼ めんつゆでラクラク ／
鶏むね肉de揚げ出し鶏

 フライパン　⏱15分

《 材料｜2人分 》
鶏むね肉 … 1枚（250g）
大根 … 5cm（200g）
酒 … 小さじ1
塩 … 少々
A｜めんつゆ（2倍濃縮）
　　　… 大さじ4
　｜湯 … 大さじ3
片栗粉、サラダ油、
　（あれば）小ねぎ（斜め切り）
　　… 各適量

《 作り方 》
❶大根はすりおろし、軽く水けをきっておく。鶏肉はフォークで全体を刺して1cm厚さのそぎ切りにし、酒と塩をもみこんで片栗粉をまぶす。
❷フライパンにサラダ油を深さ5mmほど入れて中火で熱し、鶏肉の両面を色よく揚げ焼きにして火を通す。
❸②の油をきって器に盛り、大根おろしをのせ、混ぜ合わせたAをかけて小ねぎを添える。

鶏むね肉のチリソース

  フライパン　⏱15分

《 材料｜2人分 》
鶏むね肉 … 大1枚（300g）
長ねぎ … 1/2本
塩、こしょう … 各少々
薄力粉 … 適量
ごま油 … 大さじ1
豆板醤 … 小さじ1/2
A｜水 … 200ml
　｜トマトケチャップ … 大さじ3
　｜砂糖、酒 … 各大さじ1
　｜しょうゆ、片栗粉
　　　… 各小さじ2
　｜鶏ガラスープの素 … 小さじ1
（あれば）サラダ菜 … 適量

《 作り方 》
❶鶏肉はフォークで全体を刺して1cm厚さのそぎ切りにし、塩、こしょうをふって薄力粉をまぶす。長ねぎはみじん切りにする。Aは合わせておく。
❷フライパンにごま油と豆板醤を入れて中火にかけ、香りが立ったら鶏肉を加えて両面をこんがりと焼く。
❸長ねぎを入れ、Aをもう一度よく混ぜて加え、混ぜながらとろみがつくまで煮る。サラダ菜を添えて器に盛る。

Point ソースは多めですが、とろみがつくとちょうどいい量になります♪

あるものだけで 本格味

＼ ピリッとうま辛 ／
鶏むね肉とにらの
みそだれ炒め

 フライパン　⏱10分

《 材料｜2人分 》
鶏むね肉 … 1枚（250g）
にら … 1/2束
薄力粉 … 適量
ごま油 … 小さじ2
A｜酒、みりん、みそ … 各大さじ1
　｜しょうゆ、はちみつ、豆板醤
　　　… 各小さじ1

《 作り方 》
❶鶏肉はフォークで全体を刺して1cm厚さのそぎ切りにし、薄力粉をまぶす。にらは4cm長さに切る。Aは合わせておく。
❷フライパンにごま油を中火で熱し、鶏肉を焼く。焼き色がついたら裏返し、ふたをして弱めの中火で3分蒸し焼きにする。
❸ふたを取り、にらを加えてひと混ぜし、Aを加えて煮からめる。

Point にらは炒めすぎないほうがグッド。はちみつは砂糖に替えてもおいしく仕上がります。

鶏ささみ肉

肉質がやわらかいささみは、やさしく扱うことが大切。気になる方は、すべて筋を切り取ってから調理してください。

\\ 野菜もたっぷり食べられる♡ //

  電子レンジ＆フライパン 🕛 12分

ささみの南蛮漬け

《 材料｜2人分 》
鶏ささみ … 4本（200g）
玉ねぎ … 1/4個
にんじん … 1/3本
ピーマン … 1個
A｜酢 … 大さじ3
　｜しょうゆ、酒 … 各大さじ1と1/2
　｜砂糖 … 大さじ1
薄力粉 … 適量
ごま油 … 大さじ1

《 作り方 》
❶玉ねぎは薄切り、にんじんとピーマンはせん切りにして耐熱容器に入れ、Aを加え、電子レンジで2分加熱する。
❷ささみは3等分のそぎ切りにして薄力粉をまぶす。フライパンにごま油を中火で熱し、ささみの両面を色よく焼いて火を通す。
❸②が熱いうちに①に漬ける。

Point 酸味は控えめで、温かいまま食べても冷ましても美味。冷蔵庫で3日ほど保存できます。

ねぎをどっさり
\\ トッピング！ //

ねぎだく♡マヨポンささみ

フライパン 🕛 10分

《 材料｜2人分 》
鶏ささみ … 4本（200g）
小ねぎ（小口切り） … 4〜5本分
塩、こしょう … 各少々
薄力粉 … 適量
サラダ油 … 小さじ1
A｜マヨネーズ、ポン酢しょうゆ
　｜ … 各大さじ1と1/2
粗びき黒こしょう … 適量

《 作り方 》
❶ささみは1cm厚さのそぎ切りにし、塩、こしょうをふって薄力粉をまぶす。
❷フライパンにサラダ油を中火で熱し、①を焼く。焼き色がついたら裏返し、ふたをして弱火で3分蒸し焼きにする。
❸Aを加えてさっとからめ、器に盛り、小ねぎを散らしてお好みで黒こしょうをふる。

＼＼ マヨdeコクうま ／／
ささみのカレーしょうゆ焼き

フライパン　🕙10分

《 材料｜2人分 》
鶏ささみ … 4本（200g）
A｜塩、こしょう … 各少々
　｜マヨネーズ … 小さじ2
薄力粉 … 適量
B｜しょうゆ
　｜　… 大さじ1と1/2
　｜酒、砂糖 … 各小さじ2
　｜カレー粉 … 小さじ1
サラダ油 … 大さじ1
粗びき黒こしょう、マヨネーズ、
　（あれば）レタス … 各適量

Point　辛いものが苦手なら、
カレー粉を小さじ1/2に減ら
してみてください。

《 作り方 》
❶ささみは1cm厚さのそぎ切
りにし、Aをもみこんで薄力
粉をまぶす。Bは合わせてお
く。
❷フライパンにサラダ油を中
火で熱し、ささみを焼く。焼
き色がついたら裏返し、ふた
をして弱火で3分蒸し焼きに
する。
❸ささみに火が通ったら、B
を加えてさっとからめて火を
止める。レタスをちぎって器
に敷き、ささみを盛り、お好
みで黒こしょうをふり、マヨ
ネーズを添える。

＼＼ 淡泊なささみと
チーズ風味がマッチ ／／
ささみのカリカリチーズ揚げ

フライパン　🕙12分

《 材料｜2人分 》
鶏ささみ … 4本（200g）
A｜酒、粉チーズ
　｜　… 各大さじ1
　｜しょうゆ … 小さじ2
片栗粉、薄力粉
　… 各大さじ1と1/2
サラダ油 … 適量
（あれば）レタス、
　トマト（くし形切り）
　… 各適量

《 作り方 》
❶ささみは縦半分に切る。ポ
リ袋に入れてAをやさしくも
みこむ。片栗粉、薄力粉を加
えてまぶす。
❷フライパンにサラダ油を深
さ5mmほど入れて中火で熱し、
ささみの両面を色よく揚げ焼
きにする。
❸油をきって器に盛り、レタ
スとトマトを添える。

Point　片栗粉と薄力粉は、全体に行き渡るよ
うに"やさしく"もみこんでください。揚げると
きは、ささみを握って形をまっすぐに整えてか
ら油に入れると、形よく揚がります。

＼給食で人気の味♡／
ささみのレモン煮

 電子レンジ＆フライパン 🔍 ⏱ 15分

《材料｜2〜3人分》
鶏ささみ
　… 4〜5本（200〜250g）
酒 … 小さじ1
片栗粉、サラダ油 … 各適量
A｜砂糖、しょうゆ
　　… 各大さじ1と1/2
　｜水、みりん … 各大さじ1
　｜レモン汁 … 小さじ1
（あれば）レタス、
　　レモン（半月切り）… 各適量

《作り方》
①ささみは真ん中に切りこみを入れ、酒をもみこんで片栗粉をまぶす。
②フライパンにサラダ油を深さ5mmほど入れて中火で熱し、ささみの両面を色よく揚げ焼きにする。その間に耐熱ボウルにAを入れ、電子レンジで2分加熱する。
③ささみに火が通ったら油をきり、Aに加えてからめる。器に盛り、レタスやレモンを添える。

Point たれをよくからめると照りよく仕上がります。小さなお子さんや薄味が好みの方はさっとからめる程度でも。

＼漬けこみいらず！／
コンソメしょうゆdeささみの唐揚げ

フライパン 🔍 ⏱ 12分

《材料｜2人分》
鶏ささみ … 4本（200g）
A｜しょうゆ … 小さじ2
　｜顆粒コンソメ、
　　マヨネーズ … 各小さじ1
片栗粉、サラダ油 … 各適量
（あれば）レタス、
　　トマト（くし形切り）… 各適量

《作り方》
①ささみは斜めに3等分の棒状に切り、ポリ袋に入れてAをやさしくもみこみ、片栗粉をまぶす。
②フライパンにサラダ油を深さ5mmほど入れて中火で熱し、ささみの両面を色よく揚げ焼きにする。
③器に盛り、レタスとトマトを添える。

Point 下味をつける時間をとらなくても、しっかり味がつきます。

＼辛すぎず、子どもも大好きな味／
ささみde 簡単うま辛チキン

フライパン 🔍　⏱ 12分

《 **材料** | 2〜3人分 》

鶏ささみ … 6本（300g）
A｜酒 … 小さじ1
　｜塩、こしょう … 各少々
B｜トマトケチャップ … 大さじ2
　｜水、しょうゆ、はちみつ … 各大さじ1
　｜コチュジャン … 小さじ1
片栗粉、サラダ油 … 各適量
（あれば）レタス、粗びき黒こしょう … 各適量

《 **作り方** 》

❶ ささみは斜めに3等分の棒状に切り、Aをもみこんで片栗粉をまぶす。Bは合わせておく。
❷ フライパンにサラダ油を深さ5mmほど入れて中火で熱し、ささみの両面を色よく揚げ焼きにする。
❸ 余分な油をふき取り、Bを加えて煮からめる。レタスを敷いた器に盛り、黒こしょうをふる。

Point　はちみつがなければ砂糖を使ってください。

Part 2　鶏ささみ肉

＼辛子の風味をアクセントに／
ささみの香り揚げ

フライパン 🔍　⏱ 15分

《 **材料** | 2人分 》

鶏ささみ … 4本（200g）
A｜しょうゆ … 大さじ1
　｜酒 … 小さじ1
　｜辛子チューブ … 5cm
片栗粉、サラダ油 … 各適量
（あれば）ベビーリーフ … 適量

《 **作り方** 》

❶ ささみは厚みを半分に切り、長さも半分に切る。ポリ袋に入れてAをやさしくもみこんで5分おき、1切れずつ片栗粉をまぶす。
❷ フライパンにサラダ油を深さ5mmほど入れて中火で熱し、ささみの両面を色よく揚げ焼きにする。
❸ 油をきって器に盛り、ベビーリーフを添える。

Point　辛子は好みで増量してもOKです。

\\ 細長い形を生かして //

ささみdeスティックフライドチキン

15分

《材料|2人分》

鶏ささみ … 4本（200g）

A｜しょうゆ、マヨネーズ
　　… 各小さじ1
　　粗びき黒こしょう … 小さじ1/3
　　塩、顆粒コンソメ、カレー粉
　　… 各小さじ1/4
　　にんにく、しょうが
　　… 各チューブ1cm

片栗粉、薄力粉 … 各大さじ1強

サラダ油 … 適量

（あれば）レタス、ミニトマト … 各適量

《作り方》

❶ささみは斜め4等分の棒状に切り、ポリ袋に入れてAをやさしくもみこむ。片栗粉と薄力粉を混ぜ合わせ、1切れずつまぶす。

❷フライパンにサラダ油を深さ5mmほど入れて中火で熱し、①の両面を色よく揚げ焼きにする。器に盛り、レタスとミニトマトを添える。

Point 十分に味はついていますが、ケチャップやマヨネーズをつけて食べてもグッド。

\\ 淡泊なささみをリッチな味に //

ささみのバターチーズ焼き

 10分

《材料|2人分》

鶏ささみ … 4本（200g）

塩、こしょう … 各少々

酒 … 小さじ1/2

粉チーズ … 大さじ3

A｜バター、オリーブ油
　　… 各小さじ2

（あれば）ベビーリーフ、
　　粗びき黒こしょう
　　… 各適量

《作り方》

❶ささみは真ん中に切りこみを入れて左右に開き、全体をフォークで刺して長さを半分に切る。塩、こしょう、酒をやさしくもみこみ、粉チーズをまぶす。

❷フライパンにAを入れて中火で熱し、①の両面を色よく焼く。

❸器にベビーリーフを広げて②を盛り、フライパンに残ったオイルをかけ、お好みで黒こしょうをふる。

\\ 大分名物をお手軽に！ //

ささみdeとり天

 12分

《材料|2〜3人分》

鶏ささみ … 4〜5本（200〜250g）

A｜酒、しょうゆ … 各小さじ2
　　砂糖、ごま油 … 各小さじ1/2
　　にんにく、しょうが
　　… 各チューブ2cm

B｜卵 … 1個
　　薄力粉 … 50g
　　冷水 … 大さじ2

サラダ油 … 適量

《作り方》

❶ささみは真ん中に切りこみを入れて左右に開き、長さを半分に切ってポリ袋に入れてAをやさしくもみこむ。

❷ボウルにBを入れてざっくり混ぜ、衣を作る。

❸フライパンにサラダ油を深さ1cmほど入れて中火で熱し、①に②をからめて入れ、両面を色よく揚げ焼きにする。

Point 衣の材料は混ぜ過ぎず、粉っぽさが残るくらいにざっくり混ぜ、ささみになるべくたっぷりつけてください！

まるっと1本、焼きました!

フライパン　🕐 15分

まるごと! ささみの名古屋風

《材料|2〜3人分》
鶏ささみ … 6本（300g）
A｜酒 … 小さじ1
　｜塩、こしょう … 各少々
片栗粉 … 適量
サラダ油 … 大さじ4
B｜しょうゆ、みりん
　｜　… 各大さじ2
　｜酒、砂糖 … 各大さじ1
白いりごま、
　粗びき黒こしょう … 各適量
（あれば）レタス … 適量

《作り方》
❶ささみは真ん中に切りこみを入れて左右に開き、Aをやさしくもみこんで片栗粉をまぶす。
❷フライパンにサラダ油を中火で熱し、①の両面を色よく焼き、取り出す。
❸フライパンをさっときれいにし、Bを入れて中火にかける。とろみがついたら②を戻し入れてからめ、器に盛る。仕上げにお好みで白ごまと黒こしょうをふり、レタスを添える。

Point 片栗粉はたっぷりめにまぶしたほうが、たれがからみやすくなります。

ヨーグルトでやわらかく、本格的な味に

ささみでタンドリーチキン

フライパン　🕐 18分

《材料|2人分》
鶏ささみ … 4本（200g）
かぼちゃ … 1/8個（正味150g）
A｜プレーンヨーグルト
　｜　… 大さじ1と1/2
　｜トマトケチャップ、
　｜　中濃ソース … 各大さじ1
　｜カレー粉 … 小さじ1/2
　｜顆粒コンソメ … ひとつまみ
オリーブ油 … 大さじ1
塩、こしょう … 各少々

《作り方》
❶ささみは3等分のそぎ切りにし、ポリ袋に入れてAをやさしくもみこみ、5分おく。かぼちゃは8mm厚さに切る。
❷フライパンにオリーブ油大さじ1/2を中火で熱し、かぼちゃを返しながら5分ほど焼き、火が通ったら塩、こしょうをふって器に盛る。
❸②のフライパンにオリーブ油大さじ1/2を足して中火で熱し、ささみを漬けだれごと入れて両面を色よく焼き、②の器に盛る。

Point ヨーグルト入りのカレーソースをもみこみ、かたくなりがちなささみをやわらかく。味もしっかりなじみます。

おうち居酒屋気分♪

フライパン　🕐 12分

ささみの串焼き みそマヨだれ

《材料|2人分》
鶏ささみ … 4本（200g）
酒 … 小さじ2
塩 … 少々
A｜みそ、マヨネーズ
　｜　… 各大さじ1/2
ごま油 … 大さじ1/2
（あれば）青じそ（せん切り）、
　白いりごま … 各適量

《作り方》
❶Aを混ぜ合わせてたれを作る。ささみは4等分に切り、酒と塩をもみこみ、竹串に4切れずつ刺して計4本作る。
❷フライパンにごま油を中火で熱し、ささみを焼く。焼き色がついたら裏返してふたをして、弱火で2分蒸し焼きにする。
❸火が通ったら器に盛り、①のたれを塗り、青じそとお好みで白ごまをトッピングする。

Chicken

鶏手羽肉

骨つきの手羽先、手羽中、手羽元は、煮こんでおいしく、焼いたり揚げたりしてもグッド。料理にボリュームも出しやすい！

\\ 大根に手羽のうまみがしみしみ！ //

手羽と大根の照り煮

鍋 / 30分

《 材料 | 2人分 》
鶏手羽中 … 10本
大根 … 10cm（400g）
水 … 300㎖
酒、みりん、しょうゆ … 各大さじ2
砂糖 … 大さじ1
（あれば）小ねぎ（斜め切り）… 適量

《 作り方 》
❶手羽中は骨に沿って切りこみを1本入れる。大根は2㎝厚さのいちょう切りにする。
❷鍋に小ねぎ以外の材料をすべて入れ、中火にかける。煮立ったらアクを取り、ふたを少しずらしてのせ、たまに混ぜながら20分煮る。
❸ふたを取り、汁けが少なくなるまで5分ほど煮る。器に盛り、小ねぎをのせる。

Point 手羽中に切りこみを入れておくと、うまみが出やすくなり、食べやすくもなります。

手羽中なら \\ 手軽！ //

名古屋風甘辛スペアリブ

フライパン / 15分

《 材料 | 2～3人分 》
鶏手羽中 … 12～15本
片栗粉 … 大さじ2
サラダ油 … 大さじ2
A | しょうゆ、みりん … 各大さじ2
　 | 酒、砂糖 … 各大さじ1
白いりごま、粗びき黒こしょう … 各適量

《 作り方 》
❶手羽中は骨に沿って切りこみを1本入れ、ポリ袋に入れて片栗粉をまぶす。
❷フライパンにサラダ油を中火で熱し、①を焼く。焼き色がついたら裏返し、ふたをして4分蒸し焼きにし、一度取り出す。
❸フライパンをさっときれいにし、Aを入れて中火にかける。とろみがついたら②を戻し入れてさっとからめ、器に盛り、お好みで白ごまと黒こしょうをふる。

Point たれをとろみがつくまで煮詰めて手羽にからめると衣のサクサク感も味わえます。

手羽中のポン酢揚げ

フライパン　 15分

《 材料 | 2人分 》

鶏手羽中 … 12本
A　ポン酢しょうゆ … 大さじ1
　　酒 … 小さじ1
　　塩 … 小さじ1/4
　　粗びき黒こしょう … 少々
　　にんにくチューブ … 2cm
片栗粉 … 大さじ3
サラダ油 … 適量
（あれば）イタリアンパセリ … 適量

《 作り方 》

①手羽中は骨に沿って切りこみを1本入れ、ポリ袋に入れてAをもみこみ、片栗粉をまぶす。
②フライパンにサラダ油を深さ5mmほど入れて中火で熱し、①を色よく揚げ焼きにする。火が通ったら、油をきって器に盛り、イタリアンパセリを添える。

ポン酢なら失敗なし！

Part 2 鶏手羽肉

\\ こってりオイスターソース味 //

手羽と卵のうま照り煮

フライパン　 15分

《 材料 | 2人分 》

鶏手羽中 … 10本
ゆで卵 … 3〜4個
A　水 … 200ml
　　酒、みりん … 各大さじ2
　　しょうゆ … 大さじ1
　　オイスターソース … 大さじ1/2
　　鶏ガラスープの素、砂糖 … 各さじ小1/2
（あれば）水菜 … 適量

《 作り方 》

①手羽中は骨に沿って切りこみを1本入れる。フライパンを油を引かずに中火で熱し、手羽中の両面を焼く。
②焼き色がついたらAとゆで卵を加え、たまに混ぜながらとろみがつくまで煮る。器に盛り、水菜をざく切りにして添える。

フライドチキン

フライパン　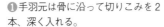 15分

《 材料 | 作りやすい分量 》

鶏手羽元 … 8〜10本
A　卵 … 1個
　　薄力粉 … 大さじ6
　　しょうゆ、みりん … 各大さじ1と1/2
　　塩 … 小さじ1/2
　　カレー粉 … 小さじ1/8
片栗粉、サラダ油 … 各適量
（あれば）レタス、トマト（くし形切り） … 各適量

《 作り方 》

①手羽元は骨に沿って切りこみを2本、深く入れる。
②ボウルにAを入れてよく混ぜ、①を加えてからめ、1本ずつしっかり片栗粉をまぶす。
③フライパンにサラダ油を深さ2cmほど入れて中火で熱し、②を入れ、返しながら8〜10分色よく揚げ焼きにする。
④器にレタスを敷いて③を盛り、トマトを添える。

Point　衣はたっぷりからめ、片栗粉をしっかりまぶして。温度設定ができる場合は、揚げ油の温度を170℃に。

衣がザックザク！

《酢の効果でお肉ホロホロ♡》

手羽元の ほったらかし煮

鍋 ｜ 25分

《材料｜作りやすい分量》
鶏手羽元 … 9～10本
しょうが（薄切り）
　　… 1/2かけ分
水、しょうゆ、酒
　　… 各大さじ3
砂糖 … 大さじ2
酢、みりん … 各大さじ1
白いりごま、（あれば）
　　かいわれ菜 … 各適量

《作り方》
❶手羽元は骨に沿って切りこみを
　2本深く入れる。鍋に白ごまとか
　いわれ菜以外の材料を入れて中火
　にかける。煮立ったらアルミ箔で
　落としぶたをして、弱めの中火で
　18～20分煮る（途中1回混ぜる）。
❷器に盛ってお好みで白ごまをふ
　り、かいわれ菜を添える。

《簡単なのに華やか♡》

手羽と野菜のオーブン焼き

電子レンジ＆オーブン ｜ 40分

《材料｜2～3人分》
鶏手羽元 … 6本
じゃがいも … 小3個（300g）
玉ねぎ … 1/2個
にんにく … 1かけ
ミニトマト … 6～8個
オリーブ油 … 大さじ2
塩、粗びき黒こしょう、
　（あれば）パセリ（みじん切り）
　　… 各適量

《作り方》
❶手羽元は骨に沿って切りこみを2本深
　く入れ、塩小さじ1/3をもみこむ。じゃ
　がいもは4つに切り、耐熱ボウルに入れ
　てラップをふんわりとかけ、電子レンジ
　で5分加熱する。玉ねぎは4等分のくし
　形に切る。にんにくは半分に切る。オー
　ブンを200℃に予熱する。
❷耐熱皿に❶とミニトマトを並べ入れ、
　野菜に塩少々をふる。オリーブ油をまわ
　しかけ、予熱したオーブンで30～35分焼く。
❸全体に火が通ったら取り出し、黒こし
　ょうとパセリをふる。

Point 具が重なる場合
は手羽を野菜の上にのせ
て。焼き上がった後のオイ
ルはバゲットを浸すと
おいしいです！

甘酢がからんで
《テリッテリ》

手羽とポテトの甘酢照り焼き

フライパン ｜ 15分

《材料｜2人分》
鶏手羽中 … 10本
じゃがいも … 1個（150g）
塩、こしょう … 各少々
片栗粉 … 適量
サラダ油 … 大さじ1
A｜しょうゆ、酒
　　　… 各大さじ2
　　砂糖、酢 … 各大さじ1
（あれば）レタス … 適量

《作り方》
❶手羽中は骨に沿って切りこみを1本入れ、塩、
　こしょうをふって片栗粉をまぶす。じゃがいも
　は8mm厚さの半月切りにする。
❷フライパンにサラダ油を中火で熱し、❶を並
　べて5分ほど焼く。焼き色がついたら裏返し、
　ふたをして弱めの中火で4分蒸し焼きにする。
❸Aを加えて煮からめて、器に盛り、レタスを
　添える。

Point どちらも同じくらいに火が通るからラク
チン。焼き時間だけ気にかけておいて。

\ワインにも合う/

手羽元のガーリックバター焼き

フライパン 18分

《材料|2〜3人分》

鶏手羽元 … 8本
塩、こしょう … 少々
薄力粉 … 適量
にんにく … 1かけ
オリーブ油 … 大さじ1
酒…大さじ1
バター … 10g
しょうゆ … 大さじ1
(あれば) レモン … 適量

《作り方》

❶手羽元は骨に沿って切りこみを2本入れ、塩、こしょうをしっかりめにふり、薄力粉をまぶす。にんにくは包丁の腹を当てて軽くつぶす。
❷フライパンにオリーブ油とにんにくを入れて中火で熱し、手羽元を転がしながら8分ほど焼く(にんにくは焼き色がついたら取り出しておく)。全体に焼き色がついたら酒をふり、ふたをして弱火で8分蒸し焼きにする。
❸火が通ったらバターとしょうゆを加えて煮からめる。器に盛りレモンを添える。

フライパン 15分

\この味、クセになる!/

手羽中の甘辛しょうがだれ

《材料|2〜3人分》

鶏手羽中 … 12〜15本
塩、こしょう … 各少々
片栗粉 … 大さじ2
サラダ油 … 大さじ2
A | しょうゆ … 大さじ1と1/2
 | 砂糖、みりん … 各大さじ1
 | しょうがチューブ … 3cm
白いりごま … 適量
(あれば) レタス … 適量

《作り方》

❶手羽中は骨に沿って切りこみを1本入れ、ポリ袋に入れて塩、こしょう、片栗粉をまぶす。
❷フライパンにサラダ油を中火で熱し、①を焼く。焼き色がついたら裏返し、ふたをして4分蒸し焼きにし、一度取り出す。
❸フライパンをさっときれいにし、Aを入れて中火にかける。とろみがついたら火を止め、②を戻してさっとからめ、お好みで白ごまをふり、レタスを敷いた器に盛る。

\卵もおいしい!/

手羽先の甘辛煮

フライパン 15分

《材料|2人分》

鶏手羽先 … 6本
しょうが … 1かけ
ゆで卵 … 2〜4個
A | 水 … 100mℓ
 | 酒、みりん … 各50mℓ
 | しょうゆ … 大さじ2と1/2
 | 砂糖 … 大さじ1

Point 甘めの味つけなので、好みで砂糖の量を加減してください。

《作り方》

❶手羽先は骨に沿って切りこみを2本入れる。しょうがは薄切りにする。
❷フライパンを油をひかずに中火で熱し、手羽先の両面を焼いて焼き色をつける。
❸A、しょうが、ゆで卵を加えて弱めの中火にし、たまに上下を返しながら、煮汁が少なくなるまで10分煮る。

こんがりおいしい

漬けて焼くだけ！
グリルチキン

漬けこんで、魚焼きグリルかオーブンへイン！
ここでは、たれのバリエーションをご紹介。
手羽の部位はお好みのものでOKです。

手羽先 ＆ 魚焼きグリル

手羽先のうま塩グリル

《材料｜2〜3人分》
鶏手羽先 … 10〜12本

A　酒、ごま油 … 各大さじ1
　　鶏ガラスープの素 … 小さじ1
　　塩 … 小さじ1/3
　　こしょう … 少々
　　にんにくチューブ … 3cm

《作り方》
❶手羽先は骨に沿って包丁で1本切りこみ
を入れる。厚手のポリ袋に入れ、Aを加え
てよくもみ、10分以上おく。
❷魚焼きグリルに❶を並べ、中火で12〜15
分ほど、途中で上下を返しながら焼く。

Point 切りこみを入
れると味がしみこみや
すくなり、火の通りも
よくなります。骨に沿
って深めに1本切りこ
みを入れればOKです。

漬けこみだれバリエ

手羽元はオーブンを使うとジューシーに仕上がります。
手羽先と手羽中は魚焼きグリルで。

中華風グリル 　手羽先 & 魚焼きグリル

《 材料 | 2〜3人分 》

鶏手羽先 … 10本

A | 酒、しょうゆ、オイスターソース … 各大さじ1
  | 塩、こしょう … 各少々
  | にんにくチューブ … 3cm

《 作り方 》

①手羽先は骨に沿って包丁で1本切りこみを入れる。厚手のポリ袋に入れ、Aを加えてよくもみ、10分以上おく。

②魚焼きグリルに①を並べ、中火で12〜15分、途中で上下を返しながら焼く。

塩ごま油焼き 　手羽中 & 魚焼きグリル

《 材料 | 2人分 》

鶏手羽中 … 10本

A | 塩 … 小さじ1/2
  | こしょう … 少々
  | ごま油 … 大さじ1

《 作り方 》

①手羽中は骨に沿って包丁で1本切りこみを入れる。厚手のポリ袋に入れ、Aを加えてよくもみ、5分おく。

②魚焼きグリルに①を並べ、中火で約10分、途中で上下を返しながら焼く。

カレーグリル 　手羽中 & 魚焼きグリル

《 材料 | 2人分 》

鶏手羽中 … 10本

A | しょうゆ … 小さじ1
  | カレー粉 … 小さじ1/2
  | 塩 … 小さじ1/3

《 作り方 》

①手羽中は骨に沿って包丁で1本切りこみを入れる。厚手のポリ袋に入れ、Aを加えてよくもみ、5分おく。

②魚焼きグリルに①を並べ、中火で約10分、途中で上下を返しながら焼く。

コンソメしょうゆdeローストチキン 　手羽元 & オーブン

《 材料 | 2〜3人分 》

鶏手羽元 … 8〜10本

A | しょうゆ … 大さじ2
  | 酒 … 大さじ1
  | 顆粒コンソメ … 小さじ1/2
  | にんにくチューブ … 2cm

《 作り方 》

①手羽元は骨に沿って包丁で1本切りこみを入れる。厚手のポリ袋に入れ、Aを加えてよくもみ、30分以上おく。オーブンを200℃に予熱する。

②天板にクッキングシートを敷き、手羽元の汁けを軽くきって並べる（たれの残りは取っておく）。予熱したオーブンで30分焼く（好みで焼き上がる5分前に残しておいたたれを塗ると、照りがアップしてしっかり味に）。

BBQローストチキン 　手羽元 & オーブン

《 材料 | 2〜3人分 》

鶏手羽元 … 8〜10本

A | トマトケチャップ … 大さじ3
  | 中濃ソース … 大さじ1
  | しょうゆ、はちみつ … 各大さじ1/2
  | にんにくチューブ … 2cm
  | 塩、こしょう … 各少々

《 作り方 》

①手羽元は骨に沿って包丁で1本切りこみを入れる。厚手のポリ袋に入れ、Aを加えてよくもみ、30分以上おく。オーブンを200℃に予熱する。

②天板にクッキングシートを敷き、手羽元の汁けを軽くきって並べる（たれの残りは取っておく）。予熱したオーブンで30分焼く（好みで焼き上がる5分前に残しておいたたれを塗ると、照りがアップしてしっかり味に）。

Part
2
鶏
手
羽
肉

豚こま切れ肉

バラ、ロース、ももなど、いろいろな部位が混ざっているため、うまみが満点。ほとんど切らずに使えるのもうれしいところ。

\\ あん作りまでフライパン1つ！ //

豚たま甘酢あんかけ

 🔍 ⏱ 10分

《材料|2人分》
豚こま切れ肉 … 160g
しめじ … 1/2袋
卵 … 2個
塩、こしょう … 各少々
片栗粉 … 小さじ1
ごま油 … 大さじ1
A｜水 … 100ml
　｜砂糖、しょうゆ、酢
　｜　… 各大さじ1
　｜片栗粉 … 大さじ1/2
　｜鶏ガラスープの素 … 小さじ1/3
（あれば）小ねぎ（斜め切り）… 適量

《作り方》
①豚肉に塩、こしょう、片栗粉をまぶす。しめじは小房に分け、卵は溶きほぐす。

②フライパンにごま油大さじ1/2を中火で熱し、豚肉としめじを炒める。肉の色が変わったら端に寄せ、空いたところにごま油大さじ1/2を足し、溶き卵を流し入れて大きく混ぜる。卵が半熟になったら全体をざっくりと混ぜ、器に取り出す。

③空いたフライパンにAを入れてよく混ぜ、中火にかける。混ぜながら加熱し、とろみがついたら火を止めて②にかけ、小ねぎをのせる。

Point 合わせ調味料は片栗粉入りなので、火にかける前によく混ぜ、火にかけてからも混ぜながら加熱しましょう。

\\ カサ増し！コスパ◎ // 🍳フライパン ⏱10分

厚揚げチンジャオロース

《材料｜2人分》

豚こま切れ肉 … 150ｇ

A｜酒、しょうゆ、片栗粉
　　　… 各小さじ1

ピーマン … 3個

厚揚げ … 1枚（約130ｇ）

ごま油 … 大さじ1

B｜しょうゆ、みりん、
　　オイスターソース
　　　… 各大さじ1

《作り方》

❶豚肉はざっくり細切りにしてAをもみこむ。ピーマンは細切りにする。厚揚げは厚みを半分にして8mm幅に切る。Bは合わせておく。

❷フライパンにごま油を中火で熱し、豚肉を炒める。火が通ったらピーマンと厚揚げも加えてさらに2分炒める。

❸Bを加えて煮からめる。

Point 豚こまの代わりに牛こまで作ってもおいしいです！

ごはんが
\\ 進まないわけない！ // 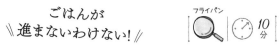🍳フライパン ⏱10分

豚肉となすのオイスター炒め

《材料｜2人分》

豚こま切れ肉 … 150ｇ

なす … 2本

A｜酒、しょうゆ、片栗粉
　　　… 各小さじ1

B｜オイスターソース、みりん
　　　… 各大さじ1と1/2
　　にんにくチューブ … 2cm

サラダ油 … 大さじ2と1/3

（あれば）青じそ（せん切り）
　　　… 適量

《作り方》

❶豚肉にAをもみこむ。なすは長さを半分にして縦6等分に切り、水に3分さらして水けをきる。Bは合わせておく。

❷フライパンにサラダ油大さじ2を中火で熱し、なすを返しながら焼き、しんなりしたら取り出しておく。そのままのフライパンにサラダ油大さじ1/3（小さじ1）を足し、豚肉を炒める。

❸豚肉に火が通ったらなすを戻し、Bを加えて煮からめる。器に盛り、青じそを散らす。

Point なすは水けをしっかりきって（できればふいて）皮目から焼き始めると色鮮やかに仕上がります♪

75

\\ しょうがを加えて風味よく \\

フライパン ⏱20分

豚肉とごぼうのしぐれ煮

《 材料｜2人分 》
豚こま切れ肉 … 150g
ごぼう … 1本（150g）
しょうが … 1/3かけ
ごま油 … 小さじ2
A｜ 水 … 200mℓ
　｜ 砂糖、しょうゆ
　｜ 　… 各大さじ2
　｜ 酒、みりん … 各小さじ2
（あれば）小ねぎ（斜め切り）
　… 適量

《 作り方 》
❶ごぼうは皮をこそげてささがきにし、水に5分さらして水けをきる。しょうがはせん切りにする。
❷フライパンにごま油を中火で熱し、①を炒める。ごぼうがしんなりしてきたら、豚肉を加えてさらに炒める。
❸肉の色が変わったらAを加え、たまに混ぜながら煮汁が少なくなるまで10分ほど煮る（途中でアクが出たら取り除く）。器に盛り、小ねぎをのせる。

\\ サッとできる春のごちそう \\

フライパン ⏱10分

豚肉とスナップえんどうの甘辛炒め

《 材料｜2人分 》
豚こま切れ肉 … 150g
スナップえんどう … 150g
玉ねぎ … 1/4個
酒、片栗粉 … 各小さじ1
ごま油 … 小さじ2
豆板醤 … 小さじ1/2
塩、こしょう … 各少々
A｜ しょうゆ … 大さじ1と1/2
　｜ 砂糖 … 大さじ1/2

《 作り方 》
❶豚肉に酒と片栗粉をもみこむ。スナップえんどうは筋を取る。玉ねぎは薄切りにする。
❷フライパンにごま油、豆板醤、豚肉を入れ、中火で炒める。肉の色が変わったら残りの①を加え、塩、こしょうをふってさっと炒める。水大さじ1（分量外）を加えてふたをし、弱めの中火で2分30秒蒸し焼きにする。
❸ふたを取って炒め合わせ、スナップえんどうがやわらかくなったらAを加えて煮からめる。

\\ ごはんにも、お酒にも合う♪ \\

フライパン ⏱15分

豚こま焼き南蛮

《 材料｜2人分 》
豚こま切れ肉 … 200g
塩、こしょう … 各少々
片栗粉 … 適量
ゆで卵 … 1～2個
A｜ マヨネーズ … 大さじ3
　｜ 塩、こしょう … 各少々
サラダ油 … 大さじ1と1/2
B｜ 水、しょうゆ、砂糖、酢
　｜ 　… 各大さじ1と1/2
（あれば）レタス … 適量

《 作り方 》
❶豚肉は適当に広げ、塩、こしょうをふって片栗粉をまぶす。ゆで卵はフォークでつぶし、Aとあえてタルタルソースを作る。Bは合わせておく。
❷フライパンにサラダ油を中火で熱し、豚肉を両面色よく焼き、Bを加えて煮からめる。
❸器にレタスをちぎって盛りつけ、②をのせてタルタルソースをかける。

＼肉も野菜もたっぷりとれる！／

豚肉と野菜のあんかけ風

 フライパン 10分

《 材料｜2人分 》
豚こま切れ肉 … 150ｇ
小松菜 … 1/2束（100ｇ）
しめじ … 1/2袋
にんじん … 1/4本
A｜水 … 200mℓ
　｜みりん、オイスターソース、
　｜　片栗粉 … 各大さじ1
　｜しょうゆ … 小さじ1
　｜鶏ガラスープの素 … 小さじ1/2
ごま油 … 大さじ1

《 作り方 》
❶小松菜は4㎝長さに切り、葉と茎を分けておく。しめじはほぐす。にんじんは1㎝幅の短冊切りにする。Aは合わせておく。
❷フライパンにごま油を中火で熱し、豚肉を炒める。肉の色が変わったら、小松菜の茎とにんじんを加えて1分30秒炒め、小松菜の葉としめじを加えてさらに1分30秒炒める。
❸Aをもう一度よく混ぜて加え、混ぜながらとろみがつくまで加熱する。

Point きのこはお好みのものでも。ごはんにかけて丼にしてもおいしいですよ♡

フライパン 15分

豚こまのペッパーチーズ揚げ

《 材料｜2人分 》
豚こま切れ肉 … 200ｇ
A｜粉チーズ … 大さじ1
　｜酒、しょうゆ … 各小さじ1
　｜粗びき黒こしょう … 小さじ1/2
片栗粉、サラダ油 … 各適量
（あれば）レタス、
　　粗びき黒こしょう … 各適量

《 作り方 》
❶豚肉にAをよくもみこみ、3㎝大に丸めて片栗粉をまぶす。
❷小さめのフライパンにサラダ油を深さ5㎜ほど入れて中火で熱し、①を転がしながら色よく揚げ焼きにする。
❸油をきり、レタスを添えて器に盛り、お好みで黒こしょうをふる。

Point 肉に片栗粉をまぶしたら、ギュッと握って形を整えてください。小さめのフライパンを使うと油が少量で済みます。

＼スパイシーで
箸が止まらない！／

豚肉ときゅうりのごまポン酢あえ

フライパン 10分

《 材料｜2人分 》
豚こま切れ肉 … 170ｇ
きゅうり … 2本
しょうゆ、酒 … 各小さじ1
片栗粉 … 大さじ1と1/2
サラダ油 … 小さじ2
A｜ポン酢しょうゆ … 大さじ2
　｜白いりごま、ごま油
　｜　… 各大さじ1
　｜砂糖 … 小さじ1/3

《 作り方 》
❶豚肉にしょうゆと酒をもみこみ、適当に広げて片栗粉をまぶす。きゅうりはめん棒でたたき、手でひと口大に割る。Aは合わせておく。
❷フライパンにサラダ油を中火で熱し、豚肉の両面をカリッとなるまで焼く。
❸②ときゅうりをあえて器に盛り、Aをかける。

Point きゅうりは手で割ると調味料がからみやすくなります。

 ＼包丁いらずでラクラク／

ささっと最短！

フライパン5分の
炒めもの

火の通りが早い豚こま肉だからこそ、
炒めものもさっと完成。
火の通りやすい野菜を合わせれば
炒めて5分であっという間に
「はい、いただきます！」

豚肉とにらのうま辛チーズ

《《 材料｜2人分 》》

豚こま切れ肉 … 180g
にら … 1束
薄力粉 … 小さじ1
A ┌ しょうゆ、みりん
　 │ … 各大さじ1と1/2
　 │ 砂糖 … 大さじ1/2
　 └ 豆板醤 … 小さじ1/2
ごま油 … 大さじ1
ピザ用チーズ … 50g

《《 作り方 》》

①豚肉に薄力粉をまぶす。にら
は4cm長さに切る。Aは合わせ
ておく。
②フライパンにごま油を中火で
熱し、豚肉を炒める。肉の色が
変わったら、にらを加えてさっ
と炒め、Aを加えて煮からめる。
③チーズを全体に散らしてふた
をし、火を止めて余熱で溶かす。

Point 豆板醤小さじ1/2はお子さんにも食べられる
くらいの辛さ。お好みで増やしても◎。

豚肉とほうれん草のコーンバターしょうゆ

《 材料｜2人分 》
豚こま切れ肉 … 120g
ほうれん草 … 1束（200g）
コーン … 100g
バター … 20g
A｜しょうゆ … 大さじ1
　｜こしょう … 少々

《 作り方 》
① ほうれん草は4cm長さに切る。
② フライパンにバターを中火で熱し、豚肉を炒め、色が変わったらコーンを加えて炒める。
③ ほうれん草を加えてさっと炒め、Aを加えてからめる。

豚肉とにらのスタミナ炒め

《 材料｜2人分 》
豚こま切れ肉 … 150g
にら … 1束
薄力粉 … 小さじ1
A｜しょうゆ、酒 … 各大さじ1と1/2
　｜砂糖 … 大さじ1
　｜コチュジャン … 小さじ1
　｜にんにくチューブ … 3cm
ごま油 … 大さじ1
温玉 … 1個
白いりごま … 適量

《 作り方 》
① 豚肉に薄力粉をまぶす。にらは4cm長さに切る。Aは合わせておく。
② フライパンにごま油を中火で熱し、豚肉を炒める。肉の色が変わったら、にらを加えてさっと炒め、Aを加えて煮からめる。
③ 器に盛り、温玉をのせてお好みで白ごまをふる。

ぜ〜んぶ 炒めて5分！

てりたまポーク

Point 卵は極半熟の状態で一度取り出し、仕上げに戻すと、ふんわりと仕上がります。

《 材料｜2人分 》
豚こま切れ肉 … 180g
玉ねぎ … 1/2個
卵 … 2個
塩、こしょう … 各少々
薄力粉 … 小さじ2
サラダ油 … 大さじ1
A｜しょうゆ、みりん
　｜　… 各大さじ1と1/2
　｜砂糖 … 大さじ1/2
刻みのり … 適量

《 作り方 》
① 豚肉は塩、こしょうをふり薄力粉をまぶす。玉ねぎは1cm幅のくし形に切る。卵は溶きほぐす。
② フライパンにサラダ油を強火で熱し、溶き卵を流し入れ、半熟状に炒めて取り出す。
③ ②のフライパンをそのまま中火で熱し、豚肉と玉ねぎを炒め、火が通ったらAを加えて煮からめる。
④ 火を止め、②を戻し入れてざっくり混ぜ、器に盛って刻みのりをのせる。

豚肉ときのこのマヨしょうゆ炒め

《 材料｜2人分 》
豚こま切れ肉 … 150g
しめじ … 1/2袋
まいたけ … 1/2袋
にんにく … 1かけ
サラダ油 … 小さじ2
A｜マヨネーズ … 大さじ1と1/2
　｜しょうゆ … 大さじ1
塩、こしょう … 各少々
（あれば）パセリ（みじん切り）
　… 適量

《 作り方 》
① しめじ、まいたけは石づきを除いて小房に分ける。にんにくは薄切りにする。
② フライパンにサラダ油を中火で熱し、にんにくと豚肉を炒める。肉の色が変わったら、きのこを加えて少し炒める。
③ Aを加えて煮からめ、塩、こしょうで味を調える。器に盛り、パセリを散らす。

\\ 火が通りやすく、スグでき! //
豚肉と小松菜の春雨煮 ⏱10分

《材料|2人分》
豚こま切れ肉 … 150 g
小松菜 … 1/2束（100 g）
春雨 … 50 g
ごま油 … 大さじ1
A 水 … 200㎖
　しょうゆ … 大さじ1
　砂糖、オイスターソース
　　… 各小さじ2

《作り方》
❶小松菜は4㎝長さに切り葉と茎を分けておく。フライパンにごま油を中火で熱し、豚肉と小松菜の茎を炒める。
❷肉の色が変わったら、A、春雨、小松菜の葉を加え、混ぜながら3〜4分煮る。

Point 春雨はもどさなくてOK! 加えたら煮汁に浸すようにして煮るのがコツです。

\\ あっさり、うま塩味 //

豚肉とじゃがいものとろみ煮   ⏱20分

《材料|2〜3人分》
豚こま切れ肉 … 180 g
じゃがいも … 2個（300 g）
玉ねぎ … 1/2個
片栗粉 … 大さじ1
サラダ油 … 小さじ1
A 水 … 400㎖
　酒、みりん … 各大さじ2
　鶏ガラスープの素 … 小さじ2
　塩 … 小さじ1/2
粗びき黒こしょう … 適量

Point 直径20㎝くらいの鍋を使用しています。レシピの煮こみ時間を目安に煮て、じゃがいもがやわらかくなればOKです。

《作り方》
❶じゃがいもは4㎝大に切る。玉ねぎは2㎝幅のくし形切りにする。片栗粉は水大さじ2（分量外）で溶いておく。
❷鍋にサラダ油を中火で熱し、豚肉をさっと炒める。じゃがいもと玉ねぎを加え、さらに炒める。
❸玉ねぎが透き通ってきたらAを加え、アルミ箔で落としぶたをし、弱めの中火で12〜15分煮る（途中で2回混ぜる）。
❹じゃがいもがやわらかくなったら①の水溶き片栗粉を加え、へらで手早く混ぜてとろみをつける。器に盛り、お好みで黒こしょうをふる。

\\ チーズでさらにおいしく!! //

とろ〜リチーズ回鍋肉   ⏱10分

《材料|2〜3人分》
豚こま切れ肉 … 150 g
キャベツ … 1/5個（200 g）
ピーマン … 3個
A 水、酒 … 各大さじ2
　みそ … 大さじ1
　砂糖、オイスターソース
　　… 各小さじ2
　豆板醤 … 小さじ1/2
　片栗粉 … 小さじ1/4
ごま油 … 小さじ2
ピザ用チーズ … 60 g

《作り方》
❶キャベツは4㎝大に、ピーマンはひと口大に切る。Aは合わせておく。
❷フライパンにごま油を中火で熱し、豚肉を炒める。肉の色が変わったらキャベツとピーマンも加えて炒め、キャベツがしんなりしたらAを加えてさっとからめる。
❸チーズを全体にのせてふたをし、弱火でチーズが溶けるまで蒸し焼きにする。

Point 合わせ調味料は、よく混ぜて片栗粉をしっかり溶かしておきましょう。

豚肉と厚揚げのヤンニョム風

\\ 甘くて辛い韓国風おかず //

フライパン　10分

《材料｜2人分》
豚こま切れ肉 … 120g
厚揚げ … 2枚（250g）
ごま油 … 小さじ2
A｜水、砂糖、しょうゆ、みりん、
　　トマトケチャップ、
　　コチュジャン … 各小さじ2
　　にんにくチューブ … 2cm
白いりごま … 適量

《作り方》
❶厚揚げは縦半分に切り、端から1cm厚さに切る。Aは合わせておく。
❷フライパンにごま油を中火で熱し、厚揚げを焼く。両面に焼き色がついたら端に寄せ、空いたところで豚肉を炒める。
❸肉の色が変わったら、Aを加えて煮からめ、器に盛ってお好みで白ごまをふる。

Point 甘めの味つけなので、甘さ控えめが好みなら砂糖の量を減らしてください。

Part 2 豚こま切れ肉

豚肉と卵の甘辛煮

\\ ほっとする味 //

鍋　12分

《材料｜2人分》
豚こま切れ肉 … 180g
玉ねぎ … 1個
ゆで卵 … 2～3個
A｜水 … 200mℓ
　　しょうゆ … 大さじ2と1/2
　　砂糖 … 大さじ1と1/2
　　酒、みりん … 各大さじ1
　　顆粒和風だし … 小さじ1/4

《作り方》
❶玉ねぎは縦半分に切り、横1cm幅に切る。
❷鍋にAを入れて中火にかけ、煮立ったら豚肉を入れてほぐし、玉ねぎも加え、たまに混ぜながら8分煮る。
❸ゆで卵も加え、さらに2～3分煮る。

豚にらもやし春巻き

フライパン　15分

《材料｜2人分》
豚こま切れ肉 … 100g
にら … 1/3束
もやし … 1/4袋
春巻きの皮 … 4枚
A｜オイスターソース
　　… 大さじ1/2
　　しょうゆ、ごま油、
　　片栗粉 … 各小さじ1
B｜薄力粉 … 小さじ2
　　水 … 少々
サラダ油 … 適量

《作り方》
❶Bを混ぜて「のり」を作る。豚肉は細かく切る。にらは1cm幅に切る。
❷ボウルに豚肉、にら、もやし、Aを入れて手で混ぜる（もやしを折りながら）。
❸春巻きの皮をひし形になるように置き、真ん中より手前に❷の1/4量をのせる。手前からクルッと巻いて両端を内側に折り、巻き終わりに「のり」を塗ってとめる。
❹小さめのフライパンにサラダ油を深さ5mmほど入れて中火で熱し、❸の両面を色よく焼いて火を通す。

Point そのまま食べられますが、お好みでポン酢をつけるのもおすすめ。

\\ 具を生のまま
巻いて焼くだけ //

≫ 牛肉でなくても十分おいしい♡ ≪

豚肉と残り野菜のプルコギ

《材料｜2人分》
豚こま切れ肉 … 180g
玉ねぎ … 1/4個
にんじん … 1/4本
にら … 1/3束
A｜砂糖、しょうゆ、酒、
　　ごま油 … 各大さじ1
　　オイスターソース
　　　… 大さじ1/2
　　にんにくチューブ … 2cm
白いりごま … 適量

《作り方》
❶玉ねぎは薄切り、にんじんは細切り、にらは4cm長さに切る。
❷ポリ袋に豚肉、玉ねぎ、にんじん、Aを入れてもみこみ、5分おく。
❸フライパンを油を引かずに中火で熱し、②をほぐしながら炒める。肉に火が通ったら、にらを加えてさっと炒め、器に盛ってお好みで白ごまをふる。

豚肉とごぼうの柳川風

《材料｜2人分》
豚こま切れ肉 … 200g
ごぼう … 小1本（100g）
卵 … 2個
ごま油 … 小さじ2
A｜水 … 200ml
　　しょうゆ … 大さじ2と1/2
　　砂糖 … 大さじ2
　　酒 … 大さじ1
　　顆粒和風だし … 小さじ1/2
（あれば）みつば … 適量

《作り方》
❶ごぼうは皮をこそげてささがきにし、水に3分さらして水けをきる。卵は溶きほぐす。
❷鍋にごま油を中火で熱し、豚肉とごぼうを炒める。肉の色が変わったら、Aを加えて5分煮る。
❸溶き卵を回し入れ、半熟になったら火を止め、刻んだみつばをのせる。

Point 牛こまで作っても、もちろん美味。小さめのフライパンや鍋で作ると、そのまま食卓に出せます。

≫ さっと煮て卵でとじます ≪

≫ 簡単！おうち中華 ≪

豚こまde四宝菜 フライパン ⏱12分

《材料｜2人分》
豚こま切れ肉 … 150g
白菜 … 1/8個（200g）
にんじん … 1/3本
しいたけ … 3枚
A｜水 … 200ml
　　酒、オイスターソース
　　　… 各大さじ1
　　しょうゆ … 小さじ2
　　砂糖 … 小さじ1
片栗粉、ごま油 … 各大さじ1

《作り方》
❶白菜は芯を1cm幅に切り、葉はざく切りにする。にんじんは3mm厚さの短冊切り、しいたけは薄切りにする。片栗粉は同量の水（分量外）で溶いておく。
❷フライパンにごま油を中火で熱し、豚肉、白菜の芯、にんじんを炒める。肉の色が変わったら、A、白菜の葉、しいたけを加えて混ぜ、ふたをして5分煮る。
❸火を弱め、①の水溶き片栗粉を加え、手早く混ぜてとろみをつける。

Point 白菜の芯やにんじんなど、火が通りにくいものは肉と一緒に炒め、火が通りやすいものは調味料と同時に加えましょう。

＼＼ 玉ねぎの甘みが引き立ちます！ ／／

玉ねぎ入り豚こま天

[フライパン] 🔍 ⏲ 12分

《 材料｜2人分 》
豚こま切れ肉 … 150ｇ
玉ねぎ … 1/2個
A 卵 … 1個
　 薄力粉 … 大さじ3
　 片栗粉、しょうゆ
　　 … 各大さじ1
　 しょうがチューブ … 3cm
サラダ油 … 適量

《 作り方 》
❶玉ねぎは薄切りにする。ボウルにAを入れて混ぜ、豚肉と玉ねぎを加えてからめる。
❷フライパンにサラダ油を深さ1cmほど入れて中火で熱し、①をひと口大につまんで落とし入れる。返しながら色よく揚げ焼きにし、油をきって器に盛る。

Point 好みで塩を少々ふったり、ポン酢を添えたり、レモンをしぼったりしても◎。

＼＼ かたまり肉のような食べごたえ♪ ／／

豚こまのねぎだれがけ

[フライパン] 🔍 ⏲ 10分

《 材料｜2人分 》
豚こま切れ肉 … 200ｇ
塩、こしょう … 各少々
片栗粉 … 大さじ2
A 長ねぎ（みじん切り）… 10cm分
　 しょうが（みじん切り）… 1/2かけ分
　 しょうゆ、酢 … 各大さじ1と1/2
　 砂糖 … 大さじ1
　 ごま油 … 小さじ1
サラダ油 … 大さじ2
（あれば）レタス … 適量

《 作り方 》
❶Aを混ぜ合わせ、ねぎだれを作る。豚肉に塩、こしょう、片栗粉をまぶす。
❷フライパンにサラダ油を中火で熱し、豚肉をひと口大につまんで入れ、返しながら5〜6分焼いて火を通す。
❸器にレタスを敷いて②を盛り、ねぎだれをかける。

Point 豚肉はきちんと形を整えなくてもOK。焼いている間はいじらないほうが形がくずれません。

甘辛だれと大根おろしで大満足！ ／／

豚こまとれんこんの
甘辛おろし

[フライパン] 🔍 ⏲ 15分

《 材料｜2人分 》
豚こま切れ肉 … 150ｇ
れんこん … 小1節（150ｇ）
薄力粉 … 小さじ2
サラダ油 … 大さじ1
A 砂糖、しょうゆ、酒
　　 … 各大さじ1と1/2
大根おろし … 5cm分
（あれば）小ねぎ（小口切り）
　 … 適量

《 作り方 》
❶豚肉に薄力粉をまぶす。れんこんは、8mm厚さの輪切り（または半月切り）にし、水に3分さらして水けをきる。
❷フライパンにサラダ油を中火で熱し、れんこんを並べて両面を3分ずつ焼く。火が通ったら端に寄せ、空いたところで豚肉を炒める。
❸豚肉に火が通ったらAを加えて煮からめる。器に盛り、大根おろしをのせて小ねぎをふる。

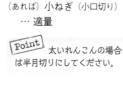

Point 太いれんこんの場合は半月切りにしてください。

豚こま肉をボリュームアップ!

おつまみポーク&カリカリ豚

丸めたり粉づけしたり、カリカリにしたりすれば、こま肉だってボリュームアップな1品に。
家族に大好評まちがいなしのやみつき味です。

おつまみポーク

手でぎゅっと丸めた後、形を整えて3cm程度の
大きさに。しっかりかたまりにするため、粉づ
けして焼きます。

ごまだれdeおつまみポーク

《材料|2人分》
豚こま切れ肉 … 250g
塩、こしょう … 各少々
薄力粉 … 適量
A│ しょうゆ、みりん
　　　… 各大さじ1と1/2
　│ しょうがチューブ … 2cm
　│ 白すりごま、白いりごま
　　　… 各大さじ1
　│ 砂糖 … 小さじ1
サラダ油 … 小さじ2
温玉 … 1個
（あれば）レタス … 適量

《作り方》
❶豚肉は塩、こしょうを
ふり3cm大に握って丸め薄力
粉をまぶす。Aは合わせておく。
❷フライパンにサラダ油を中
火で熱し、①の豚肉を転がし
ながら焼く。全体に焼き色が
ついたらふたをし、弱火で3
分蒸し焼きにする。
❸余分な油をふき取り、Aを
加えて煮からめる。レタスを
敷いた器に盛り、温玉をのせ
る。

甘酢あんdeおつまみポーク

《材料|2人分》
豚こま切れ肉 … 250g
塩、こしょう … 各少々
薄力粉 … 適量
ごま油 … 小さじ2
A│ 砂糖、酢、水、
　│ 　トマトケチャップ
　　　… 各大さじ1と1/2
　│ しょうゆ … 小さじ1
　│ 片栗粉 … 小さじ1/4
（あれば）白髪ねぎ … 適量

《作り方》
❶豚肉は塩、こしょうをふり、
3cm大に握って丸め薄力粉をま
ぶす。Aは合わせておく。
❷フライパンにごま油を中火で
熱し、①の豚肉を転がしながら
焼く。全体に焼き色がついたら
ふたをし、弱火で3分蒸し焼き
にする。
❸余分な油をふき取り、Aをも
う一度混ぜて加え、混ぜながら
とろみがつくまで加熱する。器
に盛り、白髪ねぎをのせる。

香味だれのカリカリ豚レタス巻き

《材料｜2人分》
豚こま切れ肉 … 200g
塩、こしょう … 各少々
片栗粉 … 適量
A｜長ねぎ（みじん切り）… 10cm分
　｜しょうが（みじん切り）… 1/3かけ分
　｜しょうゆ、酢
　｜　… 各大さじ1と1/2
　｜砂糖…大さじ1
　｜ごま油…小さじ1
サラダ油 … 大さじ3
レタス…適量

《作り方》
❶ Aは混ぜ合わせて香味だれを作る。豚肉をなるべく広げて塩、こしょうをふり、片栗粉をまぶす。
❷ フライパンにサラダ油を強めの中火で熱し、豚肉の両面をカリカリになるまで焼き、取り出して油をきる。
❸ レタスに②をのせ、香味だれをかけていただく。

カリカリ豚

こま肉をなるべく広げてまんべんなく粉づけして、フライパンでじっくり焼きます。あまりいじらず、焼き色がついてカリカリになるまで焼いて。

カリカリ豚のトマポンだれ

《材料｜2人分》
豚こま切れ肉 … 200g
塩、こしょう … 各少々
片栗粉 … 適量
A｜トマト … 1個
　｜ポン酢しょうゆ … 大さじ2
　｜ごま油 … 小さじ1
サラダ油 … 大さじ3
（あれば）レタスなど … 適量

《作り方》
❶ トマトを1cm角に切り、その他のAと混ぜ合わせてトマポンだれを作る。豚肉をなるべく広げて塩、こしょうをふり、片栗粉をまぶす。
❷ フライパンにサラダ油を強めの中火で熱し、豚肉の両面をカリカリになるまで焼き、取り出して油をきる。
❸ レタスをちぎって器に盛り、②をのせ、トマポンだれをかける。

豚バラ肉

赤身と脂身が層になったバラ。野菜と一緒に炒めたり、煮たりすると、脂のうまみが移って味わい豊かな1品になります。

辛さ控えめで、
食べやすい！

フライパン　10分

豚肉とほうれん草のプルコギ風

《材料|2人分》

豚バラ薄切り肉 … 150g
ほうれん草 … 1束（200g）
玉ねぎ … 1/4個
A | しょうゆ、酒 … 各大さじ1
　 | 砂糖、コチュジャン、ごま油 … 各小さじ2
　 | にんにくチューブ … 2cm
白いりごま … 適量

《作り方》

①豚肉は3cm長さに、ほうれん草は4cm長さに切る。玉ねぎは薄切りにする。
②ボウルにA、豚肉、玉ねぎを入れ、よくもみこんで5分おく。
③フライパンを油を引かずに中火で熱し②を炒め、色が変わったらほうれん草を加えてざっと炒めて器に盛り、お好みで白ごまをふる。

Point 肉は牛肉でも、もちろんOK。ほうれん草の代わりに小松菜でもおいしく作れます。

ササッとできて、
食欲をそそる彩り

フライパン　10分

豚肉と小松菜のとろ卵炒め

Point 卵は油をしっかり熱してから入れ、まだ早いかな？と思うタイミングで取り出すといい感じの半熟になります。

《材料|2人分》

豚バラ薄切り肉 … 180g
小松菜 … 1束（200g）
卵 … 2個
塩、こしょう … 各少々
片栗粉 … 小さじ1
サラダ油 … 大さじ1
A | 酒 … 大さじ2
　 | しょうゆ、鶏ガラスープの素
　 | 　 … 各大さじ1/2
粗びき黒こしょう … 適量

《作り方》

①豚肉は5cm長さに切り、塩、こしょう、片栗粉をもみこむ。小松菜は4cm長さに切る。卵は溶きほぐす。Aは合わせておく。
②フライパンにサラダ油を強火で熱し、溶き卵を流し入れ、半熟状に炒めて取り出す。
③②のフライパンを中火で熱して豚肉を炒め、火が通ったら小松菜も加えて炒める。しんなりしたらAを加えてさっとからめ、卵を戻し入れてざっくり混ぜる。器に盛り、お好みで黒こしょうをふる。

みそだれがクセになる

白菜回鍋肉

 フライパン　 10分

《材料|2人分》
豚バラ薄切り肉 … 150g
白菜 … 1/8個（250g）
ピーマン … 2個
ごま油 … 大さじ1
豆板醤 … 小さじ1/2
A　水、酒 … 各大さじ1と1/2
　　みそ … 大さじ1
　　砂糖、オイスターソース
　　　… 各大さじ1/2
　　片栗粉 … 小さじ1/4

《作り方》
❶豚肉は4cm長さに切る。白菜の芯はひと口大のそぎ切り、葉はざく切りにする。ピーマンはひと口大に切る。Aは合わせておく。
❷フライパンにごま油と豆板醤を入れて中火で熱し、豚肉と白菜の芯を炒める。豚肉の色が変わったら、白菜の葉とピーマンも加えてさらに炒める。
❸野菜がしんなりしたらAを加えて煮からめる。

Point　辛いのがお好きな方は豆板醤を増量してください。

こしょうで味を引き締めます

豚肉とキャベツの塩バター煮

鍋　10分

《材料|2人分》
豚バラ薄切り肉 … 150g
キャベツ … 3枚（150g）
しめじ … 1/2袋
にんにく … 1かけ
A　水 … 250ml
　　酒 … 大さじ1
　　鶏ガラスープの素
　　　… 小さじ1/2
　　塩 … 小さじ1/4
バター … 10g
粗びき黒こしょう … 適量

《作り方》
❶豚肉は4cm長さに切る。キャベツはざく切り、にんにくは薄切りにし、しめじはほぐす。
❷鍋にAとにんにくを入れて中火にかけ、煮立ったら豚肉を加えてほぐす。アクを取り、キャベツとしめじを加え、たまに混ぜながら5分煮て火を止める。
❸仕上げにバターを加えて余熱で溶かし、器に盛ってお好みで黒こしょうをふる。

Point　にんにくがなければ、にんにくチューブを2cmほど加えても大丈夫。

豚肉と残り野菜のチャプチェ

フライパン　10分

《材料|2人分》
豚バラ薄切り肉 … 150g
玉ねぎ … 1/2個
にんじん … 1/3本
ピーマン … 1個
春雨 … 40g
ごま油 … 小さじ2
A　水 … 150ml
　　酒 … 大さじ2
　　砂糖、しょうゆ、
　　　オイスターソース
　　　… 各大さじ1
白いりごま … 適量

《作り方》
❶豚肉は3cm幅に切る。玉ねぎは薄切りにする。にんじんとピーマンは細切りにする。
❷フライパンにごま油を中火で熱し、①を炒めて火を通す。
❸Aと春雨を加え、混ぜながら3〜4分炒め煮にし、お好みで白ごまをふる。

Point　春雨はもどさずに加えて、混ぜながら汁気を吸わせてください。

冷蔵庫の整理にも！

\\ 豚肉deお手軽♡ //

焼き肉のっけ温キャベツ

《 材料｜2人分 》
豚バラ薄切り肉 … 180g
キャベツ … 1/5個（200g）
にんにく … 1かけ
ごま油 … 小さじ1
A｜しょうゆ、みりん
　　　… 各大さじ1と1/2
　　砂糖 … 大さじ1/2

《 作り方 》
❶キャベツはざく切りにし、耐熱ボウルに入れて塩少々（分量外）をふって混ぜ、ラップをふんわりとかけ、電子レンジで3分加熱する。豚肉は4cm長さに切り、にんにくは薄切りにする。
❷フライパンにごま油、豚肉、にんにくを入れ、中火で炒める。肉の色が変わったら、Aを加えて煮からめる。
❸キャベツの水けをきって器に盛り、❷をのせる。

Point にんにくチューブの場合は2cm分をたれに加えます。仕上げにマヨネーズをかけてもグッド。

\\ ジュワッとしみウマ //

豚肉と小松菜の和風煮

《 材料｜2人分 》
豚バラ薄切り肉 …100g
小松菜 … 1束（200g）
油揚げ … 1枚
A｜水 … 200mℓ
　　酒、みりん、しょうゆ
　　　… 各大さじ1
　　顆粒和風だし、砂糖
　　　… 各小さじ1

《 作り方 》
❶豚肉と小松菜は4cm長さに切る。油揚げは1cm幅に切る。
❷鍋にAを入れて中火にかけ、煮立ったら豚肉を加えてほぐす。肉の色が変わったら小松菜と油揚げを加え、たまに混ぜながら5分煮る。

Point 油揚げを厚揚げに替えたり、食べるときに一味とうがらしをふったりするのもおすすめです。

こってり甘辛豚バラ大根

《 材料｜2人分 》
豚バラ薄切り肉 …120g
大根 …10cm（400g）
しょうが …1/2かけ
サラダ油 … 小さじ1
A｜水 … 150mℓ
　　しょうゆ、みりん、酒
　　　… 各大さじ2
　　砂糖 … 大さじ1
　　顆粒和風だし
　　　… ひとつまみ

《 作り方 》
❶大根は皮をむいて2cm厚さの半月切りにし、耐熱皿に並べてラップをふんわりとかけ、電子レンジで8分加熱する。豚肉は5cm長さに切る。しょうがはせん切りにする。
❷フライパンにサラダ油を中火で熱し、豚肉としょうがを炒める。肉の色が変わったら大根とAを加え、ふたをして10分煮る（途中2回ほど上下を返す）。
❸ふたを取り、煮汁が少なくなるまで2〜3分煮る。

\\ レンジde時短! //

Point フライパンは直径26cmがおすすめ。大根は皮を厚めにむくと味がしみこみやすくなります。しっかり味なので、薄味に仕上げたい方はしょうゆを減らしてみてください。

＼＼ 短時間でしっかり味しみ! ／／

フライパン　15分

豚肉と卵のカレーしょうゆ煮

《 材料｜2人分 》

豚バラ薄切り肉 … 200g
ゆで卵 … 3〜4個
A｜水 … 200mℓ
　｜しょうゆ … 大さじ2
　｜砂糖、みりん … 各大さじ1
　｜カレー粉 … 大さじ1/2
（あれば）かいわれ菜 … 適量

《 作り方 》

①豚肉は5cm長さに切る。
②小さめのフライパンにAを入れて中火にかけ、煮立ったら豚肉を加えてほぐす。ゆで卵も加え、たまに混ぜながら8分煮る。
③器に盛り、かいわれ菜をのせる。

Point フライパンのサイズは20cmが作るのにぴったりなサイズです。

＼＼ 重ねて蒸すだけ超簡単 ／／

豚にらもやしのフライパン蒸し

フライパン　12分

《 材料｜2人分 》

豚バラ薄切り肉 … 150g
にら … 1/2束
もやし … 1袋（200g）
酒 … 大さじ2
A｜オイスターソース、
　｜みりん … 各大さじ1
　｜みそ、ごま油、片栗粉
　｜… 各小さじ1

《 作り方 》

①豚肉は5cm長さに切り、Aをもみこむ。にらは4cm長さに切る。
②フライパンにもやし、にらを入れてざっくりと混ぜる。豚肉を広げてのせ、酒をふりかける。
③②にふたをして中火にかけ、6分蒸し焼きにする。ふたを取って炒め合わせ、肉に火が通ったら器に盛る。

Point フライパンは直径26cmがおすすめ。豚肉はなるべく重ならないように広げて入れてください。

＼＼ 肉の脂でなすを焼くからおいしい! ／／

豚肉となすの蒲焼き風

フライパン　15分

《 材料｜2人分 》

豚バラ薄切り肉 … 200g
なす … 2本
サラダ油 … 大さじ1/2
A｜しょうゆ、みりん
　｜… 各大さじ1と1/2
　｜砂糖、酒 … 各大さじ1
白いりごま、
（あれば）青じそ（せん切り）
　… 各適量

《 作り方 》

①豚肉は5cm長さに切る。なすは縦4等分にスライスし、水に3分さらして水けをきる。
②フライパンにサラダ油を中火で熱し、豚肉の両面を焼き色がつくまで焼き、取り出す。そのままのフライパンでなすも両面を焼く。
③なすがしんなりしたら豚肉を戻し入れ、Aを加えて煮からめる。器に盛り、お好みで白ごまを散らして青じそをのせる。

Point 豚肉は脂が出るまでこんがりと焼きましょう。好みで大根おろしを添えても。

かんたんバリエが
うれしい！
シリーズレシピ

〈 ヘルシー＆カサ増し 〉

定番！
野菜巻き

バラ肉でくるくると巻けば、野菜をたっぷりとれて
ボリュームアップにもなって一石二鳥。
野菜と味つけのバリエをまとめました。

長いも
こってり巻き

《 材料｜2人分 》
豚バラ薄切り肉 … 8枚
長いも … 15cm（300g）
A しょうゆ、酒 … 各大さじ1と1/2
　砂糖、白いりごま … 各大さじ1
　オイスターソース … 小さじ1
（あれば）小ねぎ（小口切り）… 適量

《 作り方 》
❶長いもは皮をむき長さを半分に切り、
縦1.5cm角の棒状に切って計16本にする。
❷豚肉は長さを半分に切り①の長いもに
巻きつける。Aは合わせておく。
❸フライパンに油を引かずに②の巻き終
わりを下にして入れ、中火で転がしなが
ら焼く。余分な脂をふき取りAを加えて
煮からめ、器に盛り小ねぎをふる。

えのきのうまだれ
肉巻き

《 材料｜2人分 》
豚バラ薄切り肉 … 6枚
えのきだけ … 1袋
塩、こしょう … 各少々
ごま油 … 小さじ1
A しょうゆ、みりん … 各大さじ1
　砂糖、オイスターソース … 各小さじ1
薄力粉、白いりごま、（あれば）かいわれ菜 … 適量

《 作り方 》
❶えのきは石づきを除いて6等分にし、
豚肉を巻きつけ、塩、こしょうをふり薄
力粉をまぶす。Aは合わせておく。
❷フライパンにごま油を中火で熱し、①
の巻き終わりを下にして入れ、転がしな
がら焼く。火が通ったらAを加えて煮か
らめる。器に盛り、お好みで白ごまをふ
り、かいわれ菜を添える。

なすの肉巻き
ごまポン

《 材料｜2～3人分 》
豚バラ薄切り肉 … 8枚（150g）
なす … 2本
A ポン酢しょうゆ … 大さじ4
　酒、ごま油 … 各大さじ1/2
　からしチューブ … 2cm
白いりごま … 適量

《 作り方 》
❶なすはヘタを落とし、ピーラーで皮を
縞目にむく。縦4等分に切り水に3分さ
らして水けをきり、豚肉を巻きつける。
Aは合わせておく。
❷大きめの耐熱皿に①の肉巻きを並べ、
Aをまわしかける。ラップをふんわりと
かけ、電子レンジで8分加熱する。器に
盛り、お好みで白ごまをふる。

豆苗のピリ辛肉巻き

電子レンジ

《 材料｜2人分 》

豚バラ薄切り肉 … 6枚
豆苗 … 1袋
塩、こしょう … 各少々
酒 … 小さじ2
A｜しょうゆ、酢
　　… 各大さじ1と1/2
　｜砂糖 … 小さじ1
ラー油 … 適量

《 作り方 》

❶豆苗は根元を切り落とす。豚肉1枚を広げ、手前に豆苗を1/6量のせて巻きつける。残りも同様にする。
❷耐熱皿に①を入れ、塩、こしょう、酒をふりかける。ラップをふんわりとかけ、電子レンジで5分加熱する。
❸②を器に盛り、Aを混ぜてかけ、お好みでラー油をかける。

らせん状に少しずつずらして肉を巻くのがコツ。そうすることで、野菜全体に肉汁がしみこみます。

れんこんの肉巻きフライ

フライパン

《 材料｜2〜3人分 》

豚バラ薄切り肉 … 8枚
れんこん … 小1節（150g）
A｜卵 … 1個
　｜薄力粉 … 大さじ3
　｜牛乳（または水）… 大さじ1
　｜塩、こしょう … 各少々
パン粉、サラダ油、ソース … 各適量

《 作り方 》

❶れんこんは8等分の輪切り（約1cm厚さ）にし、水に3分さらして水けをきって豚肉を巻きつける。
❷ボウルにAを入れて混ぜ、バッター液を作り、①を1個ずつくぐらせてパン粉をまぶす。
❸フライパンにサラダ油を深さ1cmほど入れて中火で熱し、②を色よく揚げ焼きにする。油をきって器に盛り、ソースを添える。

アスパラのカレー肉巻き

フライパン

《 材料｜2人分 》

豚バラ薄切り肉 … 6枚
アスパラガス … 6本
塩、こしょう … 各少々
片栗粉 … 適量
サラダ油 … 大さじ1/2
A｜しょうゆ、酒 … 各大さじ1と1/2
　｜砂糖 … 大さじ1
　｜カレー粉 … 小さじ1/2
粗びき黒こしょう … 適量

《 作り方 》

❶アスパラは根元のかたい部分を切り、ピーラーで下3cm分の皮をむく。豚肉をアスパラに巻きつけ、塩、こしょうをふり片栗粉をまぶす。Aは合わせておく。
❷フライパンにサラダ油を中火で熱し、①の巻き終わりを下にして入れ、転がしながら焼き、焼き色がついたら、ふたをして弱めの中火で3〜4分蒸す。Aを加えて中火で煮からめ、器に盛ってお好みで黒こしょうをふる。

ピーマンのチーズイン肉巻き

フライパン

《 材料｜2人分 》

豚バラ薄切り肉 … 6枚
ピーマン … 3個
ピザ用チーズ … 60g〜好みの量
塩、こしょう … 各少々
薄力粉 … 適量
ごま油 … 小さじ1
焼き肉のたれ … 大さじ3

《 作り方 》

❶ピーマンは縦半分に切り、内側にチーズを詰めて豚肉を巻きつけ、塩、こしょうをふり、薄力粉をまぶす。
❷フライパンにごま油を中火で熱し、①の巻き終わりを下にして入れ、転がしながら焼く。焼き色がついたら、ふたをして弱火で3分蒸す。焼き肉のたれを加えて煮からめる。

＼ この味、超絶危険！ ／
豚キムチーズ

フライパン 🕐 10分

《 材料｜2人分 》
豚バラ薄切り肉 … 180g
にら … 1/2束
白菜キムチ … 150g
ごま油 … 小さじ2
A｜めんつゆ（2倍濃縮）
　　… 大さじ1/2
　｜塩、こしょう … 各少々
ピザ用チーズ … 60g
卵 … 1個

《 作り方 》
①豚肉、にらは4cm長さに切る。
②フライパンにごま油を中火で熱し、豚肉を炒める。肉の色が変わったら、キムチ、にら、Aを加えてさっと炒める。
③全体にチーズをのせ、中央に卵を割り落とす。ふたをして、チーズが溶けるまで蒸し焼きにする。

Point 作り方②でキムチなどを加えたら、さっと炒める程度に。きのこを加えてカサ増ししても◎。

うま塩肉じゃが

鍋 🕐 20分

《 材料｜2〜3人分 》
豚バラ薄切り肉 … 150g
じゃがいも … 3個（350g）
玉ねぎ … 1/2個
ごま油 … 小さじ1
A｜水 … 300ml
　｜酒、みりん … 各大さじ2
　｜鶏ガラスープの素 … 小さじ1
　｜塩 … 小さじ1/3
（あれば）小ねぎ（小口切り）… 適量

《 作り方 》
①豚肉は4cm長さに切る。じゃがいもは4cm大に切り、玉ねぎは2cm幅のくし形に切る。
②鍋にごま油を中火で熱し、豚肉を炒める。肉の色が変わったら、じゃがいもと玉ねぎを加えて2分炒める。
③Aを加え、煮立ったらアクを取る。アルミ箔で落としぶたをして弱めの中火で13〜15分、じゃがいもがやわらかくなるまで煮る（途中で一度混ぜるとよい）。
④器に盛り、小ねぎを散らす。

Point 煮こみ時間は、じゃがいもの種類によって加減を。一度冷ますより味がしみます。

＼あっさりコクうま♡／

＼ レンジ6分で完成♪ ／
豚肉と長いものうまだれ蒸し

電子レンジ 🕐 10分

《 材料｜2人分 》
豚バラ薄切り肉 … 150g
長いも … 10cm（200g）
A｜酒、みりん … 各大さじ1
　｜しょうゆ、砂糖、
　　オイスターソース
　　… 各小さじ2
　｜片栗粉 … 小さじ1
粗びき黒こしょう、
（あれば）小ねぎ（斜め切り）
　… 各適量

《 作り方 》
①豚肉は4cm長さに切ってAをもみこむ。長いもは1cm厚さの半月切りにする。
②耐熱皿に豚肉の半量、長いも、残りの豚肉の順に重ねて入れる。ラップをふんわりとかけ、電子レンジで6分加熱する。
③よく混ぜて器に盛り、お好みで黒こしょうをふって小ねぎを散らす。

Point 耐熱の盛りつけ用の器（大きめがおすすめ）で作り、そのまま食卓に出しても◎。洗いものを減らせます。

とろ卵豚キャベツ

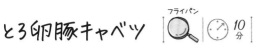 フライパン 10分

《 材料｜2人分 》
豚バラ薄切り肉 … 180g
キャベツ … 1/5個（200g）
卵 … 2個
塩、こしょう … 各少々
片栗粉 … 小さじ1
サラダ油 … 大さじ1
A｜酒 … 大さじ2
　｜鶏ガラスープの素、
　｜しょうゆ
　｜　… 各大さじ1/2
粗びき黒こしょう
　　… 適量

《 作り方 》
①豚肉は5cm長さに切り、塩、こしょう、片栗粉をもみこむ。キャベツはざく切りにする。卵は溶きほぐす。
②フライパンにサラダ油を強火で熱し、溶き卵を流し入れて大きく混ぜ、半熟になったら取り出す。
③②のフライパンを中火で熱して豚肉を炒め、火が通ったらキャベツを加えて炒める。しんなりしたらAを加えてさっとからめ、②を戻し入れてざっくり混ぜる。器に盛り、お好みで黒こしょうをふる。

《 中華炒めに卵をとろ〜り 》

\\ がっつりコクうま //

豚肉となすのスタミナ炒め

 フライパン 10分

《 材料｜2人分 》
豚バラ薄切り肉 …200g
にら … 1/2束
なす … 2本
サラダ油 … 大さじ1
A｜しょうゆ … 大さじ2
　｜みりん、砂糖 … 各大さじ1
　｜豆板醤 … 小さじ1/2
　｜にんにくチューブ … 2cm

《 作り方 》
①豚肉、にらは4cm長さに切る。なすはひと口大の乱切りにし、水に3分さらして水けをきる。Aは合わせておく。
②フライパンにサラダ油を中火で熱し、豚肉を炒める。肉の色が8割方変わったら、なすを加えて3分ほど炒める。
③なすがしんなりしたら余分な油をふき取り、にらとAを加えて煮からめる。

Point たくさん油を吸うなすは、豚肉から出た脂を利用して炒めます。たれをからめる前に余分な油はふき取ってください。

\\ 白菜でボリュームアップ！//

豚肉と白菜のほったらかし煮

鍋 12分

《 材料｜2人分 》
豚バラ薄切り肉 … 150g
白菜 … 1/4個（400g）
にんにく … 1かけ
A｜水 … 200ml
　｜みりん … 大さじ1
　｜鶏ガラスープの素、
　｜　しょうゆ … 各小さじ2
白いりごま、
（あれば）小ねぎ（小口切り）
　　… 各適量

《 作り方 》
①豚肉は4cm長さに切る。白菜はざく切りにする。にんにくは薄切りにする。
②鍋に白菜と豚肉を交互に重ね入れ、にんにくをのせる。
③Aを加えて中火にかけ、煮立ったらふたをして10分煮る。仕上げにお好みで白ごまと小ねぎをふる。

コクのある
つゆに、
きっとハマる！

うまみたっぷり

豚バラで
ボリューム鍋

豚肉のうまみを存分に味わえる豚バラを鍋で。
具材はアレンジ自在。ギョーザなどを入れてもいいし、
豆腐は木綿でも、絹でも。

豚肉と白菜のにんにくみそ鍋

《材料｜2人分》
豚バラ薄切り肉 … 200ｇ
白菜 … 1/4個（400ｇ）
長ねぎ … 1/2本
にんにく … 1かけ
A｜水 … 600mℓ
　｜みそ、みりん … 各大さじ2
　｜鶏ガラスープの素
　｜　… 大さじ1/2

《作り方》
❶豚肉は5cm長さに切る。白菜は芯を1cm幅に切り、葉はざく切りにする。長ねぎは1cm幅の斜め切り、にんにくは薄切りにする。
❷鍋にAとにんにくを入れて火にかけ、煮立ったら豚肉を加えてほぐす。続けて白菜と長ねぎを加え、ふたをして5分ほど煮る。

うま辛キムチ鍋

《材料|2人分》
豚バラ薄切り肉 … 200g
にら … 1/2束
長ねぎ … 1本
白菜 … 1/8個（200g）
しいたけ … 4枚
豆腐 … 1/2丁（150g）
キムチ … 200g
ごま油 … 小さじ2
A｜水 … 600ml
　｜みそ … 大さじ2
　｜コチュジャン … 大さじ1
　｜鶏ガラスープの素、
　｜　しょうゆ … 各小さじ2

《作り方》
❶豚肉、にらは4cm長さに切る。長ねぎは斜め1cm幅に切る。白菜はざく切りにし、しいたけと豆腐は食べやすい大きさに切る。
❷鍋にごま油を中火で熱し、豚肉とキムチを炒める。肉に火が通ったらAを加えて混ぜ、煮立ったら、にら以外の材料を加えて5～6分煮る。
❸仕上げに、にらを加えてさっと煮る。

市販の
鍋の素なしで
十分うま辛

Part
2
豚バラ肉

豚にらもやしdeもつ鍋風

《材料|2人分》
豚バラ薄切り肉 … 200g
にら … 1束
もやし … 1袋
にんにく … 2かけ
A｜水 … 700ml
　｜しょうゆ、みりん
　｜　… 各大さじ3
　｜鶏ガラスープの素
　｜　… 大さじ1/2
　｜塩 … 小さじ1/4
　｜赤唐辛子（小口切り）
　｜　… 1/2本分～好みの量
白いりごま … 適量

《作り方》
❶豚肉、にらは4cm長さに切る。にんにくは薄切りにする。
❷鍋にAとにんにくを入れて中火にかける。煮立ったら豚肉を加えてほぐし、肉の色が変わったら、もやしも加えてさっと煮る。
❸仕上げににらを加え、ひと煮立ちさせ、お好みで白ごまをふる。

なんちゃって！
だけど
クセになる味

豚肉とキャベツの塩バター鍋

10分あれば
できちゃう

《材料|2人分》
豚バラ薄切り肉 … 200g
にら … 1/2束
キャベツ … 1/4個（250g）
にんにく … 1かけ
A｜水 … 600ml
　｜みりん … 大さじ2
　｜鶏ガラスープの素
　｜　… 大さじ1
　｜塩 … 小さじ1/2
バター … 大さじ1
粗びき黒こしょう … 適量

《作り方》
❶豚肉、にらは4cm長さに切る。キャベツはざく切り、にんにくは薄切りにする。
❷鍋にAとにんにくを入れて中火にかける。煮立ったら豚肉を加えてほぐし、肉の色が変わったらキャベツを加えてざっくりと混ぜ、ふたをして5分煮る。
❸キャベツがやわらかくなったら、にらを加えてひと混ぜし、仕上げにバターをのせてお好みで黒こしょうをふる。

豚ロース（薄切り）

やわらかくて脂身の量がほどよく、すっきりした味。豚肉の中でも上質な部位です。薄切りはさっぱり蒸しものやしゃぶしゃぶもおすすめ。

\\手軽でボリュームあり!//

フライパン 🔍 ⏱15分

厚揚げの肉巻きしょうが焼き

《材料｜2人分》

豚ロース肉（薄切り）
… 6枚
厚揚げ … 2枚（250g）
サラダ油 … 小さじ2
A　しょうゆ、みりん
　　… 各大さじ1と1/2
　　砂糖 … 小さじ2
　　しょうがチューブ
　　… 3cm
（あれば）サラダ菜 … 適量

《作り方》

❶厚揚げは1枚を3等分に切り、1切れずつ豚肉で巻く。Aは合わせておく。
❷フライパンにサラダ油を中火で熱し、①の巻き終わりを下にして入れ、転がしながら焼き色がつくまで焼く。
❸余分な油をふき取り、Aを加えて煮からめる。好みで半分に切りサラダ菜を敷いた器に盛る。

Point　豚肉はバラでもOK。巻き終わりから焼くとはがれにくくなります。

\\あっという間!//

すぐできチャーシュー

フライパン 🔍 ⏱10分

《材料｜2人分》

豚ロース肉（しゃぶしゃぶ用）
… 200g
A　砂糖、しょうゆ、みそ、
　　すりごま … 各大さじ1
　　はちみつ、ごま油
　　… 各小さじ1
（あれば）白髪ねぎ、水菜
　　… 各適量

《作り方》

❶バットにAを入れて混ぜ、豚肉を加えてやさしくからめる。
❷フライパンに①を広げて入れ、中火にかけて両面焼いて火を通す。
❸器に盛り、白髪ねぎとざく切りにした水菜を添える。

\\レンジだから簡単!//

電子レンジ ⏱15分

豚しゃぶとキャベツのおろしあえ

《材料｜2人分》

豚ロース肉（しゃぶしゃぶ用）
… 150g
キャベツ … 1/5個（200g）
A　酒 … 大さじ1
　　塩、こしょう … 各少々
大根おろし … 5cm分
ポン酢しょうゆ
　　… 大さじ3〜4
（あれば）小ねぎ（小口切り）
　　… 適量

《作り方》

❶耐熱ボウルにキャベツをちぎって入れ、豚肉を広げてのせる。Aをふりかけ、ラップをふんわりとかけ、電子レンジで6分加熱する。
❷大根おろしの水けをきって①に加え、ポン酢も加えて肉をほぐしながらあえる。器に盛り、小ねぎを散らす。

\\ お肉がやわらか♡ //

特製だれde冷しゃぶサラダ

🍲鍋 ⏱10分

《 材料｜2人分 》
豚ロース肉（しゃぶしゃぶ用）
… 180 g
水菜 … 1/2袋
トマト … 1/2個
A 白すりごま、酢
… 各大さじ 1
砂糖、しょうゆ、みそ、
ごま油 … 各小さじ 2

《 作り方 》
❶Aを混ぜてごまだれを作る。水菜は4㎝長さに切り、トマトは1㎝角に切って器に盛る。
❷鍋に湯を沸かして酒少々（分量外）を加え、フツフツするくらいの火加減で豚肉をゆで、色が変わったらすぐにざるに上げて自然に冷ます。
❸野菜の上に豚肉を盛り、ごまだれをかける。

Point ゆでた豚肉は水にさらさず、自然に冷ましたほうが肉がおいしくなります。

\\ ゆでるよりラクチン♪ //

ねぎだれ焼きしゃぶ

フライパン ⏱10分

《 材料｜2人分 》
豚ロース肉（しゃぶしゃぶ用）… 180 g
豆苗 … 1/2～1 袋
サラダ油 … 小さじ 1
A 長ねぎ（みじん切り）… 10㎝分
しょうゆ、酢、白いりごま
… 各大さじ 1 と1/2
砂糖、ごま油 … 各大さじ1/2

《 作り方 》
❶Aを合わせてねぎだれを作る。豆苗は食べやすい長さに切って器に盛る。
❷フライパンにサラダ油を中火で熱し、豚肉の両面を焼く。火が通ったら豆苗の上に盛りつけ、ねぎだれをかける。

Point 豆苗のクセが気になる場合は電子レンジで軽くチンしてみてください。

\\ たっぷりの薬味が決め手! //

香味だれde豚しゃぶ豆腐

🍲鍋 ⏱15分

《 材料｜2人分 》
豚ロース肉（しゃぶしゃぶ用）
… 180 g
木綿豆腐 … 1 丁（300 g）
A 長ねぎ（みじん切り）… 10㎝分
しょうが（みじん切り）
… 1/3かけ分
しょうゆ、酢
… 各大さじ 1と1/2
砂糖 … 大さじ 1
ごま油 … 小さじ 1
（あれば）トマト（輪切り）… 適量

《 作り方 》
❶Aを混ぜ合わせて香味だれを作っておく。豆腐は軽く水けをきり、6等分に切る。
❷鍋に湯を沸かして酒少々（分量外）を加え、フツフツするくらいの火加減で豚肉をゆで、色が変わったらすぐにざるに上げて自然に冷ます。
❸器に豆腐とトマトを盛って②をのせ、香味だれをかける。

Pork

豚ロース（厚切り）

とんカツやソテーによく使われるロースの厚切り肉。厚みとうまみを生かした、ごちそう風のメニューにピッタリ。

＼ちょっぴり甘めのケチャップソースが◎／
ひと口ポークチャップ

フライパン　15分

《材料｜2人分》
豚ロース肉（厚切り）… 2枚
塩、こしょう … 各少々
薄力粉 … 適量
A｜トマトケチャップ
　　… 大さじ2
　　ウスターソース、みりん
　　… 各大さじ1
オリーブ油 … 大さじ1/2
バター … 小さじ1
（あれば）ベビーリーフ … 適量

《作り方》
①豚肉は包丁の背で全体をたたいてからひと口大に切り、塩、こしょうをふって薄力粉をまぶす。Aは合わせておく。
②フライパンにオリーブ油を中火で熱し、豚肉の両面を焼き色がつくまで焼く。
③火が通ったら余分な油をふき取り、Aとバターを加えて煮からめる。器に盛り、ベビーリーフを添える。

＼食欲をそそる香り抜群！／
カレーしょうゆポークソテー

フライパン　15分

《材料｜2人分》
豚ロース肉（厚切り）
　　… 2枚
塩、こしょう … 各少々
薄力粉 … 適量
A｜しょうゆ、みりん
　　… 各大さじ1と1/2
　　砂糖 … 小さじ1
　　カレー粉 … 小さじ1/3
サラダ油 … 大さじ1/2
（あれば）ブロッコリー、
　　トマト … 各適量

《作り方》
①豚肉は筋を切り包丁の背で全体をたたき、塩、こしょうをふって薄力粉をまぶす。Aは合わせておく。
②フライパンにサラダ油を中火で熱し、豚肉を焼く。焼き色がついたら裏返し、ふたをして弱火で2分30秒蒸し焼きにする。
③余分な油をふき取り、Aを加えて煮からめる。食べやすく切って器に盛り、ゆでたブロッコリーとトマトを添える。

＼ガツンとうまい／
ガーリックポークソテー

フライパン　15分

《材料｜2人分》
豚ロース肉（厚切り）… 2枚
塩、こしょう … 各少々
薄力粉 … 適量
にんにく … 1かけ
A｜しょうゆ … 大さじ2
　　みりん … 大さじ2
　　酒 … 大さじ1
サラダ油 … 小さじ2
目玉焼き … 2枚
（あれば）ベビーリーフ、
　　トマト、粗びき黒こしょう
　　… 各適量

《作り方》
①豚肉は筋を切り包丁の背で全体をたたき、塩、こしょうをふって薄力粉をまぶす。にんにくは薄切りにする。Aは合わせておく。
②フライパンにサラダ油を中火で熱し、にんにくと豚肉を焼く。焼き色がついたら裏返し、ふたをして弱火で2分30秒蒸し焼きにする。
③余分な油をふき取り、Aを加えて中火で煮からめる。器に盛ってベビーリーフ、トマトを添え、目玉焼きをのせ、お好みで黒こしょうをふる。

 にんにくが焦げそうになったら取り出しておいてください。

＼ソースがおいしい！／
オニオンポークチャップ

フライパン 🔍 ⏱ 15分

《 **材料** | 2人分 》
豚ロース肉（厚切り）… 2枚
塩、こしょう … 各少々
玉ねぎ … 1/4個
A｜トマトケチャップ
　　… 大さじ2
　｜みりん、ウスターソース
　　… 各大さじ1
　｜にんにくチューブ… 2cm
サラダ油 … 大さじ1/2
（あれば）パセリ、さやいんげん
　　… 各適量

《 **作り方** 》
❶玉ねぎはすりおろし、Aと混ぜ合わせる。豚肉は筋を切り包丁の背で全体をたたき、塩、こしょうをふる。
❷フライパンにサラダ油を中火で熱し、豚肉を焼く。焼き色がついたら裏返し、ふたをして弱火で2分蒸し焼きにする。
❸①の玉ねぎソースを②に加えて中火で煮立て、肉にからめながら1分ほど煮詰める。器に盛り、パセリと炒めたいんげんを添える。

Point ソースの玉ねぎは、加熱すると辛みがとんでまろやかになります。

＼簡単なのに見た目豪華♡／
バターしょうゆポークソテー

フライパン 🔍 ⏱ 15分

《 **材料** | 2人分 》
豚ロース肉（厚切り）… 2枚
塩、こしょう … 各少々
薄力粉 … 適量
A｜しょうゆ … 大さじ1
　｜みりん … 大さじ1/2
　｜バター … 10g
サラダ油 … 小さじ2
粗びき黒こしょう … 適量
（あれば）レタス、バターコーン
　　… 各適量

《 **作り方** 》
❶豚肉は筋を切り包丁の背で全体をたたき、塩、こしょうをふって薄力粉をまぶす。
❷フライパンにサラダ油を中火で熱し、豚肉を焼く。焼き色がついたら裏返し、ふたをして弱火で2分30秒蒸し焼きにする。
❸余分な油をふき取り、Aを加えて中火で煮からめる。器に盛ってお好みで黒こしょうをふり、レタスと炒めたバターコーンを添える。

Point 焼き時間は豚肉の厚みに合わせて加減してください。

＼揚げずに簡単！／

3色酢豚

フライパン 🔍 ⏱ 15分

《 **材料** | 2人分 》
豚ロース肉（厚切り）… 2枚
玉ねぎ … 1/2個
ピーマン … 3個
塩、こしょう … 各少々
片栗粉 … 適量
ごま油 … 大さじ1
A｜水 … 100mℓ
　｜トマトケチャップ、
　　しょうゆ … 各大さじ2
　｜酢 … 大さじ1と1/2
　｜砂糖、片栗粉 … 各大さじ1

《 **作り方** 》
❶豚肉は包丁の背で全体をたたいてからひと口大に切り、塩、こしょうをふって片栗粉をまぶす。玉ねぎは縦2cm幅に切って長さを半分に切り、ピーマンは2cm大に切る。Aは合わせておく。
❷フライパンにごま油を中火で熱し、豚肉を焼く。焼き色がついたら裏返し、玉ねぎを加え、ふたをして弱めの中火で3分蒸し焼きにする。
❸ふたを取り、ピーマンを加えて炒め、しんなりしてきたらAを加えて手早く混ぜ、とろみをつける。

ひき肉

ハンバーグや餃子など、人気おかずに欠かせないひき肉。お弁当にも便利なレシピをたっぷり紹介します♡

ケチャップ＆ソース味で
ひき肉とじゃがいものチーズ焼き

電子レンジ＆フライパン　15分

《 材料 | 2人分 》
合いびき肉 … 150g
じゃがいも … 2個（300g）
サラダ油 … 小さじ1
A｜トマトケチャップ、中濃ソース
　　　… 各大さじ1と1/2
　｜顆粒コンソメ … 小さじ1/4
　｜こしょう … 少々
ピザ用チーズ … 50g
（あれば）サラダ菜、トマト（くし形切り）… 各適量

《 作り方 》
①じゃがいもはよく洗い、皮ごと1cm厚さの半月切りにする。耐熱皿に並べてラップをふんわりとかけ、電子レンジで5分加熱する。
②フライパンにサラダ油を中火で熱し、ひき肉を炒める。火が通ったら①を加えて炒め、じゃがいもがやわらかくなったらAを加えて煮からめる。
③チーズをのせてふたをし、弱火でチーズが溶けるまで加熱する。器に盛り、サラダ菜やトマトを添える。

Point 中濃ソースの代わりにウスターソースやとんかつソースを使ってもOK。

お弁当のおかずにもどうぞ！
ペパマヨチキンナゲット

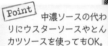

フライパン　10分

《 材料 | 2〜3人分 》
鶏ひき肉 … 250g
A｜卵 … 1個
　｜パン粉 … 大さじ3
　｜片栗粉、薄力粉、マヨネーズ
　　　… 各大さじ1
　｜塩、粗びき黒こしょう
　　　… 各小さじ1/3
サラダ油 … 適量
（あれば）パセリ、
　　マヨネーズ … 各適量

《 作り方 》
①ボウルにひき肉とAを入れてよく混ぜる。
②フライパンにサラダ油を深さ5mmほど入れて中火で熱し、①をスプーンで2〜3cm大にすくって落とし入れ、両面を色よく揚げ焼きにする。
③器に盛り、パセリを添え、お好みでマヨネーズをつけて食べる。

Point ケチャップをつけたり、黒こしょうをさらにふって食べても◎。

具はねぎ
だけでOK

超簡単ねぎつくね
 フライパン ⏱ 10分

《 材料│2人分 》
豚ひき肉 … 250 g
小ねぎ … 1/2束
A │ 卵 … 1個
　│ 片栗粉 … 小さじ1
　│ 塩、こしょう
　│ 　… 各小さじ1/4
ごま油 … 小さじ2
ポン酢しょうゆ … 適量

《 作り方 》
❶ 小ねぎは小口切りにし、ひき肉、A とともにボウルに入れてよく混ぜ、10 等分にして小判形にする。
❷ フライパンにごま油を中火で熱し、①を焼く。焼き色がついたら裏返し、ふたをして弱火で3分蒸し焼きにする。
❸ 器に盛り、ポン酢しょうゆを添える。

Point 肉だねにしょうゆ小さじ1〜1 と1/2を加えるとしっかり味がつき、お 弁当のおかず向きに。

おうち居酒屋にピッタリ!
照り焼き鶏つくね
 フライパン ⏱ 15分

《 材料│2〜3人分 》
鶏ひき肉 … 300 g
A │ 長ねぎ（みじん切り）… 10cm分
　│ 酒 … 大さじ1と1/2
　│ 片栗粉 … 小さじ1
　│ 塩、こしょう … 各少々
サラダ油 … 小さじ1
B │ しょうゆ … 大さじ2
　│ 砂糖、酒、みりん … 各大さじ1
青じそ（せん切り）、梅肉、白いりごま
　… 各適量

《 作り方 》
❶ ボウルにひき肉とAを入れてよく混ぜ、6等分にして楕円形にする。Bは合わせておく。
❷ フライパンにサラダ油を中火で熱し、①のつくねを焼く。焼き色がついたら裏返し、ふたをして弱めの中火で3分蒸し焼きにする。
❸ Bを加え、しっかりと煮からめる。器に盛り、お好みで青じそ、梅肉、白ごまをトッピングする。

Point 成形するとき、手に水をつけると肉だねがくっつき ません。お好みで竹串を刺すと、よりお店の雰囲気に。

あつあつジューシー
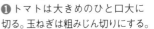 フライパン＆トースター ⏱ 15分
ひき肉とトマトのチーズ焼き

《 材料│2人分 》
合いびき肉 … 150 g
トマト … 2個
玉ねぎ … 1/4個
オリーブ油 … 小さじ1/2
A │ ケチャップ、中濃ソース
　│ 　… 各大さじ1と1/2
　│ 砂糖、カレー粉
　│ 　… 各小さじ1/3
ピザ用チーズ … 50 g
（あれば）パセリ（みじん切り）、
　バゲットなど … 各適量

《 作り方 》
❶ トマトは大きめのひと口大に切る。玉ねぎは粗みじん切りにする。
❷ フライパンにオリーブ油を中火で熱し、ひき肉と玉ねぎを炒める。肉に火が通ったら、Aとトマトも加えてさらに1分炒める。
❸ 耐熱皿に入れてチーズをかけ、オーブントースターで焼き色がつくまで焼く。仕上げにパセリをふってバゲットを添える。

毎日だって大丈夫

味変! ハンバーグ

ハンバーグを飽き知らずで楽しめるバリエーション。
玉ねぎは炒めなくてOKだから、ささっと作れます。

基本のハンバーグの肉だね

《 材料｜2人分 》
合いびき肉 … 250g
A 玉ねぎ（みじん切り）
　　 … 1/4個分
　 卵 … 1個
　 パン粉 … 大さじ3
　 塩、こしょう
　　 … 各少々

《 作り方 》

❶ボウルにひき肉とA
を入れる。

❷手で混ぜ合わせ、まと
まりが出るまでこねる。

❸2等分にして小判形
に成形し、ぱしぱしと
2回くらい肉だねの空
気を抜く。

フライパンにサラダ油（小
さじ1）を中火で熱して両
面焼き、ケチャップソース
をかけてもおいしいです。

甘辛おろしハンバーグ

《材料｜2人分》

ハンバーグの肉だね
　… 全量（左ページ参照）
A｜しょうゆ、みりん … 各大さじ2
　｜砂糖 … 小さじ1
大根おろし … 5cm分
サラダ油 … 小さじ1
（あれば）青じそ（せん切り）… 適量

《作り方》

①大根おろしは水けをきる。Aは合わせておく。
②フライパンにサラダ油を中火で熱し、ハンバーグの肉だねを焼く。焼き色がついたら裏返し、ふたをして弱めの中火で4分蒸し焼きにする。
③余分な油をふき取り、Aを加えて煮からめる。器に盛り、大根おろしと青じそをのせる。

とろ～りチーズハンバーグ

《材料｜2人分》

ハンバーグの肉だね
　… 全量（左ページ参照）
A｜トマトケチャップ
　｜　… 大さじ3
　｜みりん … 大さじ2
　｜中濃ソース … 大さじ1
　｜バター … 10g
スライスチーズ … 2枚
サラダ油 … 小さじ1
（あれば）ベビーリーフ … 適量

《作り方》

①Aは合わせておく。チーズを1枚ずつ折りたたんでハンバーグの肉だねで包み、小判形に整える。
②フライパンにサラダ油を中火で熱し、肉だねを焼く。焼き色がついたら裏返し、ふたをして弱火で6分蒸し焼きにする。
③火が通ったら余分な油をふき取り、Aを加えて煮からめる。器に盛り、ベビーリーフを添える。

 Point スライスチーズは溶けるタイプがおすすめです。

きのこソースハンバーグ

《材料｜2人分》

ハンバーグの肉だね … 全量（左ページ参照）
しめじ、まいたけ … 各1/2袋
サラダ油 … 小さじ1
A｜トマトケチャップ … 大さじ4
　｜水、白ワイン（または酒）… 各大さじ2
　｜バター … 10g
（あれば）パセリ（みじん切り）… 少々

《作り方》

①しめじ、まいたけはほぐす。
②フライパンにサラダ油を中火で熱し、ハンバーグの肉だねを焼く。焼き色がついたら裏返し、①を加え、ふたをして弱めの中火で5分蒸し焼きにする。
③火が通ったら余分な油をふき取り、Aを加えて煮からめる。器に盛り、パセリをふる。

たっぷり煮こみハンバーグ　たくさん作って、作りおきに！

《材料｜3～4人分》

合いびき肉 … 400g
A｜玉ねぎ（みじん切り）… 1/2個分
　｜卵 … 1個
　｜牛乳、パン粉 … 各大さじ3
　｜塩 … 小さじ1/3
　｜こしょう … 少々
玉ねぎ … 1/2個
サラダ油 … 小さじ2
B｜水、トマトケチャップ … 各80mℓ
　｜中濃ソース … 50mℓ
　｜砂糖 … 小さじ1
　｜顆粒コンソメ … 小さじ1/3
バター … 10g
（あれば）ブロッコリー … 適量

《作り方》

①左ページの要領でひき肉とAを混ぜ、6等分にして丸める。玉ねぎは薄切りにする。
②フライパンにサラダ油を中火で熱し、①の肉だねを焼く。焼き色がついたら裏返し、ふたをして弱めの中火で3分蒸し焼きにする。
③ふたを取り、玉ねぎとBを加え、たまに混ぜながらとろみがつくまで8～10分煮る。火を止め、バターを加えて余熱で溶かす。
④器に盛り、ゆでたブロッコリーを添える。

\\ 複雑な調味料は不要です！//

焼き肉のたれdeマーボーなす

 フライパン 10分

《 材料｜2人分 》
豚ひき肉 … 100g
なす … 2本
ごま油 … 大さじ1と1/2
しょうがチューブ … 2cm
焼き肉のたれ（中辛） … 大さじ4
片栗粉 … 小さじ1
ラー油 … 適量

《 作り方 》
①なすは縦8等分に切り、長さを半分に切り、水に3分さらしてアクを抜き、水けをきる。片栗粉は水大さじ2（分量外）で溶いておく。
②フライパンにごま油、しょうが、ひき肉、なすを入れ、中火にかけて炒める。肉の色が変わり、なすがしんなりしたら焼き肉のたれを加え、弱火で1分炒め煮する。
③①の水溶き片栗粉を加えてとろみをつけ、器に盛り、お好みでラー油をかける。

Point　焼き肉のたれは中辛を使用。甘口でもかまいませんが、中辛〜辛口のほうがマーボーっぽくなります。

\\ 作りおきにもぴったり♡//

フライパン 15分

煮るだけ簡単ミートボール

《 材料｜2人分 》
合いびき肉 … 300g
A 卵 … 1個
　 パン粉 … 大さじ2
　 塩、こしょう … 各少々
薄力粉 … 適量
B 水 … 100ml
　 トマトケチャップ … 大さじ5
　 中濃ソース … 大さじ2
　 みりん … 大さじ1
（あれば）パセリ（みじん切り） … 少々

《 作り方 》
①ボウルにひき肉とAを入れてよく混ぜ、3cm大に丸めて薄力粉をまぶす。
②小さめのフライパンにBを入れて火にかけ、煮立ったら①を加える。スプーンでたまに転がしながら、弱めの中火で8〜10分煮る。
③器に盛り、パセリをふる。

Point　ソースはウスターソースを使用しても大丈夫です。冷蔵庫で3〜4日保存できます。

クタクタに煮えた
\\ 小松菜まで美味♡//

肉だんごと小松菜のうま煮

 鍋 15分

《 材料｜2人分 》
豚ひき肉 … 200g
小松菜 … 1束（200g）
A 長ねぎ（みじん切り） … 10cm分
　 卵 … 1個
　 片栗粉 … 大さじ1/2
　 しょうがチューブ … 3cm
　 塩、こしょう … 各少々
B 水 … 500ml
　 鶏ガラスープの素 … 大さじ1
　 しょうゆ、ごま油 … 各小さじ1

《 作り方 》
①ボウルにひき肉とAを入れてよく混ぜ、10等分にして丸める。小松菜は4cm長さに切る。
②鍋にBを入れて中火にかけ、煮立ったら①の肉だんごと小松菜の茎を入れて5分煮る（アクが出たら取る）。
③小松菜の葉も加えてやさしく混ぜ、5分煮る。

Point　肉だんごを入れたら、表面が固まるまでいじらずに煮ましょう。

ひき肉ともやしの春巻き

 フライパン ⏱ 15分

《 材料｜2人分 》
豚ひき肉 … 150g
もやし … 1/2袋（100g）
春巻きの皮 … 6枚
A｜しょうゆ、オイスターソース、
　　ごま油 … 各小さじ1
　　しょうがチューブ … 3cm
B｜薄力粉、水 … 各大さじ1/2
サラダ油 … 大さじ3
ポン酢しょうゆ … 適量

《 作り方 》
❶Bを混ぜて「のり」を作る。ボウルにひき肉、もやし、Aを入れて手で混ぜる（もやしを折りながら）。
❷春巻きの皮をひし形になるようにおき、真ん中より手前に①の肉だねの1/6量をのせる。手前からクルッと巻いて左右を内側に折り、巻き終わりに「のり」を塗ってとめる。
❸小さめのフライパンにサラダ油を入れて中火で熱し、②の両面を色よく焼いて火を通す。好みでポン酢しょうゆを添える。

もやしの
シャキシャキが◎

こっくり、甘辛の
ホッとする味

ひき肉じゃが

 鍋 ⏱ 20分

《 材料｜2人分 》
豚ひき肉 … 150g
じゃがいも … 小3個（400g）
玉ねぎ … 1/2個
（あれば）絹さや … 10枚
サラダ油 … 小さじ1
A｜水 … 200ml
　　しょうゆ … 大さじ2と1/2
　　砂糖、酒、みりん
　　　… 各大さじ2
　　顆粒和風だし … 小さじ1/3

《 作り方 》
❶じゃがいもは4cm大に切り、玉ねぎは2cm幅のくし形に切る。絹さやは筋を取る。
❷鍋にサラダ油を中火で熱し、ひき肉を炒める。肉の色が変わったら、じゃがいもと玉ねぎを加えて2分炒める。
❸Aを加えて混ぜ、煮立ったらアクを取り、ふたをして弱めの中火で12〜15分煮る。じゃがいもがやわらかくなったら絹さやを加えてひと混ぜし、ふたをせずに2分煮る。

Point にんじんを加えてもOK。甘めの味つけなので、甘さを抑えたいときは砂糖の量を控えめに。

いつもと違うちょっと和風味♡

  フライパン&トースター ⏱ 20分

ひき肉と白菜のみそグラタン

《 材料｜2人分 》
豚ひき肉 … 150g
白菜 … 1/8個（200g）
玉ねぎ … 1/4個
サラダ油 … 小さじ1
薄力粉 … 大さじ2
牛乳 … 300ml
A｜みそ … 大さじ1
　　塩、こしょう … 各少々
ピザ用チーズ … 60g

《 作り方 》
❶白菜は芯を1cm幅に切り、葉はざく切りにする。玉ねぎは薄切りにする。
❷フライパンにサラダ油を中火で熱し、ひき肉を炒め、色が変わったら①を加えて炒める。野菜がしんなりしたら薄力粉を加え、弱めの中火で1分炒める。
❸牛乳を3回に分けて加え、そのつどよく混ぜる。Aを加えて溶かし、とろみがついたら火を止める。
❹耐熱皿に入れてチーズをのせ、オーブントースターで焼き色がつくまで焼く。

平日でもできる

ワザあり！ シュウマイ&餃子

シュウマイと餃子は、人気おかずですが、
どうしても皮で包む作業が億劫。
でも「包まない」方法であれば、時短で簡単だから
平日でもらくらくできますよ！

レンジで6分！ シュウマイ

皮をのっけて！ かにシュウマイ

《材料｜2人分》
豚ひき肉 … 150g
かに風味かまぼこ … 40g
A　玉ねぎ（みじん切り）
　　　… 1/6個分
　　酒、しょうゆ、ごま油、
　　片栗粉 … 各小さじ1
シュウマイの皮 … 8枚
キャベツ（太めのせん切り）
　　　… 1〜2枚分

《作り方》
①かに風味かまぼこは適当に細かく切
り、ひき肉、Aとともにボウルに入れ
てよく混ぜ、8等分にして丸める。
②耐熱皿にキャベツを敷き、①を少し
間隔を空けて並べる。シュウマイの皮
を1枚ずつ水にくぐらせて肉だねにの
せ、くっつけるようにして形を整える。
③②に水大さじ1（分量外）をふり、
ラップをふんわりとかけ、電子レンジ
で6分加熱する。

花咲シュウマイ

《材料｜2人分》
豚ひき肉 … 150g
A　玉ねぎ（みじん切り）
　　　… 1/4個分
　　しょうがチューブ
　　　… 3cm
　　酒、しょうゆ、ごま油、
　　片栗粉 … 各小さじ1
　　塩、こしょう … 各少々
シュウマイの皮 … 15枚
キャベツ（太めのせん切り）
　　　… 1〜2枚分

《作り方》
①シュウマイの皮は縦半分に
切ってから横に細切りにし、
バットなどに入れておく。
②ボウルにひき肉とAを入れ
て混ぜ、8等分にして丸め、
①のシュウマイの皮をまぶし
つける。
③耐熱皿にキャベツを敷き、
②を少し間隔を空けて並べる。
水大さじ1（分量外）をふり、
ラップをふんわりとかけ、電
子レンジで6分加熱する。

Point シュウマイ
の皮は細く切れば切
るほど、きれいに仕
上がります。キャベ
ツを一緒に蒸せば、
つけ合わせも完成！

包まない！棒餃子

たっぷりキャベツの棒餃子

《材料｜2人分》

豚ひき肉 … 100g
キャベツ … 3枚（150g）
A ┃ しょうゆ、酒、ごま油、片栗粉
　　 … 各小さじ1
　┃ にんにく、しょうが … 各チューブ2cm
　┃ 塩、こしょう … 各少々
餃子の皮 … 16〜18枚
ごま油 … 大さじ1
ポン酢しょうゆ、ラー油 … 各適量

《作り方》
❶キャベツはみじん切りにし、塩少々（分量外）をふり5分おき、水けをしぼる。
❷ボウルにひき肉、①、Aを入れ、菜箸で粘りが出るまでグルグルと混ぜる。
❸餃子の皮の中央に②を縦長に細くのせ、皮の左右が1cmほど重なるように巻く。
❹フライパンにごま油を引き、③を合わせ目を上にして並べ、中火にかける。焼き色がついたら水50mℓ（分量外）を加え、ふたをして弱めの中火で3分蒸し焼きにする。残った水分をとばして器に盛り、ポン酢しょうゆとラー油を添える。

小松菜棒餃子

《材料｜2人分》

豚ひき肉 … 150g
小松菜 … 1/2束（100g）
A ┃ しょうゆ、ごま油 … 各小さじ1
　┃ 鶏ガラスープの素 … 小さじ1/4
　┃ にんにくチューブ … 2cm
餃子の皮 … 16〜18枚
ごま油 … 大さじ1
ポン酢しょうゆ、ラー油 … 各適量

《作り方》
❶小松菜はみじん切りにする。ボウルにひき肉、小松菜、Aを入れ、菜箸で粘りが出るまでグルグルと混ぜる。
❷餃子の皮の中央に①を縦長に細くのせ、皮の左右が1cmほど重なるように巻く。
❸フライパンにごま油を引き、②を合わせ目を上にして並べ、中火にかける。焼き色がついたら水50mℓ（分量外）を加え、ふたをして弱めの中火で3分蒸し焼きにする。残った水分をとばして器に盛り、ポン酢しょうゆとラー油を添える。

うまみ満点！塩餃子

《材料｜2人分》

鶏ひき肉 … 100g
A ┃ 長ねぎ（みじん切り） … 1/2本分
　┃ 片栗粉、酒、ごま油 … 各小さじ1
　┃ 塩、鶏ガラスープの素 … 各小さじ1/4
　┃ こしょう … 少々
　┃ にんにくチューブ … 2cm
餃子の皮 … 13〜15枚
サラダ油 … 小さじ2
ごま油 … 小さじ1
酢、粗びき黒こしょう … 各適量

《作り方》
❶ボウルにひき肉とAを入れ、菜箸で粘りが出るまでグルグルと混ぜる。
❷餃子の皮の中央に①を縦長に細くのせ、皮の左右が1cmほど重なるように巻く。
❸フライパンにサラダ油とごま油を引き、②を合わせ目を上にして並べ、中火にかける。焼き色がついたら水50mℓ（分量外）を加え、ふたをして弱めの中火で3分蒸し焼きにする。残った水分をとばして器に盛り、酢と黒こしょうを添える。

棒餃子は菜箸で混ぜて、皮を折りたたむだけ！

肉だねは、手で練らずに菜箸で混ぜれば手が汚れません。餃子のあんの量は大さじ1弱を目安にするときれいにできます。

普通の餃子の形にしても！

通常の餃子の形にする場合は、あんを皮の中央にのせて、端からヒダをつけるように折りたたんで。

長いも入り鶏つくね

フライパン 🔍 ⏱ 15分

≪ふわシャキ♡
の満足食感

≪ 材料｜2人分 ≫
鶏ひき肉 … 200g
長いも … 5cm（100g）
A｜片栗粉、マヨネーズ
　　… 各大さじ1
　｜塩、こしょう … 各少々
B｜しょうゆ、酒 … 各大さじ2
　｜砂糖、みりん … 各大さじ1
サラダ油 … 大さじ1/2
（あれば）レタス、
　　トマト（くし形切り）… 各適量

≪ 作り方 ≫
①長いもは8mm角に切る。ボウルにひき肉、長いも、Aを入れてよく混ぜ、水でぬらした手で6～7等分にして小判形にする。Bは合わせておく。
②フライパンにサラダ油を中火で熱し、①の肉だねを焼く。焼き色がついたら裏返し、ふたをして弱めの中火で3分蒸し焼きにする。
③Bを加えて煮からめ、器に盛り、レタスとトマトを添える。

Point たねがやわらかいので、成形するときに手を水でぬらすと◎。形は変わりますが、スプーンで落としてもOKです。

＼春雨はもどさなくてOK!／
ひき肉とピーマンの春雨煮

フライパン 🔍 ⏱ 10分

≪ 材料｜2人分 ≫
合いびき肉 … 150g
ピーマン … 4個
春雨 … 40g
ごま油 … 小さじ1
A｜水 … 200ml
　｜しょうゆ
　　… 大さじ1と1/2
　｜砂糖 … 大さじ1/2
　｜にんにく、しょうが
　　… 各チューブ1cm

≪ 作り方 ≫
①ピーマンは細切りにする。フライパンにごま油を中火で熱し、ひき肉を炒める。ひき肉の色が変わったらピーマンも加えてさっと炒める。
②Aを加えて混ぜ、煮立ったら春雨を加え混ぜながら3～4分ほど煮る。

Point 春雨を加えたら、春雨が煮汁に浸かるようにほぐしながら煮てください。

＼しょうが風味の甘辛だれで／
鶏つくねのしょうが焼き

フライパン 🔍 ⏱ 15分

≪ 材料｜2人分 ≫
鶏ひき肉 … 300g
A｜玉ねぎ（みじん切り）… 1/4個分
　｜酒 … 大さじ1と1/2
　｜片栗粉 … 小さじ1
　｜塩、こしょう … 各少々
サラダ油 … 小さじ1
B｜しょうゆ、酒、みりん
　　… 各大さじ1と1/2
　｜砂糖 … 小さじ2
　｜しょうがチューブ … 3cm
（あれば）レタス、
　　トマト（くし形切り）… 各適量

≪ 作り方 ≫
①ボウルにひき肉とAを入れてよく混ぜ、8等分にして小判形にする。
②フライパンにサラダ油を中火で熱し、①を焼く。焼き色がついたら裏返し、ふたをして弱めの中火で2分30秒蒸し焼きにする。
③Bを加えてしっかりと煮からめる。器に盛りレタス、トマトを添える。

ひき肉となすのチャプチェ風

 電子レンジ ⏱ 10分

《 材料｜2人分 》
豚ひき肉 … 100g
なす … 2本
春雨 … 50g
A｜水 … 150mℓ
　｜焼き肉のたれ … 大さじ3
　｜ごま油 … 小さじ1
　｜鶏ガラスープの素
　｜　　… 小さじ1/2
　｜しょうがチューブ … 2cm
（あれば）小ねぎ（斜め切り）、
　ラー油 … 各適量

《 作り方 》
❶なすは縦半分に切って1cm幅の斜め切りにし、水に3分さらして水けをきる。春雨は長ければ半分に切る。Aは合わせておく。
❷耐熱ボウルに春雨、ひき肉、なすの順に入れ、Aをまわしかける。ラップをふんわりとかけ、電子レンジで6分加熱する。
❸取り出してよく混ぜ、器に盛り、小ねぎを散らしてお好みでラー油をかける。

Point 春雨はもどさずに使います。レンジ加熱後、残った汁けを春雨に吸わせるようによく混ぜてください。

Part 2 ひき肉

《レンジ6分でできあがり♪》

とろ～りチーズと
《甘辛味が絶妙》

照り焼きチーズつくね

フライパン ⏱ 15分

《 材料｜2人分 》
鶏ひき肉 … 300g
A｜玉ねぎ（みじん切り）
　｜　　… 1/4個分
　｜酒 … 大さじ1と1/2
　｜片栗粉 … 小さじ1
　｜塩、こしょう … 各少々
スライスチーズ … 2枚
サラダ油 … 小さじ1
B｜しょうゆ、みりん
　｜　　… 各大さじ1と1/2
　｜砂糖 … 小さじ2
（あれば）ベビーリーフ … 適量

《 作り方 》
❶ボウルにひき肉とAを入れてよく混ぜ、8等分にして小判形にする。チーズは1枚を4等分に切る。Bは合わせておく。
❷フライパンにサラダ油を中火で熱し、①の肉だねを焼く。焼き色がついたら裏返し、ふたをして弱めの中火で2分30秒蒸し焼きにする。
❸Bを加えて煮からめ、チーズをのせて再びふたをし、チーズが溶けるまで加熱する。器に盛りつけてベビーリーフを添える。

＼使うのはレンジ＆トースターだけ！／

なすとミートソースのチーズ焼き

電子レンジ＆トースター ⏱ 15分

《 材料｜2人分 》
合いびき肉 … 150g
なす … 2本
A｜玉ねぎ（みじん切り）… 1/4個分
　｜トマトケチャップ … 大さじ3
　｜焼き肉のたれ、ウスターソース
　｜　　… 各小さじ2
　｜顆粒コンソメ、薄力粉
　｜　　… 各小さじ1/2
ピザ用チーズ … 50g
（あれば）パセリ（みじん切り）
　　… 適量

《 作り方 》
❶なすは1cm厚さの輪切りにし、水に3分さらして水けをきる。
❷耐熱ボウルにひき肉とAを入れて混ぜ、なすをのせる。ラップをふんわりとかけ、電子レンジで6分加熱し、よく混ぜる。
❸耐熱皿に②を入れてチーズをのせ、オーブントースターでチーズに焼き色がつくまで焼く。焼き上がったらパセリを散らす。

Point 焼き肉のたれは好みの味のものを。ソースは中濃ソースでも大丈夫です。

《甘辛い照り焼き仕立て》

なすは水けをペーパータオルで
押さえると◎。焼いているときは極力い
じらず、裏返すときはへらを使って。

トロトロなすのはさみ焼き

フライパン 🔍 ⏲ 15分

《材料｜2人分》

豚ひき肉 … 150g

なす … 2本

片栗粉 … 大さじ1と1/2

A｜しょうゆ、酒、片栗粉
　　… 各小さじ2
　｜しょうがチューブ … 3cm

サラダ油 … 大さじ1と1/2

B｜しょうゆ、みりん
　　… 各大さじ2
　｜砂糖 … 小さじ1

（あれば）小ねぎ（小口切り）、
　　白いりごま … 各適量

《作り方》

❶なすは5mm幅の輪切りにし、水に3分さら
して水けをきる。ポリ袋に入れて片栗粉を加
え、ふってまぶす。ボウルにひき肉とAを入
れてよく混ぜる。Bは合わせておく。

❷なす2切れで①の肉だねを等分にしてはさ
み、ギュッと押さえて密着させて形を整える。

❸フライパンにサラダ油を中火で熱し、②を
焼く。焼き色がついたら裏返し、ふたをして
弱火で4分蒸し焼きにする。

❹余分な油をふき取り、Bを加えて煮からめ、
器に盛って小ねぎと白ごまをトッピングする。

╲╲たれはおろし玉ねぎたっぷり！╱╱

オニポンだれde豚つくね

フライパン 🔍 ⏲ 15分

《材料｜2人分》

豚ひき肉 … 250g

A｜玉ねぎ（みじん切り）… 1/4個分
　｜卵 … 1個
　｜片栗粉 … 小さじ1
　｜塩、こしょう … 各少々

ごま油 … 小さじ2

B｜玉ねぎ（すりおろし）
　　… 小1/2個分
　｜ポン酢しょうゆ … 大さじ4

（あれば）青じそ（せん切り）… 適量

《作り方》

❶Bを混ぜ合わせ、たれを作っておく。
ボウルにひき肉とAを入れてよく混ぜ、
8等分にして小判形にする。

❷フライパンにごま油を中火で熱し、
①の肉だねを焼く。焼き色がついたら
裏返し、ふたをして弱火で3分蒸し焼
きにする。

❸ふたを取って余分な油をふき取り、
①のたれを加えて煮からめる。器に盛
り、青じそをのせる。

╲╲食感も楽しめる！╱╱

れんこんつくね

フライパン 🔍 ⏲ 15分

《材料｜2人分》

鶏ひき肉 … 250g

れんこん … 1/2節（100g）

A｜卵 … 1個
　｜片栗粉 … 大さじ1
　｜しょうゆ … 小さじ1

ごま油 … 小さじ1

B｜しょうゆ、酒、みりん
　　… 各大さじ1と1/2
　｜砂糖、トマトケチャップ
　　… 各小さじ2

（あれば）さやいんげん … 適量

《作り方》

❶Bは合わせておく。れんこんはみじん切
りにし、ボウルに入れてひき肉とAを加え
てよく混ぜ、6等分にして小判形にする。

❷フライパンにごま油を中火で熱し、①の
肉だねを焼く。焼き色がついたら裏返し、
ふたをして弱火で5分蒸し焼きにする。

❸Bを加えて中火にし、たれにとろみがつ
くまで煮からめる。器に盛り、ゆでたいん
げんを添える。

 B からケチャップを抜いて、普通の
照り焼きにすることもできます。

ひき肉とキャベツの甘辛炒め

  フライパン　8分

《 材料｜2人分 》
豚ひき肉 … 200g
キャベツ … 1/5個（200g）
ピーマン … 2個
A　しょうゆ、みりん
　　　… 各大さじ2
　　片栗粉 … 大さじ1/2
　　砂糖 … 小さじ1
　　顆粒和風だし … 小さじ1/2
　　しょうがチューブ … 3cm
ごま油 … 小さじ1

《 作り方 》
❶キャベツはざく切りにし、ピーマンはひと口大に切る。Aは合わせておく。
❷フライパンにごま油を中火で熱し、ひき肉を炒める。色が変わったらキャベツとピーマンを加え、さらに炒める。
❸野菜がしんなりしたら火を弱め、Aをもう一度混ぜてから加えて手早く炒め合わせる。

《 ごはんに合う和風味 》

《 合わせ調味料で、
味つけもとろみづけも失敗なし 》

フライパン　10分

厚揚げと白菜のそぼろあんかけ

《 材料｜2人分 》
豚ひき肉 … 100g
厚揚げ … 2枚（250g）
白菜 … 1/8個（250g）
ごま油 … 小さじ2
A　水 … 200ml
　　酒、オイスターソース、
　　　片栗粉 … 各大さじ1
　　しょうゆ、みりん
　　　… 各小さじ2

《 作り方 》
❶厚揚げはひと口大に切る。白菜の芯は1cm幅に切り、葉はざく切りにする。Aは合わせておく。
❷フライパンにごま油を中火で熱し、ひき肉と白菜の芯を炒める。肉の色が変わったら、厚揚げと白菜の葉を加えてさっと炒め、ふたをして弱めの中火で4分蒸し焼きにする。
❸ふたを取って炒め合わせ、白菜がしんなりしたら、Aをもう一度よく混ぜて加え、混ぜながらとろみをつける。

Point　合わせ調味料は片栗粉入りなので、よく混ぜて加え、混ぜながらとろみがつくまで加熱を。

《 お弁当にもぴったり！ 》

輪切りピーマンの肉詰め

 フライパン　15分

《 材料｜2〜3人分 》
合いびき肉 … 200g
ピーマン … 4個
片栗粉 … 大さじ1
A　玉ねぎ（みじん切り）… 1/4個分
　　片栗粉、酒 … 各小さじ2
　　塩、こしょう … 各少々
サラダ油 … 大さじ1/2
B　水、トマトケチャップ、
　　　中濃ソース … 各大さじ2

《 作り方 》
❶ピーマンは1.5cm幅の輪切りにする。ポリ袋に入れ、片栗粉を加え、ふってまぶす。
❷ボウルでひき肉とAを混ぜて肉だねを作り、ピーマンの数に合わせて分け、ピーマンにぎゅうぎゅうに詰める。
❸フライパンにサラダ油を中火で熱して②を焼く。焼き色がついたら裏返してふたをして、弱めの中火で3分蒸し焼きにする。
❹余分な油をふき取り、Bを加えて煮からめる。

Point　焼くと肉だねが多少縮むので、なるべくぎゅうぎゅうに詰めておいてください。

牛肉

独特のうまみがあり、ごちそう感を味わえる牛肉のおかず。こま切れや切り落としを利用して、ふだんのおかずをちょっとリッチに。

《 Point 》 放っておくと肉がひとかたまりになってしまうので、ほぐしながら煮てくださいね。

╲ 甘めの味が牛肉にピッタリ ╱

🍳 フライパン　⏱ 10分

牛こまと厚揚げのすき煮

《 **材料** | 2人分 》
牛こま切れ肉 … 200g
厚揚げ … 2枚（250g）
長ねぎ … 1本
A｜しょうゆ、酒、みりん
　　　… 各大さじ3
　　砂糖 … 大さじ2
　　顆粒和風だし … 小さじ1/4

《 **作り方** 》
❶厚揚げは8等分に切る。長ねぎは斜めに1cm幅に切る。
❷フライパンにA、牛肉、①を入れて中火にかけ、牛肉をほぐす。煮立ったらさらに5分ほど煮る。

╲ ケチャップ&ソースで味つけ ╱

🍳 フライパン　⏱ 8分

牛肉の洋風炒め

《 **材料** | 2人分 》
牛こま切れ肉 … 200g
玉ねぎ … 1/2個
しめじ … 1/2袋
バター … 10g
塩、こしょう … 各少々
A｜トマトケチャップ、中濃ソース
　　　… 各大さじ2
　　にんにくチューブ … 2cm
（あれば）クレソン … 適量

《 **作り方** 》
❶玉ねぎは薄切りにする。しめじはほぐす。
❷フライパンにバターを中火で熱し、牛肉と玉ねぎを炒め、塩、こしょうをふる。肉の色が変わったら、しめじを加えてさっと炒め、Aを加えて煮からめる。
❸器に盛り、クレソンを添える。

《 Point 》 炒めるときはバターを使うことで風味がグンとアップします。

牛肉とれんこんの甘辛炒め

フライパン ⏱12分

《 **材料** | 2人分 》
牛こま切れ肉 … 180g
れんこん … 1節（200g）
ごま油 … 大さじ1
A　酒、しょうゆ … 各大さじ1と1/2
　　みりん、砂糖 … 各大さじ1
　　にんにくチューブ … 2cm
（あれば）かいわれ菜 … 適量

Point 火が通りにくいれんこんを先に炒め、牛肉は炒めすぎないように。

《 **作り方** 》
❶れんこんは5mm幅の半月切りにし、水に3分さらして水けをきる。Aは合わせておく。
❷フライパンにごま油を中火で熱し、れんこんを炒める。透き通ってきたら牛肉を加えて炒め、火が通ったらAを加えて煮からめる。
❸器に盛り、かいわれ菜を添える。

≪ごま油で炒めて風味づけ♪≫

牛こまdeビーフカツ

フライパン ⏱15分

≪こま切れなのにまるで厚切り肉≫

《 **材料** | 2人分 》
牛こま切れ肉 … 250g
塩、こしょう … 各適量
A　卵 … 1個
　　薄力粉 … 大さじ3
　　水 … 大さじ1
パン粉、サラダ油 … 各適量
B　粒マスタード、しょうゆ、
　　マヨネーズ … 各大さじ1
（あれば）ベビーリーフ … 適量

Point こま切れ肉をギュッと固めて成形して。

《 **作り方** 》
❶牛肉を半量ずつに分けステーキ肉風に成形し、塩、こしょうをしっかりめにふる。
❷Aを混ぜてバッター液を作り、①をくぐらせてパン粉をまぶす。
❸フライパンにサラダ油を深さ1cmほど入れて中火で熱し、②を入れ、両面を色よく揚げ焼きにする（約5分が目安）。油をきって食べやすい大きさに切り、器に盛る。Bを混ぜてかけ、ベビーリーフを添える。

ユッケジャン風煮込み

鍋 ⏱15分

《 **材料** | 2人分 》
牛こま切れ肉 … 150g
にんじん … 1/2本
長ねぎ … 1/2本
にら … 1/2束
もやし … 1/2袋（100g）
卵 … 1個
A　しょうゆ、みそ、コチュジャン、
　　　白すりごま … 各大さじ1
　　鶏ガラスープの素、ごま油
　　　… 各小さじ2
　　砂糖 … 小さじ1/2
　　にんにくチューブ … 3cm
水 … 450ml
白いりごま … 適量

《 **作り方** 》
❶にんじんは細切り、長ねぎは斜め薄切りにし、にらは4cm長さに切る。卵は溶きほぐす。
❷鍋に牛肉を入れてAをもみこみ、中火にかけて炒める。火が通ったら、にんじんと長ねぎを加え、さっと炒める。
❸分量の水を加えて煮立て、アクを取りながら5分煮る。にら、もやしを加えてひと煮立ちさせ、溶き卵をまわし入れ、ふんわりとしたら火を止める。
❹器に盛り、お好みで白ごまをふる。

≪野菜たっぷり、ほどよい辛さ≫

オイスターソースで
＼＼満足味に／／

フライパン 10分

牛肉とトマトの中華炒め

《材料｜2人分》
牛こま切れ肉 … 150g
トマト … 2個
卵 … 3個
A │ 片栗粉、酒 … 各大さじ1/2
　 │ 塩、こしょう … 各少々
B │ オイスターソース、酒 … 各大さじ1
　 │ しょうゆ … 小さじ1/2
ごま油 … 大さじ1

《作り方》
❶牛肉にAをもみこむ。トマトは8等分のくし形に切る。卵は溶きほぐす。Bは合わせておく。
❷フライパンにごま油を強火で熱し、溶き卵を流し入れ、半熟状に炒めて取り出す。フライパンをそのまま中火で熱して牛肉を炒め、火が通ったらトマトを加えて1〜2分炒める。
❸Bを加えて煮からめ、②の卵を戻し入れてざっくりと混ぜる。

Point 卵を炒めたら一度取り出し、仕上げに戻してフワフワに。

Point 牛肉の下ゆではしゃぶしゃぶの要領で。色が変わる程度にゆでれば十分。

＼＼ねぎたっぷり！ お吸いもの風／／

肉吸い 🍲15分

《材料｜2人分》
牛こま切れ肉 … 150g
木綿豆腐 … 1/2丁（150g）
小ねぎ … 3本
A │ 水 … 500mℓ
　 │ 酒 … 大さじ2
B │ 白だし … 大さじ3
　 │ みりん … 大さじ1

《作り方》
❶豆腐は6等分に切る。小ねぎは小口切りにする。
❷鍋に湯を沸かして酒大さじ1（分量外）を入れ、牛肉をさっとゆでて湯をきる。
❸空いた鍋にAを入れて中火にかけ、煮立ったら牛肉と豆腐を入れ、弱火で5分煮る。Bを加え、さらに5分煮る。
❹器に盛り、小ねぎを散らす。

下ゆでにレンジを
使って時短♪

電子レンジ＆フライパン　⏲ 30分

牛肉と大根の甘辛煮

《 材料｜2人分 》
牛こま切れ肉 … 150g
大根 … 10cm（400g）
サラダ油 … 小さじ1
A　水 … 200mℓ
　　しょうゆ、酒、みりん
　　　… 各大さじ2
　　砂糖 … 大さじ1

《 作り方 》
❶大根は皮をむいて4cm大の乱切りにする。耐熱皿に並べ、ラップをふんわりとかけ、電子レンジで10分加熱する。
❷フライパンにサラダ油を中火で熱し、牛肉を炒める。色が変わったら大根とAを加え、ふたをして13〜15分、煮汁が少なくなるまで煮る（途中で3回ほど混ぜる）。

Point 大根は皮を厚めにむくと、味がしみやすくなります。

彩りがよく、元気が出る味♪

スタミナプルコギ

フライパン　⏲ 10分

《 材料｜2人分 》
牛こま切れ肉 … 200g
玉ねぎ … 1/2個
赤パプリカ … 1/2個
にら … 1/2束
A　砂糖、しょうゆ、酒、ごま油
　　　… 各大さじ1
　　オイスターソース … 小さじ2
　　豆板醤、片栗粉 … 各小さじ1/2
　　にんにくチューブ … 3cm
白いりごま … 適量

《 作り方 》
❶玉ねぎとパプリカは縦に薄切りにする。にらは4cm長さに切る。
❷ポリ袋に牛肉、玉ねぎ、パプリカ、Aを入れ、しっかりもみこむ。
❸フライパンを油を引かずに中火で熱し、②を炒める。火が通ったら、にらを加えてさっと炒め、お好みで白ごまをふる。

Point 味つけは下味のみ。パプリカはピーマン（2個）に替えてもOK。

焼き肉のレタス包み

フライパン　⏲ 8分

《 材料｜2人分 》
牛こま切れ肉 … 150g
玉ねぎ … 1/2個
にら … 1/3束
A　コチュジャン、しょうゆ、
　　酒 … 各大さじ1
　　砂糖 … 小さじ2
　　塩、こしょう … 各少々
ごま油 … 大さじ1
レタス … 適量

《 作り方 》
❶玉ねぎは薄切りにする。にらは4cm長さに切る。Aは合わせておく。
❷フライパンにごま油を中火で熱し、牛肉と玉ねぎを炒める。火が通ったら、Aとにらを加えて炒め合わせる。
❸器に盛り、レタスで包んでいただく。

Point お好みで、青じそやかいわれ菜、スティック状に切ったにんじんやきゅうりを添えても。

こま切れで焼き肉気分を♪

かたまり肉

家族のお祝いごとや記念日、友人を招いたホームパーティーには、豪華に見えてカンタンに作れるかたまり肉の料理を!

ほったらかし煮でOK♪ 超簡単! 豚の角煮

《 材料 | 作りやすい分量 》
豚バラかたまり肉 … 500g
しょうが … 1/2かけ
(あれば) 長ねぎの青い部分 … 1本分
ゆで卵 … 4個
A　水 … 300mℓ
　　酒、しょうゆ … 各70mℓ
　　砂糖、はちみつ、酢
　　　… 各大さじ2
(あれば) ほうれん草 … 適量

《 作り方 》
① 豚肉は4cm大に切る。しょうがは薄切りにする。
② 鍋を強火で熱し、豚肉の表面全体にしっかり焼き色をつけ、余分な脂をふき取る。
③ A、しょうが、長ねぎの青い部分を加えて落としぶたをして、弱火で50分煮る。火を止め、ゆで卵を加えて10分以上おく。
④ ③を器に盛り、さっと塩ゆでして食べやすく切ったほうれん草を添える。

Point はちみつが入っているので1才未満のお子さまには食べさせないでください。

本格焼き豚

オーブン ※漬ける時間は除く 40分

＼食欲をそそる照り&こってり味／

《 材料 | 4人分 》
豚肩ロースかたまり肉 … 500g
A　しょうゆ … 60mℓ
　　砂糖 … 大さじ4
　　みそ、オイスターソース
　　　… 各小さじ1
　　しょうがチューブ … 3cm
(あれば) 白髪ねぎ … 適量

《 作り方 》
① 豚肉は縦半分に切り、フォークで全体を刺す。Aとともにポリ袋に入れてよくもみ、冷蔵庫でひと晩漬ける。
② オーブンを200℃に予熱する。天板にクッキングシートを敷き、①の汁けを軽くきってのせ、35分焼く(焼き上がる10分前に、たれの残りを肉に塗ると、味がしっかりついて照りがアップ!)。
③ 好みの厚さに切って器に盛り、白髪ねぎを添える。

Point 豚バラ肉で作るとよりジューシーになります。冷蔵で約4日、冷凍で約1か月保存できます。

ラクラクなのに
＼＼見た目抜群♡／／

フライパンローストビーフ

 フライパン 30分

《材料｜3〜4人分》
牛ももかたまり肉 … 400g
A ｜ 塩 … 小さじ2/3
　　 粗びき黒こしょう … 適量
　　 にんにく（すりおろし）
　　　　　　　… 1かけ分
オリーブ油 … 小さじ2
B ｜ しょうゆ、酒、みりん
　　　　　　　… 各大さじ3
　　 粒マスタード … 大さじ1
（あれば）ベビーリーフ … 適量

《下準備》
牛肉は調理する30分前に冷蔵庫から出し、室温に戻しておく。

《作り方》
❶牛肉の表面にAをすりこむ。
❷フライパンにオリーブ油を中火で熱して①を入れ、各面を2〜3分ずつ焼いて全6面に焼き色をつける。
❸火を止め、熱いうちにアルミ箔で二重に包み、フライパンに戻してふたをして20分おき、余熱で火を通す。
❹Bをフライパンに入れ、中火で混ぜながら少し煮詰めてソースを作る。③を薄切りにして器に盛り、ソースをかけ、ベビーリーフを添える。

Point 牛肉は新鮮なものを使用して、必ず室温に戻してから焼いてください。切ったばかりは淡く落ち着いた赤色ですが、空気に触れると鮮やかな色になってきます♪

フライパンローストチキン

 フライパン 20分

食べやすい甘辛味で、
＼皮がパリッ／／

《材料｜2人分》
鶏骨つきもも肉 … 2本（600g）
塩、こしょう … 各適量
サラダ油 … 小さじ2
A ｜ しょうゆ、みりん … 各50㎖
　　 砂糖 … 大さじ2と1/2
　　 バター … 10g
（あれば）ローズマリー … 適量

《下準備》
鶏肉は調理する30分前に冷蔵庫から出し、室温に戻しておく。

《作り方》
❶鶏肉は皮目を下にしておき、身側の骨のまわりに深く切りこみを入れ、塩、こしょうをすりこむ。
❷フライパンにサラダ油を引き、①の皮目を下にして入れる。弱めの中火にかけ、ふたをして8分焼く。焼き色がついたら裏返し、再びふたをして5分焼く。
❸余分な油をふき取り、Aを加えて3分ほど煮からめる。器に盛り、ローズマリーを添える。

Point 骨の部分にワックスペーパーを巻き、麻ひもを結ぶと、パーティー風に♪

魚介類

フライパンで作れる魚介のレシピは、魚料理が苦手な人にもおすすめ。臭みを抑えたり、見栄えよく仕上げるコツなども、きっちり紹介。

＼＼ まろやかで、食べごたえもあり ／／
サーモンとブロッコリーのクリームシチュー

電子レンジ＆フライパン　⏱ 20分

《 材料｜2人分 》
サーモン … 2切れ
じゃがいも …
　　　　… 2個（300ｇ）
玉ねぎ … 1/4個
ブロッコリー
　　　… 1/2株（100ｇ）
塩、こしょう … 各少々
バター … 10ｇ
薄力粉 … 大さじ2
牛乳 … 350mℓ
A｜顆粒コンソメ
　　　… 小さじ1/2
　｜塩、こしょう
　　　… 各少々

《 作り方 》
❶サーモンはひと口大に切って、塩、こしょうをふる。じゃがいもは3㎝大に切って耐熱ボウルに入れ、ラップをふんわりとかけて電子レンジで3分加熱する。玉ねぎは薄切りにして、ブロッコリーは小房に分ける。
❷フライパンにバターを中火で熱し、サーモンを焼く。焼き色がついたら裏返して端に寄せ、空いたところで玉ねぎをさっと炒める。
❸薄力粉をふり入れ、弱めの中火で1分炒める。粉っぽさがなくなったら牛乳を3回に分けて加え、そのつどよく混ぜる。
❹A、じゃがいも、ブロッコリーを加えてとろみがつくまで4〜5分煮る。

＼＼ チーズ味の衣で香ばしく ／／
さけのマヨパン粉焼き

フライパン　⏱ 15分

《 材料｜2人分 》
生ざけ … 2切れ
A｜マヨネーズ … 大さじ1
　｜塩、こしょう … 各少々
パン粉 … 大さじ3
粉チーズ … 大さじ1
サラダ油 … 大さじ3
B｜ゆで卵 … 1個
　｜マヨネーズ … 大さじ1
　｜塩、こしょう … 各少々
（あれば）レタス … 適量

《 作り方 》
❶ボウルにBのゆで卵を入れてフォークでつぶし、残りの調味料を加えて混ぜ、ソースを作る。バットにパン粉と粉チーズを合わせておく。
❷さけはひと口大に切ってAをからめ、1切れずつ❶のチーズ入りパン粉をまぶしつける。
❸フライパンにサラダ油を中火で熱し、❷の両面を色よく焼く。火が通ったら油をきって器に盛り、❶のソースとレタスを添える。

\\ 生クリームなしで、しっかり濃厚♡ //

さけときのこのクリーム煮

 フライパン 🔍 ⏱ 15分

《 材料 | 2人分 》
生ざけ … 2切れ
しめじ … 1袋
玉ねぎ … 1/4個
塩、こしょう … 各少々
バター … 15g
薄力粉 … 大さじ1と1/2
牛乳 … 300㎖
顆粒コンソメ … 小さじ1
粗びき黒こしょう … 少々

《 作り方 》
❶ さけはひと口大に切って塩、こしょうをふる。しめじはほぐす。玉ねぎは薄切りにする。
❷ フライパンにバターを中火で熱し、さけを焼く。焼き色がついたら裏返して端に寄せ、空いたところでしめじと玉ねぎをさっと炒める。
❸ 薄力粉をふり入れ、弱めの中火で1分炒める。粉っぽさがなくなったら牛乳を3回に分けて加え、そのつどよく混ぜる。
❹ コンソメを加え、とろみがつくまで2〜3分煮て、お好みで黒こしょうをふる。

Point 薄力粉がなじむまで炒めてから牛乳でのばすのがコツ。これでダマになりません♪

\\ 焼きざけをボリュームアップ！ //

さけの中華野菜あんかけ

フライパン 🔍 ⏱ 15分

《 材料 | 2人分 》
生ざけ … 2切れ
えのきだけ … 1/2袋
にんじん … 1/4本
にら … 1/3束
片栗粉 … 適量
ごま油 … 大さじ1
A｜ 水 … 150㎖
　｜ しょうゆ、酒 … 各大さじ1
　｜ 片栗粉 … 小さじ2
　｜ 鶏ガラスープの素 … 小さじ1/2

《 作り方 》
❶ さけに片栗粉をまぶす。えのきだけは半分に切ってほぐす。にんじんは細切りにし、にらは4㎝長さに切る。Aは合わせておく。
❷ フライパンにごま油を中火で熱し、さけの両面を焼いて火を通し、器に盛る。
❸ ②のフライパンをそのまま中火で熱し、えのきだけとにんじんをさっと炒める。Aとにらを加えて混ぜながら加熱し、とろみがついたら②にかける。

Point たらやかれい、鶏肉でも同じように作れます。

\\ 長いもで食べごたえUP //

さけと長いものバターしょうゆ焼き

フライパン 🔍 ⏱ 10分

《 材料 | 2人分 》
生ざけ … 2切れ
長いも … 10㎝（200g）
しめじ … 1/2袋
塩、こしょう … 各少々
薄力粉 … 適量
サラダ油 … 大さじ1
A｜ しょうゆ、みりん
　｜ … 各大さじ1
　｜ バター … 10g
（あれば）パセリ
（みじん切り）… 適量

《 作り方 》
❶ さけはひと口大に切り、塩、こしょうをふって薄力粉をまぶす。長いもは皮をむいて1㎝厚さの輪切りにし、しめじはほぐす。
❷ フライパンにサラダ油を中火で熱し、さけと長いもを焼く。焼き色がついたら裏返し、両面を色よく焼く。
❸ しめじを加えて炒め、Aを加えて全体に煮からめ、器に盛ってパセリをふる。

Point さけと長いもは同じくらいに火が通るので、同時に焼き始めます。

焼きざけの香味だれがけ

≫ 薬味たっぷり、さっぱり味 ≫

 10分

《 材料｜2人分 》
生ざけ … 2切れ
塩 … 少々
片栗粉 … 適量
サラダ油 … 小さじ2
A　長ねぎ（みじん切り）… 10cm分
　　しょうが（みじん切り）… 1/3かけ分
　　しょうゆ、酢 … 各大さじ1
　　砂糖、ごま油 … 各大さじ1/2
（あれば）レタス … 適量

《 作り方 》
① Aを合わせて香味だれを作っておく。さけは4等分に切り、塩をふって片栗粉をまぶす。
② フライパンにサラダ油を中火で熱し、さけの両面を焼いて火を通す。
③ 器にちぎったレタスと②を盛り、香味だれをかける。

Point 塩ざけを使うと塩辛くなるので、"生ざけ"を使います。サーモンでも同じように作れます。

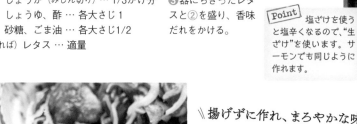

揚げない！ さけの南蛮漬け

≫ 揚げずに作れ、まろやかな味 ≫

 15分

《 材料｜作りやすい分量 》
生ざけ … 3切れ
玉ねぎ … 小1/2個
にんじん … 1/3本
ピーマン … 2個
塩、こしょう … 各少々
片栗粉 … 適量
サラダ油 … 大さじ1
A　水 … 100mℓ
　　酢 … 大さじ3
　　しょうゆ、砂糖 … 各大さじ2
　　顆粒和風だし … 小さじ1/4

《 作り方 》
① 玉ねぎは薄切り、にんじんとピーマンは細切りにし、耐熱容器に入れる。Aを加えて混ぜ、電子レンジで2分加熱する。
② さけはひと口大に切り、塩、こしょうをふって片栗粉をまぶす。フライパンにサラダ油を中火で熱し、さけの両面を色よく焼いて火を通す。
③ ②が熱いうちに①に漬ける。

Point 漬けてすぐでも食べられますが、冷蔵庫で数時間冷やすとよりおいしくなります。4日ほど冷蔵保存もOK。

さばのしょうが焼き

 15分

《 材料｜2人分 》
さば … 2切れ
ピーマン … 3個
片栗粉 … 適量
サラダ油 … 小さじ2
A　しょうゆ … 大さじ1と1/2
　　酒、みりん、砂糖 … 各大さじ1
　　しょうがチューブ … 3cm
白いりごま … 適量

《 作り方 》
① さばは片栗粉をまぶす。ピーマンは大きめのひと口大に切る。Aは合わせておく。
② フライパンにサラダ油小さじ1を中火で熱し、ピーマンをさっと炒めて器に盛る。空いたフライパンに残りのサラダ油を足して中火で熱し、さばを皮目から焼く。しっかりと焼き色がついたら裏返し、裏面も焼いて火を通す。
③ 弱火にし、Aを加えて煮からめる。ピーマンと盛り合わせ、お好みで白ごまをふる。

Point さばに片栗粉をまぶしておくと、仕上げのたれがからみやすくなります。

≫ しょうが入りのたれで香ばしく ≫

\\ おなじみの味にバターをプラス \\

ぶりの照りバターしょうゆ

フライパン 🔍 ⏱ 15分

《 **材料**｜2人分 》
ぶり … 2切れ
塩 … 少々
薄力粉 … 適量
サラダ油 … 大さじ1/2
A｜酒、みりん、しょうゆ
　　… 各大さじ1
　｜砂糖 … 大さじ1/2
　｜バター … 5g
粗びき黒こしょう … 適量
（あれば）ししとう … 適量

《 **作り方** 》
❶ぶりは両面に塩をふって5分おき、出てきた水分をふき取り、薄力粉をまぶす。Aは合わせておく。
❷フライパンにサラダ油を中火で熱し、ぶりの両面を焼いて火を通す。ししとうは切りこみを1か所入れ、空いているところで焼いて取り出す。
❸弱めの中火にし、Aを加えて煮からめる。器に盛り、お好みで黒こしょうをふり、ししとうを添える。

Point ぶりの身が厚くて火の通りが心配な場合は、ふたをして蒸し焼きにしてもOK。

\\ バターじょうゆで 食べやすく \\

ぶりのガーリックソテー

フライパン 🔍 ⏱ 15分

《 **材料**｜2人分 》
ぶり … 2切れ
塩 … 少々
薄力粉 … 適量
にんにく … 1かけ
サラダ油 … 小さじ1
A｜しょうゆ、みりん
　　… 各大さじ1と1/2
　｜バター … 10g
（あれば）ほうれん草など … 適量

《 **作り方** 》
❶ぶりは両面に塩をふって5分おき、出てきた水分をふき取り、薄力粉をまぶす。にんにくは薄切りにする。
❷フライパンにサラダ油とにんにくを入れて中火で熱し、ぶりの両面を焼いて火を通す（にんにくは焼き色がついたら取り出す）。
❸弱めの中火にし、Aを加えて煮からめる。器に盛り、取り出しておいたにんにくをのせ、好みで塩ゆでしたほうれん草などを添える。

Point ぶりに塩をふって出てきた水分をふき取ることで、臭みが取れて食べやすくなります。

ぶりとねぎの照り焼き

フライパン 🔍 ⏱ 15分

《 **材料**｜2人分 》
ぶり … 2切れ
長ねぎ … 1本
塩 … 少々
薄力粉 … 適量
サラダ油 … 小さじ2
A｜しょうゆ、酒、みりん
　　… 各大さじ1と1/2
　｜砂糖 … 大さじ1/2

《 **作り方** 》
❶ぶりは両面に塩をふって5分おき、出てきた水分をふき取り、薄力粉をまぶす。長ねぎは4cm長さに切る。Aは合わせておく。
❷フライパンにサラダ油を中火で熱し、ぶりと長ねぎを入れ、両面を焼いて火を通す。
❸余分な油をふき取り、Aを加えて煮からめる。

Point 焼き魚は、盛りつける際に上にする面から焼きましょう。

\\ 濃いめのたれが白ごはんに合う \\

121

12分

\\ 粒マスタードでおしゃれな味に //
かじきとエリンギのマスマヨソース

《 材料 | 2人分 》
めかじき … 2切れ
エリンギ … 2本
塩、こしょう … 各少々
薄力粉 … 大さじ1
A　粒マスタード、マヨネーズ、
　　牛乳、白ワイン（または酒）
　　　… 各大さじ1
　　にんにくチューブ … 1cm
オリーブ油 … 大さじ1
（あれば）クレソン … 適量

《 作り方 》
❶めかじきは1.5cm幅の棒状に切り、塩、こしょうをふって薄力粉をまぶす。エリンギは長さを半分に切り、1.5cm角の棒状に切る。Aは合わせておく。
❷フライパンにオリーブ油を中火で熱し、めかじきを転がしながら焼く。全体に焼き色がついたらエリンギを加えて炒め合わせ、しんなりしたらAを加えて煮からめる。
❸器に盛り、クレソンを添える。

Point　めかじきとエリンギは同じぐらいの大きさに切ると、仕上がりがキレイ。

仕上げにしょうゆを
\\ ちょっとかけると◎ //

フライパン
12分

かじきのカレーしょうゆムニエル

《 材料 | 2人分 》
めかじき … 2切れ
塩、こしょう … 各少々
A　薄力粉 … 大さじ1と1/2
　　カレー粉 … 小さじ1/2
オリーブ油 … 大さじ1
バター … 5g
しょうゆ … 適量
（あれば）ベビーリーフ … 適量

《 作り方 》
❶めかじきは塩、こしょうをふる。バットにAを混ぜ合わせ、めかじきの両面にまぶす。
❷フライパンにオリーブ油を中火で熱し、①を焼く。焼き色がついたら裏返し、弱めの中火にして2〜3分焼き、火が通ったらバターを加えてさっとからめる。
❸器に盛ってベビーリーフを添え、しょうゆをかける。

Point　お弁当のおかずにも◎。その場合は、仕上げのしょうゆをバターと一緒に加えてからめましょう。

さっぱりして、
\\ 骨がないから食べやすい♡ //

フライパン
12分

かじきの和風おろしだれ

《 材料 | 2人分 》
めかじき … 2切れ
大根 … 5cm（150g）
塩、こしょう … 各少々
薄力粉 … 適量
A　しょうゆ、みりん
　　　… 各大さじ1と1/2
　　砂糖、酢 … 各大さじ1/2
　　しょうがチューブ … 3cm
ごま油 … 小さじ2
（あれば）青じそ（せん切り）
　　　… 適量

《 作り方 》
❶めかじきは塩、こしょうをふり、薄力粉をまぶす。大根はすりおろして軽く水けをきり、Aと合わせる。
❷フライパンにごま油を中火で熱し、めかじきを焼く。焼き色がついたら裏返し、ふたをして弱めの中火で2〜3分蒸し焼きにする。
❸①のおろしだれを加え、やさしくからめながら1分加熱する。器に盛り、青じそをのせる。

Point　大根おろしは大根の皮ごとすりおろしても大丈夫。めかじきの厚みにより、加熱時間は加減してください。

電子レンジ 10分

\\ 市販の刺し身で簡単♡ //

まぐろとアボカドの和風カルパッチョ

《 材料｜2人分 》
まぐろの刺し身 … 120g
アボカド … 1個
レモン汁 … 小さじ1
みりん … 大さじ1
A｜しょうゆ … 大さじ1
　　オリーブ油 … 小さじ2
　　わさびチューブ
　　　… 1〜2cm
（あれば）スプラウト … 適量

《 作り方 》
❶耐熱ボウルにみりんを入れ、電子レンジで30秒加熱する。粗熱をとり、Aを加える。
❷アボカドは縦半分に切って種と皮を取り、薄切りにしてレモン汁をからめる。
❸器にまぐろと②を交互に盛りつけ、スプラウトをのせ、①のソースをかける。

Point みりんはアルコール分をとばしてまろやかに。鍋で煮切らなくても、レンジで大丈夫。

えびのうま煮

鍋 15分
※漬ける時間は除く

《 材料｜作りやすい量 》
有頭えび … 8〜10尾
A｜水、酒 … 各100㎖
　　しょうゆ、みりん
　　　… 各大さじ1と1/2
　　砂糖 … 大さじ1
　　顆粒和風だし … 小さじ1/3

Point 冷蔵庫で2〜3日保存できます。

《 作り方 》
❶えびは殻の上から楊枝を刺して背ワタを取る。頭の先とヒゲ、尾の先を切りそろえてきれいに洗う。
❷鍋にAを入れて煮立て、①を入れ、ときどき返しながら弱めの中火で5分煮る。
❸煮汁ごと保存容器に入れ、冷蔵庫で半日以上漬ける。

\\ おめでたい日にもぴったり //

フライパン 15分

\\ にんにくが香ばしい //

えびとアスパラのガーリック炒め

《 材料｜2人分 》
えび … 10尾
アスパラガス … 4本
玉ねぎ … 1/4個
にんにく … 1かけ
オリーブ油 … 大さじ2
塩 … 小さじ1/4
粗びき黒こしょう、レモン
　（くし形切り） … 各適量

Point えびは加熱しすぎるとかたくなるので、先に野菜を炒めてから加えましょう。

《 作り方 》
❶えびは殻をむき、背に切りこみを入れて背ワタを取る。アスパラは根元を切り、下3cm分の皮をピーラーでむき、長さを3等分に切る。玉ねぎは薄切り、にんにくはみじん切りにする。
❷フライパンにオリーブ油とにんにくを入れて中火にかけ、アスパラと玉ねぎを入れて2分炒める。えびも加えて炒め、火が通ったら塩をふって炒め合わせる。
❸器に盛り、お好みで黒こしょうをふってレモンを添える。

\\ 衣づけがラク。タルタルソースで \\

簡単衣で、たらのフライ

フライパン　🔍　⏱15分

《 **材料**｜2人分 》

たら … 3切れ（200g）

A ｜ 薄力粉 … 大さじ2強
　｜ 水 … 大さじ1と1/2
　｜ 塩、こしょう … 各少々

パン粉、サラダ油 … 各適量

ゆで卵 … 2個

B ｜ マヨネーズ … 大さじ3
　｜ 塩、こしょう … 各少々

（あれば）パセリ（みじん切り）
　… 適量

《 **作り方** 》

①ゆで卵は細かく刻み、Bと混ぜ合わせてソースを作る。たらは3等分に切り、水けをふく。

②ポリ袋にAを入れて混ぜ、たらを加えてからめる。バットにパン粉を入れ、たらを1切れずつまぶす。

③小さめのフライパンにサラダ油を深さ5mmほど入れて中火で熱し、②の両面を色よく揚げ焼きにする。火が通ったら引き上げて油をきり、器に盛って①のソースをかけ、パセリをふる。

\\ 魚介のうまみが出たスープもおいしい♡ \\

たらのアクアパッツァ

フライパン　🔍　⏱15分

《 **材料**｜2人分 》

たら … 2切れ

あさり（砂抜き済み）… 100g

ブロッコリー
　… 1/2株（100g）

ミニトマト … 8個

にんにく … 1かけ

オリーブ油 … 小さじ2

A ｜ 水 … 100mℓ
　｜ 白ワイン（または酒）
　｜ … 大さじ2

塩、こしょう … 各少々

《 **作り方** 》

①ブロッコリーは小房に分ける。ミニトマトはヘタを取る。にんにくは薄切りにする。

②フライパンにオリーブ油とにんにくを入れて中火にかけ、たらを焼く。焼き色がついたら裏返し、あさり、ブロッコリー、ミニトマト、Aを入れ、ふたをして弱めの中火で7分蒸し煮にする。

③塩、こしょうで味を調える。

 Point　魚だけでなく、あさりも加えると、味がワンランクアップ。

シーフードグラタン

フライパン&トースター　🔍 🍞 ⏱20分

《 **材料**｜2人分 》

冷凍シーフードミックス … 200g

玉ねぎ … 1/4個

しめじ … 1/2袋

バター … 10g

薄力粉 … 大さじ2

牛乳 … 350mℓ

A ｜ 顆粒コンソメ … 小さじ1/2
　｜ 塩、こしょう … 各少々

ピザ用チーズ … 60g

（あれば）パセリ（みじん切り）
　… 適量

《 **作り方** 》

①シーフードミックスは流水にあてて半解凍して水けをきる。玉ねぎは薄切りにする。しめじはほぐす。

②フライパンにバターを中火で熱し①を炒める。玉ねぎがしんなりしたら薄力粉をふり入れ、弱めの中火で1分炒める。

③牛乳を3回に分けて加え、そのつどよく混ぜる。Aも加えてとろみがつくまで4〜5分中火で煮る。

④耐熱皿に入れてチーズをのせ、オーブントースターでチーズに焼き色がつくまで焼く。仕上げにパセリをふる。

\\ お手軽材料で気楽に！ \\

╲╲ 粉チーズで香ばしさをアップ ╱╱
かれいのチーズ風味ムニエル

フライパン　🕙 10分

《 材料│2人分 》
かれい … 2切れ
塩、こしょう … 各少々
粉チーズ … 大さじ1
薄力粉 … 適量
オリーブ油 … 小さじ2
バター … 10g
(あれば) ブロッコリー、
　　　レモン (輪切り) … 各適量

《 作り方 》
①かれいは塩、こしょう、粉チーズをまぶし、薄力粉もまぶす。
②フライパンにオリーブ油とバターを中火で熱し、①の両面を色よく焼いて火を通す。
③器に盛り、ゆでたブロッコリーとレモンを添える。

Point 盛りつけるとき上にする面から焼き、身がやわらかいので返すときはやさしく。

Part 2 魚介類

╲╲ ごはんが進むフライパン煮魚 ╱╱
かれいの煮つけ

フライパン　🕙 15分

《 材料│2人分 》
かれい … 2切れ
しょうが … 1/2かけ
A ｜ 水 … 200㎖
　｜ 酒、砂糖、しょうゆ
　｜　… 各大さじ2と1/2
(あれば) 小松菜 … 1/2束

Point 身がやわらかい魚なので、煮ている間はいじらないで! 盛りつけるときもへらなどを使いましょう。

《 作り方 》
①かれいは表面の水けをふき取る。しょうがは薄切りにする。
②小さめのフライパンにAを入れて火にかけ、煮立ったら①を入れる。再び煮立ったらアルミ箔で落としぶたをし、弱めの中火で10〜12分煮る (途中で2回ほど煮汁をかける)。
③器に盛り、塩ゆでした小松菜を添える。

きびなごの南蛮漬け

フライパン　🕙 20分

《 材料│2人分 》
きびなご … 160g
玉ねぎ … 1/2個
にんじん … 1/4本
ピーマン … 1個
塩、こしょう … 各少々
薄力粉 … 適量
サラダ油 … 適量
A ｜ 酢、しょうゆ (あれば薄口)
　｜　… 各大さじ1と1/2
　｜ 水、砂糖 … 各大さじ1

《 作り方 》
①バットなどにAを入れて混ぜる。玉ねぎは薄切り、にんじん、ピーマンは細切りにし、Aに加えてあえておく。
②きびなごに塩、こしょうをふり、薄力粉をまぶす。フライパンにサラダ油を深さ5㎜ほど入れて中火で熱し、きびなごを揚げ焼きにする。
③火が通ったら油をきって①に加え、10分以上おく。

Point きびなごは鮮度のよいものを。加熱時間は5分を目安にしっかり火を通して。

╲╲ 下処理不要の小魚を使って ╱╱

125

辛くない！
とろ〜り仕上げ

コスパがよくて、ササッと作れる豆腐や卵のメインおかず。

しっかりめの味つけにしたり、ちょっとお肉をプラスしたりする工夫で、

ヘルシーなうえに食べごたえも十分になります。

和風マーボー厚揚げ

フライパン

10分

《材料｜2人分》

厚揚げ … 2枚（250g）

豚ひき肉 … 100g

長ねぎ … 1/3本

ごま油 … 大さじ1

A｜水 … 200ml

　｜しょうゆ、みりん、みそ、
　｜　片栗粉 … 各大さじ1

　｜にんにくチューブ … 2cm

（あれば）小ねぎ（小口切り）… 適量

《作り方》

①厚揚げはひと口大に切り、長ねぎは粗みじん切りにする。Aは混ぜ合わせておく。

②フライパンにごま油を中火で熱し、ひき肉と長ねぎを炒める。火が通ったら、厚揚げも加えてさらに2分炒める。

③Aをもう1度混ぜてから②に加え、手早く混ぜてとろみをつける。器に盛り、小ねぎをのせる。

Point 合わせ調味料は、よく混ぜてみそと片栗粉を溶かします。

ひじき入り豆腐つくね

フライパン

15分

《材料｜2人分》

木綿豆腐 … 1/3丁（100g）

A｜鶏ひき肉 … 200g

　｜乾燥芽ひじき、片栗粉 … 各小さじ2

　｜しょうゆ … 小さじ1

　｜しょうがチューブ … 3cm

ごま油 … 小さじ2

B｜ポン酢しょうゆ … 大さじ3

　｜砂糖、酒 … 各大さじ1

（あれば）青じそ（せん切り）… 適量

《作り方》

①ボウルに豆腐とAを入れてよく混ぜ、6等分にして小判形にする。

②フライパンにごま油を中火で熱し、①を入れて焼く。焼き色がついたら裏返し、ふたをして弱めの中火で3分蒸し焼きにする。

③Bを加えて煮からめ、器に盛り、青じそをのせる。

Point 芽ひじきは乾燥のまま加えてOK。気になる方や熱処理されていないひじきの場合は、水でもどし、しっかり水けをきってお使いください。

豆腐は水きり不要、
ひじきはもどさずそのまま♪

\\ コスパ抜群 //

厚揚げの肉にらのせ

 トースター & フライパン
⏱ 10分

《 材料｜2人分 》

厚揚げ … 2枚（250g）
豚バラ薄切り肉 … 100g
にら … 1/2束
ごま油 … 小さじ1
A｜みりん … 大さじ1
　｜しょうゆ、オイスターソース
　｜　… 各大さじ1/2
　｜鶏ガラスープの素、豆板醤
　｜　… 各小さじ1/2

《 作り方 》

①厚揚げはオーブントースターで焼く。豚肉とにらは3cm長さに切る。Aは合わせておく。
②フライパンにごま油を中火で熱して豚肉を炒める。焼き色がついたらにらとAを加えてさっとからめる。
③器に厚揚げを盛りつけ、②をのせる。

野菜あんかけ豆腐ステーキ

電子レンジ & フライパン
⏱ 15分

《 材料｜2人分 》

木綿豆腐 … 1丁（300g）
しめじ、えのきだけ
　… 各1/2袋
にんじん … 1/4本
塩、こしょう … 各少々
薄力粉 … 適量
A｜水 … 70ml
　｜しょうゆ、みりん
　｜　… 各大さじ1/2
　｜片栗粉 … 小さじ1
ごま油 … 適量
（あれば）小ねぎ … 適量

《 作り方 》

①豆腐はペーパータオルで包んで耐熱皿にのせ、電子レンジで3分加熱する。粗熱をとり、厚みを半分に切って塩、こしょうをふり薄力粉をまぶす。
②しめじは小房に分け、えのきは長さを半分に切ってほぐす。にんじんはせん切りにする。Aは合わせておく。
③フライパンにごま油大さじ1を中火で熱し、①を両面に焼き色がつくまで焼き、器に盛る。
④③のフライパンにごま油小さじ1を足し、②のきのことにんじんを中火で炒める。しんなりしたら弱火にし、Aをもう一度よく混ぜて加え、手早く混ぜてとろみをつける。③にかけ、小ねぎを1cm長さに切ってのせる。

豆腐をカラフルな
\\ ごちそうに♡ //

\\ ジューシーでやさしい味わい //

フライパン
⏱ 15分

おろしあんかけ豆腐ハンバーグ

《 材料｜2人分 》

木綿豆腐 … 1/3丁（100g）
A｜合いびき肉 … 200g
　｜片栗粉 … 小さじ2
　｜しょうゆ … 小さじ1
　｜塩、こしょう … 各少々
サラダ油 … 小さじ1
大根 … 5cm（200g）
B｜水 … 100ml
　｜めんつゆ（2倍濃縮）
　｜　… 大さじ3
　｜片栗粉 … 大さじ1/2
（あれば）ミニトマト、
　ブロッコリー … 各適量

《 作り方 》

①大根はすりおろして軽く水けをきり、Bと合わせておく。
②ボウルに豆腐とAを入れてよく混ぜ、2等分にして小判形にする。
③フライパンにサラダ油を中火で熱し、②を焼く。焼き色がついたら裏返し、ふたをして弱火で5分蒸し焼きにする。
④①をもう一度混ぜてから③に加え、木べらでやさしく混ぜながらとろみをつける。器に盛り、ミニトマトと塩ゆでしたブロッコリーを添える。

豆腐肉だんごの中華あんかけ

 フライパン 15分

《 材料｜2人分 》
木綿豆腐 … 1/3丁（100g）
A　豚ひき肉 … 200g
　　玉ねぎ（みじん切り）… 1/4個分
　　パン粉 … 大さじ2
　　塩、こしょう … 各少々
B　水 … 50ml
　　しょうゆ … 大さじ2
　　砂糖、酢 … 各大さじ1
　　片栗粉 … 小さじ1
ごま油 … 小さじ2
（あれば）レタス…適量

《 作り方 》
❶Bは合わせておく。ボウルに豆腐とA
を入れてよく混ぜ、14等分にして丸める。
❷フライパンにごま油を中火で熱し、①
の肉だんごを転がしながら焼く。全体に
焼き色がついたら、ふたをして弱めの中
火で3分蒸し焼きにする。
❸Bをもう一度よく混ぜて②に加え、手
早く混ぜてとろみをつける。レタスを敷
いた器に盛りつける。

Point 肉だんごは鶏ひき肉や合い
びき肉で作ってもOK。手に水をつ
けると成形しやすくなります。

《 豆腐の効果で 》
フワフワ

《 ごはんにかけてもおいしい♡ 》

ひき肉de すき焼き肉豆腐

フライパン 10分

《 材料｜2人分 》
木綿豆腐 … 1丁（300g）
合いびき肉 … 100g
長ねぎ … 1/2本
A　水 … 200ml
　　しょうゆ … 大さじ3
　　砂糖 … 大さじ2
　　酒、みりん … 各大さじ1
片栗粉 … 大さじ1

《 作り方 》
❶豆腐は16等分に切る。長ねぎは斜め
薄切りにする。片栗粉は水大さじ2
（分量外）で溶いておく。
❷フライパンに油を引かずにひき肉を
炒め、色が変わったら長ねぎを加えて
さっと炒め、Aと豆腐を加えて5分煮る。
❸弱火にして①の水溶き片栗粉を加え、
木べらで手早く混ぜてとろみをつける。

Point 長ねぎを玉ねぎに替えてもOK。甘めの味
つけなので、好みで砂糖の量を加減してください。

包まないから
《 失敗なし！ 》

ひき肉とじゃがいものオムレツ

フライパン 10分

《 材料｜2人分 》
卵 … 3〜4個
合いびき肉 … 150g
じゃがいも … 1個（150g）
玉ねぎ … 1/4個
サラダ油 … 小さじ2
A　しょうゆ、砂糖 … 各大さじ1
　　塩、こしょう … 各少々
トマトケチャップ … 適量
（あれば）トマト（くし形切り）、
　　クレソン … 各適量

《 作り方 》
❶じゃがいもは8mm角に切る。玉ねぎは粗
みじん切りにする。卵は溶きほぐす。
❷フライパンにサラダ油を中火で熱し、じ
ゃがいもと玉ねぎを4分ほど炒める。ひき
肉を加えて炒め、じゃがいもがやわらかく
なったらAを加えて炒め合わせる。
❸強火にし、溶き卵を流し入れて大きく混
ぜ、半熟になったら端に寄せて形を整える。
❹ひっくり返して器に盛り、ケチャップを
かけ、トマトとクレソンを添える。

Point 調味料はじゃがいもがやわらかくなってから加えてください。

もや玉中華あんかけ

 フライパン 8分

《材料｜2人分》
卵 … 3個
もやし … 1/2袋（100g）
塩、こしょう … 各少々
ごま油 … 大さじ1
A｜水 … 150㎖
　｜片栗粉 … 大さじ1/2
　｜酒、オイスターソース
　｜　… 各小さじ2
　｜鶏ガラスープの素
　｜　… 小さじ1/3
（あれば）小ねぎ … 適量

《作り方》
①卵は溶きほぐし、塩、こしょうを混ぜる。
②フライパンにごま油を中火で熱し、もやしをさっと炒める。①を流し入れて大きく混ぜ、半熟になったら器に盛る。
③②のフライパンにAを入れ、よく混ぜてから中火にかける。混ぜながら加熱し、とろみがついたら②にかけ、斜め切りにした小ねぎをのせる。

Point 卵は半熟にして適当に形を整えれば問題なし！　中華あんの材料は絶えず混ぜながら加熱します。

コスパ最高＆5分でできる！

かにカマでごちそうに！

かにカマdeふわとろかに玉

フライパン 10分

《材料｜2人分》
卵 … 4個
かに風味かまぼこ … 100g
長ねぎ … 1/2本
塩、こしょう … 各少々
ごま油 … 大さじ1と1/2
A｜水 … 100㎖
　｜砂糖、しょうゆ、酢
　｜　… 各大さじ1
　｜片栗粉 … 大さじ1/2
　｜鶏ガラスープの素
　｜　… 小さじ1/2
（あれば）白髪ねぎ … 適量

《作り方》
①卵は溶きほぐし、塩、こしょうを混ぜる。かに風味かまぼこは裂く。長ねぎは斜め薄切りにする。
②小さめのフライパンにごま油を強火で熱し、かに風味かまぼこと長ねぎをさっと炒める。卵液を流し入れて大きく混ぜ、半熟になったら形を整えて器に盛る。
③フライパンをさっと洗い、Aを入れ、よく混ぜてから中火にかける。混ぜながら加熱し、とろみがついたら②にかけ、白髪ねぎをのせる。

Point フライパンをさっと洗って冷ますことで、あんの水分量が少なくてもだまになるのを防げます。

ボリュームばつぐん！

ゆで卵の肉巻き

 フライパン 15分

《材料｜2人分》
卵 … 4個
豚ロース肉（薄切り）… 8枚
薄力粉 … 適量
サラダ油 … 小さじ2
A｜焼き肉のたれ
　｜　… 大さじ3〜4
　｜みりん … 大さじ1
（あれば）パセリ … 適量

《作り方》
①卵は好みのかたさにゆで、冷水で冷やして殻をむく（写真は7分ゆでたもの）。
②豚肉を少し重なるように縦に2枚並べ、①をくるくる巻いて包み、薄力粉を全体にまぶす。
③フライパンにサラダ油を中火で熱し、②を巻き終わりから焼き、焼き色がついたら転がしながら全体を焼いて火を通す。Aを加えて煮からめる。器に盛りパセリを添える。

お気に入りが詰まった、仕事場ツアー

自宅の横に併設されたMizukiさんの仕事場。少しだけご紹介します。

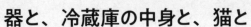

器と、冷蔵庫の中身と、猫と

仕事場の入り口を入ったらまず目に入るのが、器の山！大好きな器は、棚を3つ作って収納しています。少しずつ、少しずつ集めた私のコレクションです。それと一緒に鎮座しているのがレシピノート。現在46冊目。浮気することなく、アナログ派を貫き通し、手書きで書いています。昔のノートを見返すと苦悩のあともちらほら。一番難しいのは、お菓子のレシピの配合。作ってくれる皆さんが同じようにちゃんと成功するように、と時にはボツにするレシピもあります。おかずのレシピは、冷蔵庫にありそうな素材で、というのが私のモットー。だから頭の中は、常に人の家の冷蔵庫の中身です（笑）。そして、私の仕事中にも自由気ままなのが我が家の愛猫マノン。仕事場にも自由に出入りしています。そんな姿が、なんだかんだ癒やしです。

Part 3

野菜メインの
サブおかずとスープ

野菜がメインのサブおかずとスープのレシピを集めました。
副菜に迷ったら、まずはこちらから！
旬のものや安かった野菜で作ってみてください。

ほうれん草・チンゲン菜・小松菜

ほうれん草や小松菜などの青菜は、栄養豊富で使いみちもいろいろ。ツナやベーコンなどを合わせたり、味つけも工夫したり、小さなお子さんにも食べやすいパパッとおかずにしました。

＼＼ さっぱり箸休め ／／

鍋 ⏱5分

ほうれん草のだし辛子あえ

《 材料 | 2〜3人分 》
ほうれん草 … 1束（200ｇ）
しめじ … 1/2袋
A｜白だし … 小さじ2
　｜辛子チューブ … 1㎝

《 作り方 》
①しめじは小房に分ける。鍋に湯を沸かして塩少々（分量外）を加え、しめじをさっとゆでてざるにあげる。そのままの湯でほうれん草もさっとゆで、流水で冷やして水けをきり、食べやすい長さに切る。
②ボウルでAを混ぜ、①を加えてあえる。

鍋 ⏱5分

ほうれん草とツナの甘辛あえ

《 材料 | 2〜3人分 》
ほうれん草 … 1束（200ｇ）
ツナ缶 … 1缶（70ｇ）
A｜めんつゆ（2倍濃縮）
　｜　… 大さじ1と1/2
　｜砂糖、ごま油
　｜　… 各小さじ1
白いりごま … 適量

《 作り方 》
①ほうれん草は塩少々（分量外）を加えた熱湯でさっとゆでる。流水で冷やして水けをきり、4㎝長さに切る。
②ボウルに油をきったツナとAを入れて混ぜ、①を加えてあえる。器に盛り、お好みで白ごまをふる。

Point お手持ちのめんつゆが「3倍濃縮」なら、量を大さじ1に減らしてくださいね。

＼＼ めんつゆとごま油で手軽においしく ／／

＼＼ ごま油で香りとうまみをプラス ／／

フライパン ⏱5分

チンゲン菜とベーコンの中華炒め

《 材料 | 2人分 》
チンゲン菜 … 2株
ベーコン … 2枚
ごま油 … 小さじ1
A｜鶏ガラスープの素
　｜　… 小さじ1/3
　｜塩、こしょう
　｜　… 各少々

《 作り方 》
①チンゲン菜は茎と葉に分け、茎は縦に1㎝幅に切る。葉は食べやすい大きさに切る。ベーコンは2㎝幅に切る。
②フライパンにごま油を中火で熱し、チンゲン菜の茎とベーコンを炒める。しんなりしたら葉も加えてさっと炒め、Aを加えて炒め合わせる。

Point チンゲン菜などの青菜は茎と葉のかたさが異なるので、茎を先、葉を後から加えて時間差で加熱すると◎。

＼レンジdeすぐでき！／

 電子レンジ 4分

小松菜とツナのごまマヨあえ

《 材料｜2〜3人分 》
小松菜 … 1束（200g）
ツナ缶 … 1缶（70g）
A｜白すりごま、マヨネーズ
　　　… 各大さじ1
　　砂糖、しょうゆ、
　　　ごま油 … 各小さじ1/2

《 作り方 》
①小松菜は3cm長さに切り、耐熱ボウルに入れてラップをふんわりとかけ、電子レンジで2分加熱する。流水でさっと冷やし、水けをきる。
②ボウルにAを混ぜ合わせ、①と油をきったツナを加えてあえる。

Point アクのない小松菜はレンジ調理が可能。マヨネーズはお好みで増量しても。

小松菜とじゃこのふりかけ

フライパン 5分

《 材料｜作りやすい分量（約4人分）》
小松菜 … 1束（200g）
ちりめんじゃこ … 30g
ごま油 … 大さじ1
A｜白いりごま … 大さじ2
　　みりん、しょうゆ
　　　… 各大さじ1/2
ごはん、卵黄 … 各2人分

《 作り方 》
①小松菜は1cm幅に切る。
②フライパンにごま油を中火で熱し、①を炒める。しんなりしたら、ちりめんじゃこを加えてさっと炒め、Aを加えて炒め合わせる。
③器にごはんを盛り、②をかけてお好みで卵黄をのせる。

Point ゆでたパスタやうどんにたっぷりかけて卵黄をのせ、しょうゆやポン酢をちょろっとかけるのもオススメ！

＼作っておくと便利／

＼片栗粉でとろみづけを簡単に／

フライパン 10分

チンゲン菜とベーコンのクリーム煮

《 材料｜2人分 》
チンゲン菜 … 2株
しいたけ … 2枚
ベーコン … 2枚
片栗粉 … 小さじ2
サラダ油 … 小さじ1
A｜水 … 50mℓ
　　牛乳 … 150mℓ
　　鶏ガラスープの素 … 小さじ1
　　塩、こしょう … 各少々

《 作り方 》
①チンゲン菜は4cm長さに切り、茎は縦3等分に切る。しいたけは薄切りにし、ベーコンは2cm幅に切る。片栗粉は水大さじ1（分量外）で溶いておく。
②フライパンにサラダ油を中火で熱し、ベーコン、チンゲン菜、しいたけを炒める。
③チンゲン菜の茎がしんなりしたらAを加えて混ぜ、沸騰直前に弱火にし、①の水溶き片栗粉でとろみをつける。

Point きのこの種類は好みで変えても大丈夫。水溶き片栗粉はよく混ぜて加え、混ぜながらとろみをつけましょう。

キャベツ・きゅうり・さやいんげん

キャベツときゅうりは、いつもストックしておきたいお助け野菜。たんぱく質をちょっと加え、手軽でおいしい1品に。さっとゆでるだけでおいしいいんげんも、副菜作りに重宝します。

おかずにも、ビールのあてにも

 電子レンジ ⏱ 5分

キャベツとちくわの塩昆布あえ

《材料｜2人分》
キャベツ … 1/5個（200g）
ちくわ … 2本
A｜塩昆布 … 4g
　　白いりごま … 大さじ1
　　ごま油 … 小さじ1
　　鶏ガラスープの素 … ひとつまみ

《作り方》
① キャベツはざく切りにして耐熱ボウルに入れ、ラップをふんわりとかけ、電子レンジで3分加熱する。粗熱がとれたら水けをしぼる。ちくわは斜め薄切りにする。
② ①をAであえる。

粒マスタードがきいてスッキリ

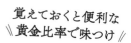 電子レンジ ⏱ 8分

キャベツとハムのマリネ

《材料｜2人分》
キャベツ … 1/5個（200g）
ハム … 2枚
A｜粒マスタード、酢、オリーブ油 … 各大さじ1
　　砂糖 … 小さじ1/2
　　塩、こしょう … 各少々

《作り方》
① キャベツはざく切り、ハムは細切りにする。
② 耐熱ボウルにキャベツを入れ、ラップをふんわりとかけ、電子レンジで4分加熱する。熱いうちにハムとAを加えて混ぜ、粗熱をとって冷蔵庫で冷やす。

ごはんが進むキャベたま

 フライパン ⏱ 8分

《材料｜2～3人分》
キャベツ … 1/4個（250g）
卵 … 3個
塩、こしょう … 各少々
ごま油 … 大さじ1
A｜砂糖、しょうゆ、酒、オイスターソース … 各小さじ2

《作り方》
① キャベツは4cm大に切る。卵は塩、こしょうを加えて溶きほぐす。Aは合わせておく。
② フライパンにごま油小さじ2を強火で熱し、卵液を入れて大きくかき混ぜ、半熟になったら取り出す。
③ ②のフライパンにごま油小さじ1を足し、キャベツを中火で炒める。しんなりしたらAを加えて、②を戻し入れてさっと炒め合わせる。

Point 春キャベツを使うなら、1/4個より多めに加えてください（ほかの季節のものより軽いため）。

覚えておくと便利な黄金比率で味つけ

\\ 使うのはレンジのみ！ //

電子レンジ 　　10分

きゅうりとささみのごまだれサラダ

《 材料 | 2〜3人分 》

きゅうり … 1本
鶏ささみ … 2本（100g）

A 酒 … 小さじ2
　塩、こしょう … 各少々

B マヨネーズ … 大さじ3
　白すりごま … 大さじ2
　砂糖、しょうゆ、酢
　　… 各小さじ1

《 作り方 》

❶ささみを耐熱容器に入れてAをふりかけ、ラップをふんわりとかけ、電子レンジで2分加熱する。そのまま粗熱をとり、手で細かく裂く。

❷きゅうりは細切りにし、塩少々（分量外）をふって少しおき流水で洗って水けをきる。

❸ボウルにBを入れて混ぜ、①と②を加えてあえる。

\\ ポリ袋に入れてもむだけ //

切るだけ 　　5分
※漬ける時間は除く

きゅうりとちくわの塩昆布ナムル

《 材料 | 3〜4人分 》

きゅうり … 2本
ちくわ … 2本

A 塩昆布 … 8g
　白いりごま、ごま油
　　… 各大さじ1/2

《 作り方 》

❶きゅうりはヘタを除き、めん棒などでたたいて手でひと口大にちぎる。ちくわは斜め薄切りにする。

❷ポリ袋に①とAを入れてもみこみ、20分以上おく。

Point 冷蔵で2〜3日保存OK。きゅうりはたたいてちぎると味がなじみやすくなります。

\\ ごまマヨ衣のコクがいい！ //

鍋 　　8分

いんげんとツナのごまマヨあえ

《 材料 | 2人分 》

さやいんげん … 1袋（15本）
にんじん … 1/3本
ツナ缶 … 1缶（70g）

A 白すりごま、マヨネーズ
　　… 各大さじ1と1/2
　めんつゆ（2倍濃縮）
　　… 小さじ1

Point いんげんはしっかり水けをきると、水っぽくなりません。

《 作り方 》

❶いんげんは筋を取って4cm長さに切る。にんじんは4cm長さの細切りにする。

❷鍋に水（分量外）とにんじんを入れて火にかけ、沸騰してにんじんがやわらかくなってきたら、いんげんを加えて3分ほどゆで、ざるに上げる。

❸ボウルに油をきったツナとAを入れて混ぜ、②を加えてあえる。

トマト・なす

トマトとなすは夏野菜の代表ですが、一年中手に入り、料理の彩りをよくしたいときにうれしい食材。マリネや炒め煮など、常備菜にもなるおかずを紹介します。

たった5分de イタリアン♪

切るだけ ⏱ 5分

ミニトマトカプレーゼ

《材料｜作りやすい分量》
ミニトマト … 14個
モッツァレラチーズ … 100g
塩 … 適量
粗びき黒こしょう … 適量
エクストラバージンオリーブ油 … 適量
バジルの葉 … 2枚

《作り方》
①ミニトマトは半分に切り、モッツァレラチーズは食べやすい大きさにちぎるか包丁で切り、器に盛る。
②①に塩と粗びき黒こしょうをふり、オリーブ油をまわしかけ、刻んだバジルの葉をのせる。

Point モッツァレラチーズは手でちぎるとオイルがからみやすくなります。

ミニトマトのマリネ

切るだけ ⏱ 2分

《材料｜2人分》
ミニトマト … 10個
A｜酢、オリーブ油 … 各小さじ2
　｜砂糖 … 大さじ1/2
　｜塩、こしょう … 各少々

《作り方》
①ミニトマトは半分に切る。
②ボウルにAを入れて混ぜ、①を加えてあえる。

Point 時間があれば、冷蔵庫で冷やしてから食べてみて！

＼肉にも魚にも合う、さっぱり味／

やみつきになる、＼絶品常備菜／

超簡単！ 甘辛なす

フライパン ⏱ 10分

《材料｜作りやすい量》
なす … 3本
サラダ油 … 大さじ1と1/2
A｜水 … 150ml
　｜砂糖、しょうゆ … 各大さじ1と1/2
　｜酒 … 大さじ1
かつお節 … 適量

《作り方》
①なすは4cm大の乱切りにし、水に3分さらして水けをきる。
②フライパンにサラダ油を中火で熱し、①を皮を下にして入れ、2分ほど焼く。なすを裏返し、鍋肌からAを加え7～8分煮る。器に盛り、お好みでかつお節をのせる。

Point 温かいままでも、冷やしてもおいしく、冷蔵で3～4日保存できます。

＼ 副菜の定番をレンジで！ ／
なすのレンジ煮びたし

 電子レンジ 10分

《 材料｜2人分 》

なす … 2本

A めんつゆ（2倍濃縮）
　　… 大さじ3
　砂糖、ごま油
　　… 各小さじ1
　しょうがチューブ … 3cm

（あれば）青じそ … 3枚

《 作り方 》

❶なすは縦半分に切り、皮に浅く切りこみを入れ、水に3分さらして水けをきる。

❷耐熱容器にAを入れて混ぜ、なすを皮を上にして入れる。ラップをふんわりとかけ、電子レンジで6分加熱する。

❸器に盛り、お好みで青じそをちぎってのせる。

蒸しなすの中華だれ

 電子レンジ 10分

《 材料｜2人分 》

なす … 2本

A 長ねぎ（みじん切り）
　　… 10cm分
　しょうゆ、酢
　　… 各大さじ1と1/2
　砂糖、ごま油 … 各小さじ2

ラー油 … 適量

《 作り方 》

❶なすはピーラーで縞模様に皮をむき、水に3分さらす。水けをきって耐熱皿にのせ、ラップをふんわりとかけ、電子レンジで3分30秒加熱する。

❷①のラップをはずして粗熱をとる。その間にAを合わせておく。

❸なすを手で縦にざっくりと割って器に盛り、Aとお好みでラー油をかける。

Point 加熱時間は目安なので、なすの大きさによって調節してください。

＼ レンジde簡単♪ ／

＼ 冷蔵で2〜3日保存OK ／

めんつゆdeなすの焼きびたし

 フライパン 10分

《 材料｜作りやすい分量 》

なす … 大3〜4本

ごま油 … 大さじ3

A 水、めんつゆ（2倍濃縮）
　　… 各100ml
　しょうがチューブ … 3cm

（あれば）大根おろし、
　青じそ（せん切り）… 各適量

《 作り方 》

❶なすは縦半分に切り、皮に格子状に切り目を入れ、水に3分さらして水けをきる。

❷フライパンにごま油を中火で熱し、なすを皮目から2〜3分焼く。裏返して焼き、しんなりしてきたらAを加えて4〜5分煮る。

❸器に盛り、大根おろしと青じそをのせる。

Point なすは皮目から焼き、煮るときは皮目を上にして煮汁に浸らないようにすると、色鮮やかに仕上がります。

レタス・ピーマン・ブロッコリー・アスパラ

グリーンの野菜はサラダや炒めもの作りに大活躍。ビタミンや食物繊維の補給にもいいから、簡単に作れるレシピでたくさん食べてくださいね♪

＼ちぎってあえるだけ／

ちぎるだけ 2分

レタスと韓国のりのサラダ

《材料｜2人分》
レタス … 4枚
韓国のり … 3〜4枚
A｜ごま油、白いりごま
　　… 各小さじ2
　　しょうゆ、酢
　　… 各小さじ1
　　にんにくチューブ
　　… 1cm

《作り方》
①ボウルにAを入れて混ぜる。
②レタスはちぎり、①に加えてあえる。韓国のりをちぎりながら加え、ざっくりと混ぜる。

Point レタスの種類はお好みで。調味料を増やして豆腐を加えてもおいしいですよ。

スープの素を使えば ＼味つけカンタン／

フライパン 5分

ピーマンとウインナーのコンソメ炒め

《材料｜2人分》
ピーマン … 4個
ウインナーソーセージ … 4本
オリーブ油 … 小さじ1/2
A｜顆粒コンソメ
　　… 小さじ1/3
　　こしょう … 少々

《作り方》
①ピーマンは縦に細切り、ウインナーは斜め薄切りにする。
②フライパンにオリーブ油を中火で熱し、①を炒める。うっすらと焼き色がついたら、Aを加えて炒め合わせる。

ピーマン春雨

電子レンジ 10分

《材料｜2人分》
ピーマン … 4個
にんじん … 1/3本
春雨 … 60g
豚ひき肉 … 100g
A｜水 … 150ml
　　しょうゆ … 大さじ1と1/2
　　砂糖、ごま油
　　… 各大さじ1/2
　　塩、こしょう … 各少々
　　にんにくチューブ … 2cm
白いりごま … 適量

《作り方》
①ピーマンとにんじんは細切りにする。春雨は長ければ半分に切る。Aは混ぜておく。
②耐熱ボウルに春雨、にんじん、ひき肉、ピーマンの順に入れ、Aをまわしかける。ラップをふんわりとかけ、電子レンジで8分加熱する。
③よく混ぜて器に盛り、お好みで白いりごまをふる。

Point 春雨は乾燥のまま使います。最後は残った水分を春雨に吸わせるようによく混ぜてください。

＼材料を入れてチンするだけ！／

ブロッコリーと
ゆで卵の和風サラダ

鍋 | 8分

《 材料｜2〜3人分 》
ブロッコリー … 1株（200ｇ）
ゆで卵 … 2個
A かつお節 … 小1袋
　 マヨネーズ … 大さじ3
　 白すりごま … 大さじ1
　 しょうゆ、砂糖 … 各小さじ1

《 作り方 》
①ブロッコリーは小房に分け、塩少々（分量外）を加えた熱湯でゆで、ざるに上げて粗熱をとる。
②ボウルにAを混ぜ合わせ、ざっくり割ったゆで卵と①を加えてあえる。

Point ゆでたブロッコリーは水にさらさず、ざるに上げて粗熱をとると水っぽくなりません。

《 かつお節でうまみをプラス 》

《 朝食にも、
お弁当にもグッド 》

ブロッコリーと
ウインナーのマヨチーズ焼き

電子レンジ＆トースター | 10分

《 材料｜2人分 》
ブロッコリー … 大1/2株（150ｇ）
ウインナーソーセージ … 4本
塩、こしょう … 各少々
マヨネーズ … 大さじ1と1/2
ピザ用チーズ … 40ｇ

《 作り方 》
①ブロッコリーは小房に分ける。耐熱容器に入れて水大さじ1（分量外）をふり、ラップをふんわりとかけて電子レンジで2分加熱する。ウインナーは斜めに3等分に切る。
②耐熱皿に①を入れ、塩、こしょうをふってマヨネーズをかける。チーズを散らし、オーブントースターでチーズに焼き色がつくまで焼く。

アスパラのカルボ風

フライパン | 10分

《 材料｜2人分 》
アスパラガス … 7本
ウインナーソーセージ … 4本
オリーブ油 … 小さじ2
塩 … 少々
温玉 … 1個
粉チーズ、粗びき黒こしょう
　　 … 各適量

Point ウインナーの代わりにベーコンを使っても。厚切りがおすすめです。

《 作り方 》
①アスパラは根元のかたい部分を切り、下3㎝分の皮をピーラーでむき、長さを3等分に切る。ウインナーは斜め薄切りにする。
②フライパンにオリーブ油を中火で熱し、アスパラを炒める。色が鮮やかになったら、ウインナーと塩を加えて炒める。
③アスパラがやわらかくなったら器に盛り、温玉をのせ、お好みで粉チーズと黒こしょうをふる。

《 とろ〜り卵と
チーズをからめて 》

冬を代表する2つの大型野菜は煮ものやあえものなどにおすすめ。乾物も手軽に使えます。

＼ベーコンのうまみが大根にギュッ！／

大根とベーコンの ほったらかし煮

  鍋　20分

《 材料｜2〜3人分 》
大根 … 10cm（300g）
ベーコン … 2枚
A｜水 … 250㎖
　｜しょうゆ … 小さじ2
　｜砂糖、顆粒コンソメ … 各小さじ1
（あれば）小ねぎ（小口切り） … 適量

《 作り方 》
❶大根は皮をむいて5mm厚さのいちょう切りにする。ベーコンは1cm幅に切る。
❷小鍋に❶とAを入れて混ぜ、中火にかける。煮立ったら、ふたを少しずらしてのせ、大根がやわらかくなるまで12分ほど煮る。火を止めてざっくりと混ぜ、そのまま5分おく。
❸器に盛り、小ねぎを散らす。

  切るだけ　5分
※切り干し大根を もどす時間は除く

＼火を使わず、あえるだけ／

切り干し大根の中華サラダ

《 材料｜3〜4人分 》
切り干し大根 … 30g
きゅうり … 1本
にんじん … 1/3本
A｜酢、しょうゆ、砂糖 … 各大さじ2
　｜ごま油 … 大さじ1と1/2

《 作り方 》
❶切り干し大根は水につけてもどし、水けをしぼり、食べやすく切る。きゅうり、にんじんはせん切りにする。
❷ボウルにAを入れて混ぜ、❶を加えてあえる。

Point｜すぐに食べても、しばらく味をなじませてもOK。4日ほど冷蔵保存もできます。

  切るだけ　5分
※切り干し大根を もどす時間は除く

切り干し大根の やみつきサラダ

《 材料｜2人分 》
切り干し大根 … 20g
ツナ缶 … 1缶（70g）
きゅうり … 1/2本
A｜マヨネーズ … 大さじ2
　｜酢、ごま油 … 各小さじ1
　｜砂糖 … 小さじ1/2
　｜塩、こしょう … 各少々
白いりごま … 適量

《 作り方 》
❶切り干し大根は水につけてもどし、水けをしぼり、食べやすく切る。ツナは油をきる。きゅうりはせん切りにする。
❷ボウルにAを入れて混ぜ、❶を加えてあえる。器に盛り、お好みで白ごまをふる。

Point｜仕上げにラー油をかけてもおいしいです！

＼風味◎のおつまみ系サラダ／

\\ 大根もトロットロ♡ //

とろうまマーボー大根

フライパン 18分

《 材料 | 2〜3人 》
大根 … 10cm（400g）
豚ひき肉 … 150g
ごま油 … 大さじ1
豆板醤 … 小さじ1/2
A　水 … 300ml
　　酒、しょうゆ、みそ
　　　… 各大さじ1
　　砂糖、鶏ガラスープの素
　　　… 各小さじ1
　　にんにくチューブ … 2cm
片栗粉 … 大さじ1
（あれば）小ねぎ（斜め切り）… 適量

《 作り方 》
①大根は1.5cm角に切る。片栗粉は水大さじ2（分量外）で溶いておく。
②フライパンにごま油、豆板醤、ひき肉、大根を入れ、中火にかけて炒める。大根が透き通ってきたらAを加え、ふたをして弱めの中火で12分ほど煮る。
③大根がやわらかくなったら弱火にし、①の水溶き片栗粉を加えてとろみをつける。器に盛り、小ねぎをのせる。

Point 水溶き片栗粉は必ず弱火にしてから加え、手早く混ぜてください。

マーボー白菜

フライパン 15分

《 材料 | 2人分 》
白菜 … 1/8個（250g）
長ねぎ … 10cm
豚ひき肉 … 120g
ごま油 … 小さじ1
豆板醤 … 小さじ1/2
片栗粉 … 大さじ1
A　水 … 200ml
　　みそ、しょうゆ … 各小さじ2
　　砂糖、鶏ガラスープの素、
　　　オイスターソース
　　　… 各小さじ1
　　にんにく、しょうが
　　　… 各チューブ1cm
（あれば）糸唐辛子 … 適量

《 作り方 》
①白菜の芯は1cm幅に切り、葉はざく切りにする。長ねぎは粗みじん切りにする。片栗粉は水大さじ2（分量外）で溶いておく。
②フライパンにごま油、豆板醤、ひき肉、白菜の芯、長ねぎを入れ、中火にかけて炒める。ひき肉の色が変わったら、白菜の葉とAを加え、煮立ったら混ぜながら5分ほど煮る。
③白菜がしんなりしたら弱火にし、①の水溶き片栗粉を加えて手早く混ぜ、とろみをつける。器に盛り、糸唐辛子をのせる。

\\ ごはんに合うコクうま味 //

Point お子さんも食べられるくらいの辛さです。好みで豆板醤を増量してください。

\\ 塩もみしてあえるだけ♪ //

白菜とツナのマヨポンあえ

切るだけ 15分

《 材料 | 3〜4人分 》
白菜 … 1/6個（350g）
ツナ缶 … 1缶（70g）
塩 … 小さじ1/3
A　マヨネーズ、
　　ポン酢しょうゆ
　　　… 各大さじ1
　　ごま油 … 小さじ1
かつお節 … 適量

《 作り方 》
①白菜は1cm幅に切る。ポリ袋に入れて塩をふり、しんなりするまでよくもんで10分おく。
②白菜の水けをギュッとしぼってボウルに入れ、油をきったツナとAを加えてあえる。
③器に盛り、お好みでかつお節をトッピングする。

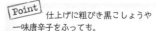

Point 仕上げに粗びき黒こしょうや一味唐辛子をふっても。

もやし・きのこ

もやしときのこは、どちらも一年中手に入り、お財布にやさしいお助け食材。副菜作りに使わなきゃ損！

∥冷やし中華風の味♡∥

もやしの中華サラダ

 電子レンジ 8分

《材料｜2～3人分》
もやし … 1袋（200g）
きゅうり … 1/2本
かに風味かまぼこ … 50g
A｜砂糖、しょうゆ、酢
　　… 各大さじ1と1/2
　　ごま油、白いりごま
　　… 各小さじ2

《作り方》
①もやしは耐熱ボウルに入れ、ラップをふんわりとかけて電子レンジで3分加熱する。ラップを取り、粗熱をとる。
②きゅうりは細切りにし、かに風味かまぼこはほぐす。
③①の水けをきり、②とAを加えてあえる。

Point すりごまを加えても美味。もやしは水分が出やすいので、なるべく早く食べてください。

∥あっという間にできあがり！∥

もやしのラー油あえ

 電子レンジ 5分

《材料｜2～3人分》
もやし … 1袋（200g）
A｜しょうゆ、酢 … 各小さじ1
　　鶏ガラスープの素、ごま油、
　　ラー油 … 各小さじ1/2
白いりごま … 適量

《作り方》
①もやしは耐熱ボウルに入れ、ラップをふんわりとかけ、電子レンジで3分加熱する。
②粗熱がとれたら水けをしぼり、Aを加えてあえる。
③器に盛り、お好みで白ごまをふる。

5分で完成！
∥おつまみにも∥

もやしとにらの炒めナムル

フライパン 5分

《材料｜2人分》
もやし … 1袋（200g）
にら … 1/3束
ごま油 … 小さじ2
A｜鶏ガラスープの素、
　　しょうゆ … 各小さじ1
　　にんにくチューブ … 1cm

《作り方》
①にらは4cm長さに切る。
②フライパンにごま油を強火で熱し、もやしと①をさっと炒め、Aを加えて炒め合わせる。

＼ちゃちゃっとカラフルおかず完成！／
エリンギとミニトマトの バタポンソテー

 5分

《材料｜2人分》
エリンギ … 2本
ミニトマト … 4〜5個
バター … 10g
ポン酢しょうゆ … 小さじ1
粗びき黒こしょう … 適量

《作り方》
①エリンギは長さを2〜3等分にして縦薄切りにする。ミニトマトは半分に切る。
②フライパンにバターを中火で熱してエリンギを炒める。しんなりしたらミニトマトも加えてさっと炒め、ポン酢を加えて煮からめる。器に盛り、お好みで黒こしょうをふる。

＼バターしょうゆが香ります！／
きのこのホイル焼き

 15分

《材料｜2人分》
エリンギ … 1本
しめじ … 1/2袋
しいたけ … 2枚
バター … 15g
酒 … 小さじ2
塩、こしょう … 各少々
しょうゆ、レモン（くし形切り）
　… 各適量

《作り方》
①エリンギは縦半分にしてひと口大に切る。しめじはほぐす。しいたけは4つ割りにする。
②アルミ箔を広げて中央にバターを少し塗り、①をのせて酒をふる。塩、こしょうをふって残りのバターをのせ、しっかりと包む。
③オーブントースターで10分ほど焼き、仕上げにしょうゆをかけてお好みでレモンを添える。

＼おしゃれに見えるうれしいおかず♪／

きのことベーコンの チーズ焼き

 15分

《材料｜2人分》
エリンギ … 2本
しめじ … 1袋
玉ねぎ … 1/2個
ベーコン … 2枚
オリーブ油 … 大さじ1
A｜バター … 5g
　｜しょうゆ … 小さじ1
　｜塩、こしょう
　｜　… 各少々
ピザ用チーズ … 60g
（あれば）パセリ（みじん切り）
　… 適量

《作り方》
①エリンギは斜め1cm幅に切る。しめじはほぐす。玉ねぎは薄切り、ベーコンは1cm幅に切る。
②フライパンにオリーブ油を中火で熱し、ベーコンと玉ねぎを炒める。玉ねぎがしんなりしたら、きのこを加えて炒め、Aを加えて炒め合わせる。
③耐熱皿に②を入れてチーズをのせ、オーブントースターでチーズに焼き色がつくまで焼く。仕上げにパセリをふる。

Point きのこは炒めすぎず、まだ少しかたいくらいで調味料をからめましょう。

143

いも・かぼちゃ・根菜類

甘くてホクホクのおいしいおいもやかぼちゃ、根菜類のおかずは、見た目のボリュームがあって食べごたえも◎。じゃがいもは、春においしい新じゃがレシピが充実です。

季節によって
《野菜を変えても!》

春のポテサラ

 電子レンジ＆鍋　15分

《材料｜3〜4人分》

新じゃがいも
　…3個（300g）
スナップえんどう … 15本
ゆで卵 … 2個
A　オリーブ油
　　…大さじ1
　　酢 … 小さじ1
　　塩 … 小さじ1/4
　　こしょう … 少々
マヨネーズ … 大さじ1
粗びき黒こしょう … 適量

《作り方》

❶じゃがいもは皮ごとよく洗って3cm大に切り、耐熱ボウルに入れてラップをふんわりとかけ、電子レンジで6〜7分加熱する。スナップえんどうは筋を取り、さっと塩ゆでして冷水で冷やす。ゆで卵はひと口大に切る。

❷じゃがいもが熱いうちにAを加え、軽くつぶしながら混ぜて粗熱をとる。

❸スナップえんどう、ゆで卵、マヨネーズを加えてあえ、お好みで黒こしょうをふる。

Point　新じゃがでない場合は、皮をむいて3cm大に切って使えば同じようにできます★

＼この照り、たまらない♡／
新じゃがの煮っころがし

鍋　20分

《材料｜2〜3人分》

新じゃがいも … 4個（400g）
サラダ油 … 小さじ1
A　水 … 100ml
　　しょうゆ、酒、みりん
　　…各大さじ2と1/2
　　砂糖 … 大さじ1と1/2

《作り方》

❶じゃがいもは皮ごとよく洗って3cm大に切る。

❷小鍋にサラダ油を中火で熱し、①を炒める。まわりが透き通ってきたらAを加えてアルミ箔で落としぶたをし、弱めの中火で12分煮る。

❸落としぶたを取り、ときどきやさしく混ぜたり、鍋をゆすったりして、煮汁をからめながら汁けがほとんどなくなるまで煮詰める。

Point　じゃがいもがぴったりおさまる鍋を使うと◎。直径16cmぐらいを目安に。

＼煮こんで焼くだけ!／
ポテトグラタン

 鍋＆トースター　20分

《材料｜2〜3人分》

じゃがいも … 3個（350g）
ベーコン … 2枚
玉ねぎ … 1/4個
A　牛乳 … 300ml
　　顆粒コンソメ
　　…小さじ1/2
　　塩、こしょう … 各少々
ピザ用チーズ … 60g
（あれば）パセリ（みじん切り）
　… 適量

《作り方》

❶じゃがいもは皮をむいて5mm厚さの輪切りにする。ベーコンは1cm幅に切る。玉ねぎは薄切りにする。

❷鍋にAを入れて中火にかける。煮立ったら①を加え、たまに混ぜながら10分ほど煮る。

❸じゃがいもがやわらかくなったら耐熱皿に入れ、チーズをのせてオーブントースターで焼く。仕上げにパセリをふる。

＼ 主役級の食べごたえ！／
新じゃがのそぼろ煮

 🕐 25分

《材料｜2人分》
新じゃがいも … 小7個（400g）
鶏ひき肉 … 150g
サラダ油 … 小さじ1
A｜水 … 300㎖
　｜みりん、しょうゆ … 各大さじ2
　｜砂糖 … 大さじ1
片栗粉 … 小さじ2
（あれば）スナップえんどう … 適量

Point 落としぶたは、アルミ箔をくしゃくしゃにしたものでOK。普通のじゃがいもなら皮をむいて4㎝大に。

《作り方》
❶じゃがいもは皮ごとよく洗う（大きいものは4㎝大に切る）。片栗粉は水大さじ1（分量外）で溶いておく。
❷鍋にサラダ油を中火で熱し、ひき肉を炒める。ひき肉の色が変わったらじゃがいもを加えてさらに2分炒め、Aを加える。煮立ったらアクを除きアルミ箔で落としぶたをして弱めの中火で15〜20分煮る。
❸じゃがいもがやわらかくなったら火を弱め、❶の水溶き片栗粉を加えてとろみをつける。器に盛り、塩ゆでしたスナップえんどうをトッピングする。

＼ 仕上げにたれをよくからめて／
新じゃがのおかかバターしょうゆ

電子レンジ＆フライパン 🕐 15分

《材料｜2人分》
新じゃがいも … 小7個（350g）
バター … 15g
A｜みりん、しょうゆ
　｜… 各大さじ1
　｜かつお節 … 1袋（3g）
（あれば）スナップえんどう … 適量

Point 甘めが好みなら、砂糖小さじ1/2〜好みの量を加えて甘辛味にしてもOK。

《作り方》
❶じゃがいもは皮ごとよく洗う（大きいものは3㎝大に切る）。耐熱ボウルに入れ、ラップをふんわりとかけて電子レンジで5分加熱する（かたければ追加で加熱し、ここで9割方やわらかくしておく）。
❷フライパンにバターを中火で熱し、❶を入れ、全体に焼き色をつける。十分にやわらかくなったら弱火にし、Aを加えてさっとからめる。器に盛り、ゆでたスナップえんどうを添える。

＼ おやつにもぴったり／
ひと口ハッシュドポテト

電子レンジ＆フライパン 🕐 20分

《材料｜10〜12個分》
じゃがいも … 2個（300g）
A｜塩 … 小さじ1/3
　｜片栗粉 … 大さじ1/2
サラダ油 … 適量

Point じゃがいもを成形するときは手を水でぬらすとくっつきません。

《作り方》
❶じゃがいもは皮をむいて粗みじん切りにし、耐熱ボウルに入れて水大さじ1（分量外）をふる。ふんわりラップして電子レンジで6分加熱する。
❷Aを加え、じゃがいもをつぶしながら混ぜる（完全にはつぶさないほうがおいしい）。まとまったら粗熱をとり、ひと口大に形を整える。
❸フライパンにサラダ油を深さ5㎜ほど入れて中火で熱し、❷を転がしながら5分ほど揚げ焼きにする。

\\ しょうゆを少し加えると味が決まる！ \\

コンソメマヨde
ジャーマンポテト

電子レンジ＆フライパン　🕐 10分

《 材料｜2人分 》
新じゃがいも … 2個（300g）
新玉ねぎ … 1/2個
ウインナーソーセージ … 4本
オリーブ油 … 大さじ1
A ┃ 顆粒コンソメ、マヨネーズ、
　 ┃ しょうゆ … 各小さじ1
　 ┃ 塩、こしょう … 各少々
（あれば）パセリ（みじん切り）
　 … 適量

《 作り方 》
❶じゃがいもは洗って皮ごと1.5cm幅の
くし形に切る。耐熱皿にのせてラップを
ふんわりとかけ、電子レンジで5分加熱
する。玉ねぎは1cm幅のくし形に切り、
ウインナーは斜め3等分に切る。
❷フライパンにオリーブ油を中火で熱し、
①を炒める。全体に火が通ったらAを加
えてさっとからめ、パセリをふる。

Point 普通のじゃがいもの場合は皮をむいてください。
ウインナーは厚切りベーコンに替えても◎。

\\ 春のごちそう \\

新じゃがde
ハッセルバックポテト

オーブン　🕐 45分

《 材料｜作りやすい分量 》
新じゃがいも … 小4個
バター … 20g
にんにくチューブ … 2cm
ピザ用チーズ … 20g
塩、粗びき黒こしょう
　 … 各適量
（あれば）パセリ … 適量

《 下準備 》
・オーブンを230℃に予熱する。
・バターを室温にもどす。

《 作り方 》
❶バターに、にんにくを加えて混ぜ、ガーリ
ックバターを作る。
❷じゃがいもは安定するように底になる部分
を少し切り落とす。じゃがいもをはさむように
前後に割り箸を置き、3mm幅に深く切りこみを
入れる（割り箸を包丁のストッパーにする）。
❸水を張ったボウルに②を入れてでんぷんを
洗い落とし、ペーパータオルで水けをしっかり
ふき取る。じゃがいもの切れ目に①を塗り、と
ころどころにチーズをはさむ。
❹耐熱皿に並べて塩、黒こしょうをふり、予
熱したオーブンで30分ほど焼き、パセリをふる。

フライパン　🕐 15分

\\ パパッと作れる大学いも風 \\

さつまいものはちみつしょうゆ炒め

《 材料｜2人分 》
さつまいも … 1本（200g）
ごま油 … 小さじ2
A ┃ はちみつ、しょうゆ
　 ┃ … 各小さじ2
黒いりごま … 適量

《 作り方 》
❶さつまいもは皮ごと5mm幅の半月切りに
し、水に5分さらして水けをきる。
❷フライパンにごま油を中火で熱し、①を
3分ほど炒める。透き通ってきたら水大さ
じ2（分量外）を加えてふたをし、弱めの中
火で2分蒸し焼きにする。
❸さつまいもがやわらかくなったら、ふた
を取って残った水分をとばし、Aを加えて
煮からめ、お好みで黒ごまをふる。

＼ お弁当の定番おかずにも！ ＼

 電子レンジ 12分

レンジdeさつまいもの甘辛煮

《 材料 | 2～3人分 》
さつまいも…1本（200g）
A　水…200mℓ
　　砂糖…大さじ1と1/2
　　しょうゆ…大さじ1
バター…5g
黒ごま…適量

《 作り方 》
①さつまいもは1cm厚さの輪切り（大きければ半月切り）にし、水に5分さらして水けをきる。
②耐熱ボウルに①とAを入れてふんわりラップし電子レンジで7～8分加熱する。
③さつまいもがやわらかくなったらバターを加えて余熱で溶かし、ごまをふる。

＼ おいもでやみつきおかず♡ ＼

さつまいもの甘酢がらめ

フライパン 15分

《 材料 | 2～3人分 》
さつまいも … 大1本（300g）
A　砂糖、しょうゆ
　　　… 各大さじ1と1/2
　　みりん、酢 … 各大さじ1
片栗粉、サラダ油、
　　黒いりごま … 各適量

Point　さつまいもを重ねずに入れられる大きさのフライパンを使うと◎。少ない油で揚げられます。

《 作り方 》
①さつまいもは皮ごと1cm幅の輪切り（大きければ半月切り）にし、水に5分さらして水けをきり、片栗粉をまぶす。
②フライパンにサラダ油を深さ3mmほど入れて中火で熱し、①の両面を色よく揚げ焼きにする。やわらかくなったら引き上げて油をきる。
③フライパンの余分な油をふき取り、Aを入れてから中火にかける。混ぜながら加熱し、たれにとろみがついたら②を戻し入れてからめる。
④器に盛り、お好みで黒ごまをふる。

＼ レンチンしてあえて、はい完成！ ＼

 電子レンジ 12分

さつまいものスイートサラダ

《 材料 | 作りやすい量 》
さつまいも … 大1本（300g）
A　マヨネーズ … 大さじ3
　　練乳 … 大さじ1と1/2
　　辛子チューブ … 1cm
　　塩、こしょう … 各少々

《 作り方 》
①さつまいもは8mm角の棒状に切り、水に5分さらして水けをきる。耐熱ボウルに入れてふんわりラップし、電子レンジで4～5分加熱する。
②粗熱がとれたらAを加えてあえる。

Point　甘めの味つけです♪練乳がおすすめですが、砂糖やはちみつでも代用可能です。

147

長いもの唐揚げ

 フライパン 15分

《 材料｜2人分 》

長いも … 10cm（200g）

A
- しょうゆ … 小さじ2
- 塩 … ふたつまみ
- にんにく、しょうが
  … 各チューブ2cm

片栗粉、サラダ油 … 各適量

（あれば）パセリ … 適量

《 作り方 》

①長いもは皮をむいて3cm大の乱切りにする。ポリ袋に入れ、Aをからめて5分おき、1切れずつ片栗粉をまぶす。

②小さめのフライパンにサラダ油を深さ5mmほど入れて中火で熱し、①を転がしながら3〜4分揚げ焼きにする。器に盛り、パセリを添える。

> **Point** 下味をつける時間は5分で！長くおくと長いもから水分が出るので注意してください。

長いものそぼろあんかけ

 鍋 15分

《 材料｜2人分 》

長いも … 15cm（300g）

鶏ひき肉 … 100g

サラダ油 … 小さじ1

A
- 水 … 200ml
- 砂糖、しょうゆ、酒
  … 各大さじ1と1/2
- 顆粒和風だし … 小さじ1/3
- しょうがチューブ … 3cm

片栗粉 … 大さじ1

（あれば）小ねぎ（斜め切り）… 適量

《 作り方 》

①長いもは皮をむいて4cm大に切る。片栗粉は水大さじ1（分量外）で溶いておく。

②鍋にサラダ油を中火で熱し、ひき肉を炒める。色が変わったらAと長いもを加え、煮立ったらアルミ箔で落としぶたをし、弱めの中火で10分煮る。

③弱火にして①の水溶き片栗粉を加え、手早く混ぜてとろみをつける。器に盛り、小ねぎをのせる。

> **Point** 煮る時間を短めにして長いもの食感を残してもグッド。

焼き肉のたれ味で

長いもの担々風

 電子レンジ 12分

《 材料｜2人分 》

長いも … 10cm（200g）

豚ひき肉 … 150g

長ねぎ（みじん切り）… 5cm分

A
- 焼き肉のたれ … 大さじ4
- 白すりごま … 大さじ2
- 水 … 大さじ1
- 片栗粉、ごま油 … 各小さじ1
- にんにくチューブ … 2cm

（あれば）小ねぎ（斜め切り）、
　　　　ラー油 … 各適量

《 作り方 》

①長いもは皮をむいて1cm厚さの輪切りにし、耐熱皿に並べる。

②ひき肉、長ねぎ、Aを混ぜて①の上にのせ、ラップをふんわりとかけて電子レンジで7分加熱する。

③やさしく混ぜて器に盛り、小ねぎを散らしてお好みでラー油をかける。

> **Point** 焼き肉のたれは甘口、中辛、辛口、お好みで。

\\ カリカリ&クリーミー //

ベーコンかぼちゃサラダ

フライパン & 電子レンジ　15分

《 材料｜2人分 》
かぼちゃ … 1/5個（正味300ｇ）
ベーコン … 2枚
A｜マヨネーズ
　　… 大さじ1と1/2
　｜牛乳 … 大さじ1/2
　｜塩、こしょう … 各少々
（あれば）パセリ（みじん切り）
　… 適量

《 作り方 》
①ベーコンは1cm幅に切り、油を引かずに中火で熱したフライパンでカリカリになるまで焼く。
②かぼちゃは種とワタを除いて皮をむき、3cm大に切る。耐熱ボウルに入れ、ラップをふんわりとかけて電子レンジで5分加熱する。熱いうちにざっくりとつぶし、粗熱がとれたらAを加えて混ぜる。
③器に盛って①をのせ、パセリをふる。

Point かぼちゃの加熱時間は目安です。やわらかくなるまで加熱してください。

\\ お鍋に入れたら10分放置！ //

かぼちゃのバターしょうゆ煮

鍋　15分

《 材料｜作りやすい量 》
かぼちゃ … 1/4個（正味350ｇ）
A｜水 … 150mℓ
　｜しょうゆ、みりん
　　… 各大さじ1と1/2
バター … 15ｇ
黒いりごま … 適量

《 作り方 》
①かぼちゃは種とワタを除いて3cm大に切る。
②鍋に①を皮を下にして入れ、Aを加えて中火にかける。煮立ったら、ふたを少しずらしてのせ、弱火にして10分煮る。
③かぼちゃがやわらかくなったら火を止め、バターを加え、鍋を回しながら余熱で溶かす。器に盛り、お好みで黒ごまをふる。

Point 極力、いじらずに煮たほうがよいので、ほぼ放置でOK。

\\ 生クリーム不要、かわいく仕上がる♡ //

かぼちゃのグラタン

電子レンジ & フライパン & トースター　20分

《 材料｜2人分 》
かぼちゃ … 1/6個（正味200ｇ）
ベーコン … 1枚
玉ねぎ … 1/4個
（あれば）コーン … 大さじ3
バター … 30ｇ
薄力粉 … 大さじ2
牛乳 … 350mℓ
A｜顆粒コンソメ … 小さじ1/3
　｜塩、こしょう … 各少々
ピザ用チーズ … 50ｇ

《 作り方 》
①かぼちゃは種とワタを除いて8mm厚さに切り、耐熱皿になるべく重ならないように並べ、ラップをふんわりとかけて電子レンジで2分加熱する。ベーコンは1cm幅に切り、玉ねぎは薄切りにする。
②フライパンにバターを中火で熱し、ベーコン、玉ねぎ、コーンを炒める。玉ねぎがしんなりしたら弱火にし、薄力粉をふり入れて1分炒める。
③牛乳を3回に分けて加え、そのつどよく混ぜる。すべて加えたらAを加えて、とろみがつくまで混ぜながら煮る。
④耐熱皿に入れ、かぼちゃをのせてチーズを散らし、オーブントースターでチーズに焼き色がつくまで焼く。

Point 牛乳の一部（100mℓ程度）を生クリームに替えると、より本格的な味に！

149

かぼちゃのスコップコロッケ

\\ パン粉をかけカリッと //

電子レンジ＆トースター 15分

《材料|2人分》
かぼちゃ … 1/5個（正味300g）
玉ねぎ … 1/4個
A | 塩、こしょう … 各少々
　 | 牛乳 … 小さじ1〜2
ピザ用チーズ … 50g
パン粉 … 大さじ2
（あれば）パセリ（みじん切り）
　 … 適量

《作り方》
①かぼちゃは種とワタを除いて皮をむき3cm大に切る。玉ねぎはみじん切りにする。
②耐熱ボウルに①を入れてラップをふんわりとかけ、電子レンジで5分加熱する。熱いうちにAを加え、かぼちゃをつぶす。
③耐熱皿に入れ、ピザ用チーズとパン粉をかけ、オーブントースターでチーズに焼き色がつくまで焼く。仕上げにパセリをふる。

Point かぼちゃの水分量により牛乳の量を加減してください。

\\ 冷めてもおいし〜い♡ //

筑前煮   40分

《材料|4人分》
にんじん … 1本
れんこん … 1節（200g）
ごぼう … 小1本（100g）
鶏もも肉 … 1枚（250g）
A | 酒、しょうゆ … 各小さじ1
干ししいたけ … 4枚
こんにゃく（アク抜き済み）… 1枚
冷凍里いも … 250g
サラダ油 … 小さじ1
B | 干ししいたけのもどし汁
　 | … 300mℓ
　 | 砂糖、しょうゆ、酒、みりん
　 | … 各大さじ3
　 | 顆粒和風だし … 小さじ1/3
絹さや（さっと塩ゆでする）… 適量

《作り方》
①にんじん、れんこんは花の形の飾り切り、またはひと口大に切り、ごぼうは皮をこそげてひと口大に切り、れんこんとごぼうは水に3分さらして水けをきる。干ししいたけは水でもどして4等分に切る。鶏肉は3cm大に切ってAをもみこむ。こんにゃくは1cm幅ぐらいに切り、中央に縦に切り目を入れ、一方の端をくぐらせて手綱こんにゃくにする。
②鍋にサラダ油を中火で熱し、鶏肉を炒める。色が変わったら残りの①と里いもを加えて2分炒める。
③Bを加え、ひと煮立ちしたら落としぶたをし、弱めの中火で10分煮る。落としぶたを取り、ときどき混ぜながら10分煮る。器に盛り、斜め半分に切った絹さやを飾る。

れんこんの唐揚げ

\\ 箸が止まらない、甘辛にんにく風味 //

フライパン 20分

《材料|2人分》
れんこん … 1節（200g）
A | しょうゆ … 大さじ1と1/2
　 | みりん … 大さじ1
　 | にんにくチューブ … 1cm
片栗粉、サラダ油 … 各適量
（あれば）レモン（くし形切り）… 適量

Point 揚げ焼きにする時間は4〜5分が目安。こんがりと色よく揚がればOK！

《作り方》
①れんこんは皮をむいて1.5cm角の棒状に切り、水に3分さらして水けをきる。ポリ袋に入れ、Aをもみこんで10分おき、1切れずつ片栗粉をまぶす。
②フライパンにサラダ油を深さ5mmほど入れて中火で熱し、①を返しながら揚げ焼きにする。油をきって器に盛り、レモンを添える。

\\ ごまdeコクうま♡ //

れんこんのツナマヨサラダ

🍲　⏱ 15分

《 材料 | 2人分 》
れんこん … 小1節（130g）
にんじん … 1/4本
ツナ缶 … 1缶（70g）
A｜マヨネーズ、白すりごま
　　　… 各大さじ2
　｜しょうゆ … 小さじ1/2
　｜砂糖、塩、こしょう
　　　… 各少々
（あれば）スプラウト … 適量

《 作り方 》
①れんこんは皮をむいて薄い半月切りにし、にんじんは細切りにする。ツナは油をきる。
②鍋に湯を沸かして酢少々（分量外）を加え、れんこんとにんじんをさっとゆで、ざるに上げて粗熱をとる。
③ボウルにAを入れて混ぜ、②とツナを加えてあえる。器に盛り、スプラウトをのせる。

Point　れんこんとにんじんは、ゆでたら水にさらさず、そのまま粗熱をとってください。

\\ お惣菜の残りで作っても! //

きんぴらごぼうサラダ

フライパン 🍳　⏱ 20分

《 材料 | 作りやすい量 》
ごぼう … 1本（180g）
にんじん … 1/2本
ごま油 … 小さじ2
A｜砂糖、しょうゆ、酒、みりん
　　　… 各大さじ1
マヨネーズ … 大さじ2

《 作り方 》
①ごぼうは皮をこそげて5cm長さの細切りにし、水に3分さらして水けをきる。にんじんも同様に細切りにする。
②フライパンにごま油を中火で熱して①を炒め、しんなりしたらAを加えて汁けがほとんどなくなるまで炒め煮する。
③②の粗熱をとり、マヨネーズを加えてあえる。

\\ 食欲をそそる香り。作りおきもOK //

ごぼうと牛肉の甘辛

フライパン 🍳　⏱ 15分

《 材料 | 2人分 》
ごぼう … 小2本（150g）
牛こま切れ肉 … 100g
ごま油 … 小さじ2
A｜しょうゆ … 大さじ1と1/2
　｜酒、みりん … 各大さじ1
　｜砂糖 … 大さじ1/2
白いりごま … 適量

《 作り方 》
①ごぼうは皮をこそげて斜め薄切りにし、水に3分さらして水けをきる。牛肉は細かめに切る。
②フライパンにごま油を中火で熱し、ごぼうを炒める。しんなりしてきたら牛肉も加えて炒め、火が通ったらAを加えて煮からめる。
③器に盛り、お好みで白ごまをふる。

卵

卵のストックがあれば、副菜作りはラクラク。さっと作れて、みんなが喜ぶおかずをラインナップ。「もう1品！」というときにお試しくださいね。

たまごマカロニサラダ

🍲 ⏱ 10分

《 材料｜2～3人分 》

ゆで卵 … 2個
マカロニ … 30g
オリーブ油 … 小さじ1/2
A｜マヨネーズ … 大さじ2
　　牛乳 … 大さじ1
　　塩、こしょう … 各少々
　　砂糖 … ふたつまみ
（あれば）パセリ（みじん切り）
　　… 適量

《 作り方 》

①マカロニは袋の表示どおりにゆでる。水けをきり、オリーブ油であえておく。
②ボウルにゆで卵を入れてフォークでざっくりとつぶし、Aを加えて混ぜる。続けて①も加えて混ぜ、パセリをふる。

Point 辛子（チューブ）を加えても◎。時間をおいてから食べるならマヨネーズと牛乳を少しプラスしてみて。

╲とろとろ♡クリーミー╱

クリ～ミ～なアボたまと
╲ごま塩味が好相性╱

切るだけ ✂ ⏱ 3分

やみつきアボたまご

《 材料｜2人分 》

ゆで卵 … 2個
アボカド … 1個
A｜塩昆布 … ふたつまみ
　　ごま油 … 大さじ1
白いりごま … 適量

《 作り方 》

①ゆで卵とアボカドはひと口大に切る。
②①を器に盛り、Aをかけて白ごまをふる。

Point 塩昆布とごま油であえてから器に盛ってもOK。塩昆布の量は好みで加減してください。

ゆで卵のラザニア風

 電子レンジ＆トースター ⏱ 15分

《 材料｜2～3人分 》

ゆで卵 … 4個
A｜合いびき肉 … 150g
　　玉ねぎ（みじん切り）… 1/4個分
　　トマトケチャップ … 大さじ3
　　ウスターソース … 大さじ1
　　顆粒コンソメ、薄力粉
　　… 各小さじ1/2
ピザ用チーズ … 50g
（あれば）パセリ（みじん切り）
　　… 適量

《 作り方 》

①耐熱ボウルにAを入れてよく混ぜ、ラップをふんわりとかけて電子レンジで6分加熱し、よく混ぜる。
②ゆで卵は輪切りにする。
③耐熱皿に②と①のミートソースを交互に入れ、チーズをのせ、オーブントースターで焼き色がつくまで焼く。仕上げにパセリをふる。

Point アルミカップに入れ、粉チーズをかけて焼けば、お弁当にぴったりのおかずになります。

╲大満足なボリューム副菜╱

皮なしキッシュ

フライパン&オーブン 🔍 🔲 ⏱35分

ふだんのごはんにも、パーティーにも♡

《 材料 | 直径20cmの耐熱皿1つ分 》
卵 … 2個
A 牛乳 … 150mℓ
　 マヨネーズ … 大さじ1
　 塩、こしょう … 各少々
　 ピザ用チーズ … 50g
ベーコン … 2枚
ほうれん草 … 1/2束
玉ねぎ … 1/4個
しめじ … 1/2袋
バター … 10g

《 作り方 》
① ベーコンは1cm幅に、ほうれん草は4cm長さに切る。玉ねぎは薄切りにし、しめじはほぐす。オーブンを200℃に予熱しておく。
② フライパンにバターを中火で熱し、ベーコンと玉ねぎを炒める。玉ねぎがしんなりしたら、ほうれん草としめじを加えてさっと炒め、火を止めて粗熱をとる。
③ ボウルに卵とAを入れて混ぜ、②も加えて混ぜる。耐熱皿に入れ、予熱したオーブンで20〜25分焼く。

＼ちゃちゃっとできる！／

フライパン 🔍 ⏱8分

ほうれん草とベーコンの卵炒め

《 材料 | 2人分 》
ほうれん草 … 1束（200g）
しめじ … 1/2袋
ベーコン … 2枚
卵 … 2個
オリーブ油 … 大さじ1
A 顆粒コンソメ、
　 しょうゆ … 各小さじ1
　 バター … 5g
粗びき黒こしょう … 適量

《 作り方 》
① ほうれん草は5cm長さに切る。しめじはほぐす。ベーコンは2cm幅に切る。卵は溶きほぐす。
② フライパンにオリーブ油を強火で熱し溶き卵を流し入れ、半熟状に炒めて取り出す。
③ そのままのフライパンを中火で熱し、ほうれん草、しめじ、ベーコンを炒める。火が通ったらAを加えてさっとからめ、②を戻し入れてざっくり混ぜる。器に盛り、お好みで黒こしょうをふる。

  ほうれん草のアクが気になる方は下ゆでしてから、さっと炒めて仕上げてください♪

お好み焼き風卵焼き

卵焼き器 ⏱8分

《 材料 | 2人分 》
卵 … 3個
ちくわ … 1本
小ねぎ … 2本
顆粒和風だし … ひとつまみ
サラダ油 … 小さじ1
ソース、マヨネーズ、
　 かつお節、青のり … 各適量

《 作り方 》
① ちくわは粗みじん切り、小ねぎは小口切りにする。
② ボウルに卵を溶きほぐし、①と和風だしを加えて混ぜる。
③ 卵焼き用フライパンにサラダ油を中火で熱し、②の1/2量を流し入れ、半熟になったら奥から手前に巻いて奥に寄せる。空いたところに残りの②を入れ、卵焼きの下にも流し入れ、同様に焼く。
④ 食べやすく切って器に盛り、お好みでソースとマヨネーズをかけ、かつお節と青のりをトッピングする。

＼ちくわをプラス。また食べたくなる味♡／

153

具だくさんのスープは、おかずの1品になるスグレモノ。ホッとするみそ汁、定番のスープなど、いろいろ楽しんで！

肉を炒める ひと手間でコクUP

鍋｜10分

豚肉とほうれん草のごまみそスープ

《 材料｜2人分 》

豚バラ薄切り肉 … 100g
ほうれん草 … 1/2束（100g）
ごま油 … 小さじ1
A｜水 … 400ml
　｜みそ … 大さじ1と1/2
　｜鶏ガラスープの素、
　｜　みりん … 各小さじ1
　｜しょうゆ … 小さじ1/2
白すりごま … 大さじ2

《 作り方 》

①豚肉とほうれん草は3cm長さに切る。
②鍋にごま油を中火で熱し、豚肉を炒め、色が変わったらAを加えてみそを溶かす。
③煮立ったらほうれん草を加えて混ぜ、しんなりしたら火を止め、仕上げにすりごまを加える。

> **Point** 豚肉を炒めるときに豆板醤（小さじ1/2程度）を加え、ピリッと辛くするのもおすすめ。

オイスターソースがポイント

鍋｜10分

豚肉と白菜のおかずスープ

《 材料｜2人分 》

豚バラ薄切り肉 … 100g
白菜 … 1/8個（200g）
A｜水 … 400ml
　｜鶏ガラスープの素 … 小さじ2
　｜しょうゆ、オイスターソース
　｜　… 各小さじ1
　｜ごま油 … 小さじ1/2
　｜しょうがチューブ … 2cm

《 作り方 》

①豚肉は3cm長さに切る。白菜は芯を1cm幅に、葉は4cm大に切る。
②鍋にAを入れ中火にかけ、沸騰したら豚肉を加えてほぐす。肉の色が変わったら白菜を加え、たまに混ぜながら5分煮る。

> **Point** 白菜を少なめにして、きのこなどを加えてもおいしいですよ♪

ラーメン好きにうれしい味

豚バラもやしのみそラーメン風スープ

鍋｜10分

《 材料｜2人分 》

豚バラ薄切り肉 … 80g
もやし … 1/2袋（100g）
ごま油 … 小さじ1
A｜水 … 400ml
　｜鶏ガラスープの素、
　｜しょうゆ
　｜　… 各小さじ1/2
　｜にんにく、しょうが
　｜　… 各チューブ1cm
みそ … 大さじ1強
コーン … 大さじ2
（あれば）小ねぎ（小口切り）
　… 適量

《 作り方 》

①豚肉は4cm長さに切る。
②鍋にごま油を中火で熱し、豚肉を炒める。肉の色が変わったらAともやしを加えて混ぜる。
③煮立ったら火を止め、みそを溶き入れる。器に盛り、コーンと小ねぎをのせる。

> **Point** 仕上げにバターをトッピングするのもおすすめ！

\\ 豚キムチdeコクうま //

落とし卵のみそスープ

  10分

《 材料 | 2人分 》
豚バラ薄切り肉 … 80 g
にら … 1/3束
白菜キムチ … 80 g
卵 … 2個
ごま油 … 小さじ1
A | 水 … 400ml
  | みそ … 大さじ1
  | 鶏ガラスープの素
  | … 小さじ2/3
白いりごま … 適量

《 作り方 》
① 豚肉は3cm長さに、にらは4cm長さに切る。
② 鍋にごま油を中火で熱し、豚肉を炒める。肉の色が変わったらキムチを加えてさっと炒める。
③ Aを加えてみそを溶かし、煮立ったら卵を割り入れ、にらも加え、ふたをして弱火で2分煮る。器に盛り、お好みで白ごまをふる。

味わいも、
\\ 口当たりもやさしい //

えのきのとろたまスープ

  8分

《 材料 | 2人分 》
えのきだけ … 1/2袋
玉ねぎ … 1/4個
卵 … 1個
片栗粉 … 小さじ2
A | 水 … 400ml
  | 鶏ガラスープの素
  | … 大さじ1/2
  | しょうゆ … 小さじ1
  | こしょう … 少々
（あれば）小ねぎ（小口切り）
  … 適量

《 作り方 》
① えのきだけは根元を切り落とし、長さを半分に切る。玉ねぎは薄切りにする。卵は溶きほぐす。片栗粉は水大さじ1（分量外）で溶いておく。
② 鍋にAと玉ねぎを入れて中火にかけ、煮立ったらえのきだけを加えてさっと煮る。
③ ①の水溶き片栗粉でとろみをつけ、溶き卵を流し入れ、ふんわりしたら火を止める。器に盛り、小ねぎをのせる。

\\ 甘みでほっこり♡ //

さつまいもの豚汁

 18分

《 材料 | 2人分 》
豚バラ薄切り肉 … 50 g
さつまいも … 小1本（150g）
玉ねぎ … 1/4個
しめじ … 1/3袋
ごま油 … 小さじ1
A | 水 … 400ml
  | 顆粒和風だし
  | … 小さじ1/2
みそ … 大さじ1と1/2
（あれば）小ねぎ（小口切り）… 適量

《 作り方 》
① 豚肉は3cm長さに切る。さつまいもはひと口大に切り、水に5分さらして水けをきる。玉ねぎは薄切りにし、しめじはほぐす。
② 鍋にごま油を中火で熱し、①を炒める。肉の色が変わったら、Aを加えて10分煮る。
③ さつまいもがやわらかくなったら弱火にし、みそを溶き入れる。器に盛り、小ねぎをのせる。

Point 野菜は好みでアレンジOK。煮ている途中でアクが出たら除いてくださいね。

＼ ピリッとうま辛♡ ／
豚にらもやしのみそスープ

鍋 | ⏱ 8分

《 材料｜2人分 》
豚バラ薄切り肉 … 100g
にら …1/3束
もやし … 1/2袋（100g）
ごま油 … 小さじ1
A　水 … 400㎖
　　みそ、みりん、コチュジャン
　　　　… 各大さじ1
　　鶏ガラスープの素 … 小さじ1
　　にんにくチューブ … 2㎝
白すりごま … 大さじ1

《 作り方 》
①豚肉とにらは4㎝長さに切る。
②鍋にごま油を中火で熱し、豚肉を炒める。肉の色が変わったらAを加えてみそを溶かす。
③煮立ったら、もやし、にら、すりごまを加えて混ぜ、再び煮立ったら火を止める。

Point　もやし、にらを加えた後、ひと煮立ちしたら火を止めて！野菜がシャキッと仕上がります。

鍋 | ⏱ 10分

＼ 豆乳だから、やさしくヘルシー ／
ベーコンとブロッコリーの豆乳スープ

《 材料｜2人分 》
ベーコン … 2枚
ブロッコリー … 1/2株（100g）
玉ねぎ … 1/4個
オリーブ油 … 小さじ1
A　水 … 150㎖
　　顆粒コンソメ … 大さじ1/2
B　豆乳（無調整） … 200㎖
　　塩、こしょう … 各少々

Point　ブロッコリーの茎を加えても◎。その場合は小さめに切ってください。

《 作り方 》
①ベーコンは1㎝幅に切る。ブロッコリーは小さめの小房に分け、玉ねぎは薄切りにする。
②鍋にオリーブ油を中火で熱し、ベーコンと玉ねぎを炒める。玉ねぎがしんなりしたらAを加え、煮立ったらブロッコリーを加えて3分煮る。
③ブロッコリーがやわらかくなったらBを加えて、沸騰直前で火を止める。

＼ レンジでできる！ ／
マカロニミルクスープ

電子レンジ | ⏱ 12分

《 材料｜2人分 》
マカロニ（4分ゆで） … 30g
ベーコン … 1枚
玉ねぎ … 1/4個
しめじ … 1/2袋
A　水 … 300㎖
　　顆粒コンソメ … 大さじ1/2
B　牛乳 … 150㎖
　　粉チーズ … 大さじ1
　　塩、こしょう … 各少々
（あれば）パセリ（みじん切り） … 適量

《 作り方 》
①ベーコンは1㎝幅に切り、玉ねぎは薄切りにする。しめじはほぐす。
②耐熱ボウルに①、マカロニ、Aを入れて混ぜ、ラップはかけずに電子レンジで8分加熱する。取り出してBを加えて混ぜ、再び1〜2分加熱する。
③器に盛り、あればパセリを散らす。

Point　耐熱ボウルは直径約20㎝を使用。ゆで時間が違うマカロニを使う場合は、加熱時間を調整してください。

\\ さっと炒めて、ちょっと煮るだけ♡ //
ひき肉ともやしのみそスープ

  8分

《 材料 | 2人分 》
豚ひき肉 … 80 g
もやし … 1袋（200 g）
ごま油 … 小さじ1
A　水 … 400㎖
　　鶏ガラスープの素 … 小さじ1/2
　　にんにく、しょうが
　　　… 各チューブ1㎝
みそ … 大さじ1
しょうゆ … 小さじ1/2
（あれば）小ねぎ（小口切り）、
　　ラー油 … 各適量

《 作り方 》
①鍋にごま油を中火で熱し、ひき肉を炒める。肉の色が変わったらAともやしを加える。
②煮立ったら火を止め、みそを溶き入れてしょうゆを加える。器に盛り、小ねぎをのせてお好みでラー油をかける。

Point もやしはスープが冷たいうちに加え、煮立ったら火を止めます。すると、シャキシャキの仕上がり！

\\ しょうがでポッカポカに //
豆腐とひき肉のとろみスープ

  10分

《 材料 | 2人分 》
豚ひき肉 … 80 g
木綿豆腐 … 2/3丁（200 g）
しょうが … 1/2かけ
片栗粉 … 小さじ2
ごま油 … 小さじ1
A　水 … 400㎖
　　鶏ガラスープの素
　　　… 大さじ1/2
　　しょうゆ … 小さじ1
塩、こしょう … 各少々
（あれば）小ねぎ（斜め切り）… 適量

《 作り方 》
①しょうがはせん切りにする。片栗粉は水大さじ1（分量外）で溶いておく。
②鍋にごま油を中火で熱し、ひき肉としょうがを炒める。肉の色が変わったらAを加え、煮立ったらアクを取り、豆腐を大きめにちぎりながら加えて少し煮る。
③豆腐が温まったら塩、こしょうで味を調え、①の水溶き片栗粉を加えてとろみをつける。器に盛り、小ねぎをのせる。

Point 水溶き片栗粉を加えたら、手早く混ぜてとろみをつけましょう。

\\ とろみをつけて卵をフワフワに //
ひき肉とにらのとろたまスープ

 8分

《 材料 | 2人分 》
豚ひき肉 … 100 g
にら … 1/2束
卵 … 1個
ごま油 … 小さじ1
片栗粉 … 小さじ2
A　水 … 400㎖
　　鶏ガラスープの素 … 大さじ1/2
　　しょうゆ … 小さじ1
　　塩、こしょう … 各少々
白いりごま … 少々

《 作り方 》
①にらは4㎝長さに切る。卵は溶きほぐす。片栗粉は水大さじ1（分量外）で溶いておく。
②鍋にごま油を中火で熱し、ひき肉を炒める。肉の色が変わったらAを加え、煮立ったらにらを加えてさっと煮る。
③①の水溶き片栗粉を加えてとろみをつけ、溶き卵をまわし入れ、ふんわりとしたら火を止める。器に盛り、お好みで白ごまをふる。

Point 水溶き片栗粉は入れる前にもう一度混ぜてから加え、手早く混ぜてとろみをつけて。

\\ 好みで野菜を増量しても◎

鍋　15分

肉だんごと野菜のおかずスープ

《 材料｜2〜3人分 》

鶏ひき肉 … 150g
玉ねぎ … 1/4個
にんじん … 1/3本
白菜 … 100g
A｜片栗粉、酒 … 各小さじ1
　｜塩、こしょう … 各少々
B｜水 … 500mℓ
　｜鶏ガラスープの素 … 大さじ1
　｜しょうゆ、ごま油 … 各小さじ1
白いりごま … 適量

《 作り方 》

❶ボウルに鶏ひき肉とAを入れてよく混ぜる。玉ねぎは薄切り、にんじんは細切り、白菜はざく切りにする。
❷鍋にBを入れて火にかけ、煮立ったら①の肉だねを3cm大に丸めて入れ、中火で2分煮る。野菜も加え、たまに混ぜながら5分煮る。
❸器に盛り、お好みで白ごまをふる。

> **Point** 肉は豚ひき肉でもOK。野菜はキャベツや長ねぎなど、冷蔵庫にあるものでも大丈夫です。

\\ ボリュームがうれしい中華風スープ //

鍋　12分

鶏だんごときのこのおかずスープ

《 材料｜2〜3人分 》

鶏ひき肉 … 150g
しめじ … 1袋
A｜長ねぎ（みじん切り） … 10cm分
　｜酒 … 小さじ2
　｜片栗粉 … 小さじ1
　｜しょうがチューブ … 3cm
　｜塩、こしょう … 各少々
B｜水 … 500mℓ
　｜鶏ガラスープの素 … 大さじ1
　｜しょうゆ、ごま油 … 各小さじ1
（あれば）小ねぎ（斜め切り） … 適量

《 作り方 》

❶ボウルにひき肉とAを入れてよく混ぜる。しめじはほぐす。
❷鍋にBを入れて火にかける。沸騰したら①の肉だねを3cm大に丸めて入れ、中火で3分煮る。しめじも加え、たまに混ぜながらさらに3分煮る。
❸器に盛り、小ねぎをのせる。

> **Point** 好みできのこの種類を変えたり、火が通りやすい野菜を使ったり、アレンジできます。

\\ 野菜たっぷりでヘルシー♡

鍋　20分

具だくさんミネストローネ

《 材料｜3〜4人分 》

ベーコン … 2枚
じゃがいも … 小2個（200g）
玉ねぎ … 1/2個
にんじん … 1/3本
キャベツ … 2枚（100g）
オリーブ油 … 大さじ1
A｜カットトマト缶 … 1缶（400g）
　｜水 … 300mℓ
　｜顆粒コンソメ … 大さじ1/2
塩、こしょう、（あれば）パセリ
（みじん切り） … 各適量

《 作り方 》

❶ベーコン、じゃがいも、玉ねぎは1cm角に、にんじんは5mm角に切る。キャベツは2cm大に切る。
❷鍋にオリーブ油を中火で熱し、①を炒める。野菜がしんなりしてきたらAを加えて混ぜ、煮立ったらふたをし、弱めの中火で12〜15分煮る。野菜がやわらかくなったら塩、こしょうで味を調える。
❸器に盛り、パセリをふる。

> **Point** 仕上げに粉チーズをかけても◎。チーズをのせて焼いたり、パスタにかけても美味！

\\ 満足感大のおかずスープ♡ //

鍋 | 8分

豚肉とキャベツの塩バタースープ

《 材料｜2人分 》
豚バラ薄切り肉 … 100g
キャベツ … 3枚（150g）
A | 水 … 400mℓ
　 | みりん … 大さじ1
　 | 鶏ガラスープの素 … 小さじ2
　 | 塩 … 少々
バター … 10g
粗びき黒こしょう … 適量

《 作り方 》
❶豚肉は3cm長さに切る。キャベツはざく切りにする。
❷鍋にAを入れて中火で煮立て、豚肉を加えてほぐす。キャベツを加え、たまに混ぜながら5分煮る。
❸器に盛り、バターをのせてお好みで黒こしょうをふる。

Point 好みでにんにくの薄切り1/2かけ分を加えても、風味がよくなります♪

練りごまは不要。
\\ 豆乳でやさしい味に //

鍋 | 10分

白菜入り坦々春雨スープ

《 材料｜2人分 》
豚ひき肉 … 100g
白菜 … 1枚（100g）
春雨 … 20g
ごま油 … 小さじ1
豆板醤 … 小さじ1/2
A | 水 … 200mℓ
　 | みそ … 小さじ2
　 | 鶏ガラスープの素、
　 | 　しょうゆ … 各小さじ1
豆乳（無調整）… 150mℓ
白すりごま … 大さじ1と1/2
ラー油 … 適量

《 作り方 》
❶白菜は細切りにする。
❷鍋にごま油、豆板醤、ひき肉を入れて中火で炒める。火が通ったらA、白菜、春雨を加え、混ぜながら5分煮る。
❸豆乳とすりごまを加え、沸騰直前まで温める。器に盛り、お好みでラー油をかける。

Point 春雨はもどさず、乾燥のまま加えて大丈夫。豆板醤を抜くと小さなお子さんも食べられます。

\\ サッと炒めて3分煮るだけ！ //

鍋 | 10分

白菜入りチゲ風おかずスープ

《 材料｜2〜3人分 》
豚バラ薄切り肉 … 100g
白菜 … 1枚（100g）
白菜キムチ … 100g
木綿豆腐 … 1/2丁（150g）
ごま油 … 小さじ1
A | 水 … 500mℓ
　 | みそ … 大さじ1と1/2
　 | 鶏ガラスープの素
　 | 　… 小さじ1
白すりごま … 大さじ1

《 作り方 》
❶豚肉は4cm長さに切る。白菜は1cm幅に切る。
❷鍋にごま油を中火で熱し、①とキムチを炒める。豚肉に火が通ったらAを加え、みそを溶かす。
❸豆腐をひと口大にちぎって加え、3分煮る。お好みですりごまを加える。

Point 豆腐は絹ごしでも。口当たりよく仕上がります。

＼ 野菜をムリなく食べられる！ ／
にんじんのとろたまスープ

鍋 ⏰ 10分

《 材料｜2人分 》
にんじん … 1/2本
玉ねぎ … 1/4個
卵 … 1個
片栗粉 … 小さじ2
A｜水 … 400㎖
　｜顆粒コンソメ … 大さじ1/2
　｜しょうゆ … 小さじ1
　｜こしょう … 少々
（あれば）パセリ（みじん切り）
　　… 適量

《 作り方 》
❶にんじんはせん切り、玉ねぎは薄切りにする。卵は溶きほぐす。片栗粉は水大さじ1（分量外）で溶いておく。
❷鍋にA、にんじん、玉ねぎを入れて中火にかけ、にんじんがやわらかくなるまで煮る。
❸①の水溶き片栗粉を加えてとろみをつけ、溶き卵をまわし入れ、ふんわりとしたら火を止める。仕上げにパセリをふる。

Point｜にんじんは1/2本で80gほど使用。3分ほど煮ればやわらかくなります。

＼ ほっこり、幸せな味♡ ／
じゃがいものミルクスープ

鍋 ⏰ 12分

《 材料｜2人分 》
じゃがいも … 小2個（200g）
玉ねぎ … 1/4個
ベーコン … 2枚
オリーブ油 … 小さじ1
A｜水 … 150㎖
　｜顆粒コンソメ … 大さじ1/2
B｜牛乳 … 200㎖
　｜塩、こしょう … 各少々
（あれば）パセリ（みじん切り）
　　… 適量

《 作り方 》
❶じゃがいもは1cm角に切る。玉ねぎは薄切りにし、ベーコンは1cm幅に切る。
❷鍋にオリーブ油を中火で熱し、①を炒める。じゃがいもの縁が透き通ってきたらAを加え、ふたをして弱めの中火で6〜7分煮る。
❸じゃがいもがやわらかくなったらBを加え、沸騰直前に火を止める。器に盛り、パセリをふる。

Point｜ベーコンの代わりにウインナーでも。牛乳はじゃがいもがやわらかくなってから加え、加熱しすぎないように。

生クリームなし♡クラムチャウダー

鍋 ⏰ 18分

＼ コロコロ野菜がたっぷり ／

《 材料｜3〜4人分 》
あさり水煮缶 … 1缶（130g）
ベーコン … 2枚
じゃがいも … 1個（150g）
玉ねぎ … 1/2個
にんじん … 1/2本
バター … 15g
薄力粉 … 大さじ1と1/2
A｜水 … 300㎖
　｜顆粒コンソメ … 小さじ1/2
B｜牛乳 … 250㎖
　｜粉チーズ … 大さじ1
　｜塩、こしょう … 各少々
（あれば）パセリ（みじん切り）… 適量

《 作り方 》
❶ベーコン、じゃがいも、玉ねぎは1cm角に、にんじんは5mm角に切る。
❷鍋にバターを中火で熱し、①を炒める。玉ねぎがしんなりしたら弱火にし、薄力粉をふり入れて1分炒める。
❸Aとあさり缶を缶汁ごと加えて混ぜ、弱めの中火で8分ほど煮る（たまに混ぜる）。
❹野菜がやわらかくなったらBを加え、混ぜながら沸騰直前まで煮て火を止める。器に盛り、パセリをふる。

Point｜生クリームを加えても◎。その場合は一部（100mlくらい）を牛乳と置きかえます。

\\ 朝食や「あともう1品」というときに //

キャベツとベーコンのミルクスープ

🍲　⏲ 8分

《材料│2人分》
キャベツ … 3枚（150g）
ベーコン … 2枚
オリーブ油 … 小さじ1
薄力粉 … 小さじ2
A 牛乳 … 300㎖
　 水 … 100㎖
　 顆粒コンソメ … 大さじ1/2
　 塩、こしょう … 各少々

《作り方》
❶キャベツは粗みじん切りにする。ベーコンは1㎝幅に切る。
❷鍋にオリーブ油を中火で熱し、①をさっと炒める。薄力粉をふり入れ、さらに1分炒める。
❸Aを加え、混ぜながら4〜5分煮る。

Point 牛乳を加えたら、吹きこぼれないように火加減を調節しながら煮ましょう。

\\ カンタンに作れて本格味♡ //

トマトと卵のサンラータン風春雨スープ

🍲　⏲ 10分

《材料│2人分》
トマト … 1個
卵 … 1個
春雨 … 20g
A 水 … 450㎖
　 鶏ガラスープの素 … 小さじ2
　 しょうゆ、ごま油 … 各小さじ1
　 こしょう … 少々
酢 … 小さじ2
ラー油 … 適量

《作り方》
❶トマトはひと口大に切る。卵は溶きほぐす。
❷鍋にAと春雨を入れて中火にかけ、たまに混ぜながら煮る。春雨がやわらかくなったらトマトを加えてさっと煮、トマトが温まったら溶き卵をまわし入れ、ひと呼吸おいて大きく混ぜて火を止める。
❸酢を加えてひと混ぜし、器に盛ってお好みでラー油をかける。

Point 春雨が長い場合は半分に切っておくと食べやすいです。

\\ しょうがががきいてヘルシー //

豆腐のとろたまジンジャースープ

🍲　⏲ 8分

《材料│2人分》
豆腐 … 1/2丁（150g）
卵 … 1個
片栗粉 … 小さじ2
A 水 … 400㎖
　 鶏ガラスープの素 … 小さじ2
　 しょうが（すりおろし）… 小さじ1
　 ごま油 … 小さじ1/2
　 塩 … 少々
（あれば）小ねぎ（斜め切り）、粗びき黒こしょう … 各適量

《作り方》
❶豆腐は2㎝角に切る。卵は溶きほぐす。片栗粉は水大さじ1（分量外）で溶く。
❷鍋に豆腐とAを入れ、軽く混ぜてから中火にかける。煮立ったら弱めの中火にし、①の水溶き片栗粉でとろみをつける。
❸溶き卵をまわし入れて大きく混ぜ、再び煮立ったら火を止める。器に盛り、小ねぎをのせてお好みで黒こしょうをふる。

Point 豆腐は絹ごしでも木綿でもOK。しょうがはチューブでもOKです。その場合は3㎝を目安にしてください。

161

万能だれは台所の救世主!

使えるたれレシピを紹介。しゃぶしゃぶ用に考案しましたが、焼いただけの肉や魚にかけても◎。

トマポン酢

ごまみそだれ

香味だれ

トマポン酢

《 材料｜作りやすい分量 》
トマト … 1個
　（1〜1.5cmの角切りにする）
ポン酢しょうゆ … 大さじ2
ごま油 … 小さじ1
（好みで）砂糖 … 少々

ごまみそだれ

《 材料｜作りやすい分量 》
白すりごま … 大さじ2
みそ、砂糖 … 各大さじ1
酢、ごま油 … 各小さじ2
しょうゆ … 大さじ1/2

香味だれ

《 材料｜作りやすい分量 》
長ねぎ … 10cm
　（みじん切りにする）
しょうが … 1/2かけ
　（みじん切りにする）
しょうゆ、酢
　 … 各大さじ1と1/2
砂糖 … 大さじ1
ごま油 … 小さじ1

3つとも材料を混ぜ合わせるだけ!

覚えておけば、助かること間違いなし! の3つのたれです。
忙しいとき、肉や魚をゆでただけ、焼いただけでも万能だれがあればなんと
かなります。ごまみそだれはコクがあるので、ゆでた野菜にも好相性ですよ。

パパッとできる
1品ごはん

1品で大満足の、丼やめん、カレー、パスタ、パンまで。
忙しい日はもちろん、家にいる日のお昼にも
ぴったりのものばかりです。

ごはんもの

「おなかすいた！」と思ったら、すぐに作って食べられる丼や炒めごはんをご紹介。大人も子どもも満足できるレシピぞろいです。

＼食べるとまるでオムライス！／

オムライス風てりたまチキン丼

フライパン　15分

《材料｜2人分》
ごはん … 2人分
鶏もも肉 … 小1枚（200ｇ）
玉ねぎ … 1/4個
卵 … 2個
塩、こしょう … 各少々
薄力粉 … 適量
マヨネーズ … 大さじ1
サラダ油 … 大さじ1
A｜トマトケチャップ
　　… 大さじ2と1/2
　　ウスターソース、みりん
　　… 各大さじ1
（あれば）パセリ（みじん切り）
　… 適量

《作り方》
❶鶏肉は2㎝大に切り、塩、こしょうをふって薄力粉をまぶす。玉ねぎは薄切りにする。卵はマヨネーズを加えて溶きほぐす。Aは合わせておく。
❷フライパンにサラダ油を強火で熱し、卵液を流し入れ、半熟状に炒めて取り出す。フライパンをそのまま中火で熱し、鶏肉と玉ねぎを炒め、火が通ったらAを加えて煮からめる。
❸器にごはんを盛り、卵、鶏肉の順にのせ、パセリをふる。

Point 卵液のマヨネーズは溶け残っていてOK。しっかり熱した多めの油で炒めると、ふわとろに仕上がります。

＼すべての調理をフライパン1つで！／

フライパンビビンバ

フライパン　18分

Point フライパンは、炒めるものが替わっても洗わずに進めてかまいません。焼き肉のたれやごはんの量はお好みで加減してください。

《材料｜約3人分》
ごはん … 3人分
牛こま切れ肉 … 200ｇ
にんじん … 1/2本
にら … 1/2束
もやし … 1/2袋（100ｇ）
A｜ごま油 … 大さじ1
　　塩 … 小さじ1/5
　　鶏ガラスープの素 … ふたつまみ
ごま油 … 大さじ1
焼き肉のたれ … 大さじ3
キムチ、卵黄、白いりごま … 各適量

《作り方》
❶牛肉は細かめに切る。にんじんは細切りにし、にらは4㎝長さに切る。Aは合わせておく。
❷フライパン（直径24㎝）ににんじん、にら、もやしを分けて入れ、Aをまわしかける。ふたをして中火で3分蒸し焼きにし、混ざらないように少し炒めて取り出す。そのままのフライパンで牛肉を炒め、火が通ったら焼き肉のたれを加えて煮からめ、取り出す。
❸②のフライパン（洗わなくてOK）にごま油とごはんを入れて強火で焼き、底におこげを作る。②の具材とお好みでキムチをのせ、卵黄をのせて白ごまをふる。

＼＼ ササッとできるひと皿ごはん ／／

豚肉とキャベツのスタミナ丼

 フライパン 8分

《 材料｜2人分 》
ごはん … 2人分
豚こま切れ肉 … 180g
キャベツ … 1/5個（200g）
薄力粉 … 大さじ1/2
ごま油 … 小さじ2
塩、こしょう … 各少々
A｜しょうゆ、みりん
　　… 各大さじ1と1/2
　　砂糖、みそ … 各小さじ1
　　にんにくチューブ … 2cm

《 作り方 》
❶豚肉に薄力粉をまぶす。キャベツはざく切りにする。Aは合わせておく。
❷フライパンにごま油を中火で熱し、豚肉を炒める。肉の色が変わったらキャベツを加え、塩、こしょうをふって炒める。
❸キャベツがしんなりしたらAを加えて煮からめ、ごはんにのせる。

Point 具を多めにすると、おかずにもなります！ 豆板醤を少し加え、ピリ辛にしてもグッド。

＼＼ 白菜たっぷり、コクうま味 ／／

豚肉と白菜のあんかけ丼

フライパン 15分

《 材料｜2人分 》
ごはん … 2人分
豚バラ薄切り肉 … 150g
白菜 … 1/8個（250g）
ごま油 … 小さじ2
A｜水 … 200ml
　　酒、しょうゆ、
　　　オイスターソース
　　　… 各大さじ1
　　片栗粉 … 大さじ1
　　鶏ガラスープの素
　　　… 小さじ1

《 作り方 》
❶豚肉は3cm長さに切る。白菜は2cm角に切る。Aは合わせておく。
❷フライパンにごま油を中火で熱して豚肉を炒める。色が変わったら白菜も加えてさらに炒める。
❸しんなりしたらAをもう1度混ぜてから②に加え、混ぜながらとろみをつけ、ごはんにかける。

Point 合わせ調味料はよく混ぜてから加えてくださいね。

＼＼ 甘辛いたれで、ごはんをガッツリ！ ／／

豚ピーマンのスタミナごはん

フライパン 10分

《 材料｜2人分 》
ごはん … 2人分
豚こま切れ肉 … 200g
ピーマン … 4個
塩、こしょう … 各少々
片栗粉 … 小さじ2
ごま油 … 小さじ2
A｜酒、しょうゆ … 各大さじ1と1/2
　　砂糖、みりん … 各大さじ1
　　にんにくチューブ … 3cm
目玉焼き … 2人分
粗びき黒こしょう … 各適量

《 作り方 》
❶豚肉は細切りにし、塩、こしょう、片栗粉をまぶす。ピーマンは縦に細切りにする。Aは合わせておく。
❷フライパンにごま油を中火で熱し、豚肉とピーマンを炒め、火が通ったらAを加えて煮からめる。
❸器にごはんを盛って②をのせ、目玉焼きものせ、お好みで黒こしょうをふる。

豚バラガーリックライス ⏱ 10分

《材料 | 2人分》
ごはん … 300 g
豚バラ薄切り肉 … 150 g
にんにく … 1〜2かけ
サラダ油 … 大さじ 1
A | しょうゆ … 小さじ 2
　 | バター … 10 g
　 | 塩、顆粒コンソメ
　 | … 各小さじ1/4
粗びき黒こしょう … 少々

《作り方》
①豚肉は3cm幅に切る。にんにくは薄切りにする。
②フライパンにサラダ油とにんにくを入れて中火にかけ、にんにくが色づいたら取り出す。
③②のフライパンで豚肉を炒め、火が通ったらごはんを加えてほぐしながら炒め、Aを加えて炒め合わせる。
④器に盛り、②のにんにくを散らしてお好みで黒こしょうをふる。

Point ごはんは温かいものを使ってください。

《 ガッツリ系スタミナごはん！ 》

豚キムチーズ丼 ⏱ 8分

《材料 | 2人分》
ごはん … 2人分
豚バラ薄切り肉 … 150 g
白菜キムチ … 150 g
ピザ用チーズ … 50 g
酒 … 小さじ 2
片栗粉 … 小さじ 1
ごま油 … 小さじ 2
A | 砂糖、しょうゆ … 各小さじ 1
（あれば）小ねぎ（小口切り）… 適量

《作り方》
①豚肉は3cm長さに切り、酒をもみこんで片栗粉をまぶす。
②フライパンにごま油を中火で熱し、①を炒め、色が変わったらAを加える。
③②にキムチを加えて炒め、温まったらチーズを加えてひと混ぜし、ふたをして余熱で溶かす。
④器にごはんを盛って③をのせ、小ねぎを散らす。

Point チーズを加えたらひと混ぜする程度でOKです（チーズのかたまりが残ったほうがおいしいので）。

《 チーズを加えるから辛うま 》

長時間煮なくても、
《 コクのある味に！ 》

豚こまルーロー飯 ⏱ 10分

《材料 | 2人分》
ごはん … 2人分
豚こま切れ肉 … 200 g
ごま油 … 小さじ 1
A | 水 … 大さじ 2
　 | 酒、オイスターソース
　 | … 各大さじ 1
　 | しょうゆ … 大さじ1/2
　 | 砂糖 … 小さじ 2
　 | しょうがチューブ … 3cm
ゆで卵、好みの青菜 … 各適量

《作り方》
①豚肉は細かく切る。Aは合わせておく。青菜はさっと塩ゆでにして水けをきって食べやすい大きさに切る。
②フライパンにごま油を中火で熱し、豚肉を炒める。8割がた火が通ったらAを加え、汁けが少なくなるまで3〜4分炒め煮する。
③器にごはんを盛り、②をのせ、半分に切ったゆで卵とゆでた青菜をのせる。

Point 写真のゆで卵は、ゆで時間は6分です。青菜はほうれん草、小松菜、チンゲン菜などを。

玉ねぎ豚丼

  10分

\\ お酢入りの //
\\ 甘辛だれで //

《材料 | 2人分》
ごはん … 2人分
豚こま切れ肉 … 180g
玉ねぎ … 1/2個
ごま油 … 大さじ1
A｜しょうゆ … 大さじ2
　｜砂糖、酒、酢
　｜　… 各大さじ1
卵黄、（あれば）サラダ菜
　… 各適量

《作り方》
❶玉ねぎは粗みじん切りにする。A
は合わせておく。
❷フライパンにごま油を中火で熱し、
玉ねぎを炒める。しんなりしたら豚
肉を加えて炒め、肉の色が変わった
らAを加えて煮からめる。
❸器にごはんを盛り、②をのせる。
お好みで卵黄ものせ、サラダ菜を添
える。

Point　玉ねぎは炒めすぎず、
食感を残すと◎。ただし、小
さなお子さん用は、しっかり
炒めたほうが食べやすいです。

Part 4 ごはんもの

\\ 特別な材料いらず！//

タコライス

フライパン 10分

《材料 | 2人分》
ごはん … 2人分
合いびき肉 … 180g
玉ねぎ … 1/4個
トマト … 1/2個
オリーブ油 … 小さじ1
A｜トマトケチャップ
　｜　… 大さじ2
　｜ウスターソース … 大さじ1
　｜しょうゆ … 大さじ1/2
　｜カレー粉 … 小さじ1
レタス、シュレッドチーズ、
　粗びき黒こしょう … 各適量

《作り方》
❶玉ねぎはみじん切りにする。トマトは1
cm角に切る。
❷フライパンにオリーブ油を中火で熱し、
合いびき肉と玉ねぎを炒める。肉に火が通
ったらAを加え、2分ほど炒める。
❸器にごはんを盛り、レタスをちぎっての
せ、チーズを全体に散らす。②とトマトを
のせ、お好みで黒こしょうをふる。

Point　チーズは生食できるものをお使いく
ださい。タバスコをかけてもおいしいですよ。

フライパン 10分

\\ お肉と野菜をひと皿でオシャレに //

カフェ風！ 甘辛ミンチライス

《材料 | 2人分》
ごはん … 2人分
合いびき肉 … 150g
玉ねぎ … 1/2個
サラダ油 … 小さじ1/2
A｜しょうゆ、みりん
　｜　… 各大さじ2
　｜砂糖 … 大さじ1
　｜しょうがチューブ … 3cm
温玉 … 2個
（あれば）パセリ（みじん切り）、
　レタス、トマト（くし形切り）、
　マヨネーズ … 各適量

《作り方》
❶玉ねぎはみじん切りにする。A
は合わせておく。
❷フライパンにサラダ油を中火で
熱し、ひき肉と玉ねぎを炒める。
火が通ったらAを加えて2〜3分
煮詰める。
❸器にごはんを盛って②と温玉を
のせ、パセリを散らす。レタスと
トマトを添え、お好みでマヨネー
ズをかける。

てりたまチキン丼

\\ 照り焼きチキン&ふわとろ卵で♡ //

 15分

《 材料｜2人分 》
ごはん … 2人分
鶏もも肉 … 1枚（250g）
卵 … 2個
薄力粉 … 適量
マヨネーズ、サラダ油
　　… 各大さじ1
A｜しょうゆ、みりん
　｜　… 各大さじ1と1/2
　｜砂糖 … 大さじ1/2
（あれば）小ねぎ（小口切り）… 適量

《 作り方 》
①鶏肉は2cm大に切って薄力粉をまぶす。卵はマヨネーズを加えて溶きほぐす。Aは合わせておく。
②フライパンにサラダ油を強火で熱し、卵液を流し入れ、半熟状に炒めて取り出す。フライパンをそのまま中火で熱し、鶏肉の両面を焼き、火が通ったらAを加えて煮からめる。
③器にごはんを盛り、卵、鶏肉の順にのせ小ねぎを散らす。

Point　卵はしっかり熱した多めの油で炒めると、ふわとろに仕上がりますよ!

  18分

なすのボロネーゼドリア

\\ コクのある
ケチャップソース味 //

《 材料｜2人分 》
ごはん … 2人分
合いびき肉 … 150g
なす … 2本
サラダ油 … 小さじ1
A｜トマトケチャップ … 大さじ2
　｜しょうゆ、みりん、
　｜　ウスターソース … 各小さじ2
　｜顆粒コンソメ … 小さじ1/3
　｜にんにくチューブ … 1cm
　｜塩、こしょう … 各少々
卵 … 2個
シュレッドチーズ、（あれば）
　パセリ（みじん切り）… 各適量

《 作り方 》
①なすは2cm大に切り、水に3分さらして水けをきる。Aは合わせておく。
②フライパンにサラダ油を中火で熱し、ひき肉を炒める。火が通ったら、なすを加えて炒め、しんなりしたらAを加えて煮からめる。
③耐熱皿にごはんを盛って②をかけ、真ん中に卵を割り落とし、チーズをのせる。オーブントースターでチーズが溶けるまで焼き、仕上げにパセリをふる。

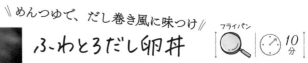

\\ めんつゆで、だし巻き風に味つけ //

ふわとろだし卵丼

10分

《 材料｜2人分 》
ごはん … 2人分
卵 … 4個
長ねぎ … 10cm
A｜めんつゆ（2倍濃縮）
　｜　… 大さじ1と1/2
　｜水 … 大さじ1
サラダ油 … 大さじ2
大根おろし … 5cm分
（あれば）長ねぎの青い部分
　（斜め切り）、かつお節、
　しょうゆ … 各適量

《 作り方 》
①長ねぎは小口切りにする。ボウルに卵を溶きほぐし、長ねぎとAを加えて混ぜる。
②フライパンにサラダ油大さじ1を中火で熱し、卵液の半量を流し入れて大きく混ぜる。半熟になったら、器に盛ったごはんにのせる。同様にもう1人分作る。
③大根おろし、長ねぎの青い部分、かつお節をのせ、しょうゆをかける。

Point　しょうゆの代わりにポン酢をかけてもおいしいです♪

《 かにかまで見栄えバッチリ♪ 》

Point あんの材料は必ず混ぜてから火にかけ、混ぜながら熱してください。

ふわとろかにかま天津飯

 フライパン 10分

《 材料｜2人分 》
ごはん … 2人分
卵 … 4個
長ねぎ … 8cm
かに風味かまぼこ … 50g
塩、こしょう … 各少々
サラダ油 … 大さじ2
A｜水 … 200ml
　　酒、オイスターソース
　　　… 各大さじ1
　　片栗粉 … 小さじ2
　　しょうゆ … 小さじ1
　　鶏ガラスープの素、ごま油
　　　… 各小さじ1/2
（あれば）長ねぎの青い部分（斜め切り）
　　… 適量

《 作り方 》
❶長ねぎは小口切りにする。かに風味かまぼこはほぐす。
❷ボウルに卵を溶きほぐし、①、塩、こしょうを加えて混ぜる。
❸フライパンにサラダ油大さじ1を中火で熱し、②の半量を流し入れて大きく混ぜる。半熟になったら、器に盛ったごはんにのせる。同様にもう1人分作る。
❹③のフライパンにAを入れ、混ぜてから中火にかける。混ぜながら加熱し、とろみがついたら③にかけ、長ねぎの青い部分をのせる。

 和風に仕上げて、卵をとろ～り

ひき肉と小松菜の甘辛丼

フライパン 8分

《 材料｜2～3人分 》
ごはん … 2～3人分
合いびき肉 … 150g
小松菜 … 1束（200g）
玉ねぎ … 1/4個
サラダ油 … 小さじ1
塩、こしょう … 各少々
A｜しょうゆ、酒、みりん
　　　… 各大さじ1と1/2
　　にんにくチューブ … 1cm
卵黄 … 適量

《 作り方 》
❶小松菜は4cm長さに切る。玉ねぎは薄切りにする。Aは合わせておく。
❷フライパンにサラダ油を中火で熱し、ひき肉と玉ねぎを炒め、塩、こしょうをふる。火が通ったら小松菜を加えて炒め、しんなりしたらAを加えて煮からめる。
❸器にごはんを盛って②をかけ、卵黄をのせる。

Point 仕上げにラー油をかけても美味。ひき肉と小松菜炒めは、冷蔵で3日ほど保存できます。

 香味野菜をたっぷり使って

ジンジャーライス

 フライパン 10分

《 材料｜2人分 》
ごはん … 300g
ベーコン … 2枚
長ねぎ … 15cm
しょうが … 1/2かけ
にんにく … 1かけ
A｜しょうゆ … 大さじ1/2
　　バター … 15g
　　塩、鶏ガラスープの素
　　　… 各小さじ1/4
卵 … 2個
サラダ油 … 小さじ3
粗びき黒こしょう … 適量

《 作り方 》
❶ベーコンは5mm角に切る。長ねぎ、しょうが、にんにくはみじん切りにする。
❷フライパンにサラダ油小さじ2を中火で熱し、①を木べらで2分ほど炒める。
❸ごはんとAを加え、ほぐしながら3分ほど炒めて器に盛る。
❹③のフライパンにサラダ油小さじ1を足して強火にかけ、半熟の目玉焼きを作る。③の上にのせ、お好みで黒こしょうをふる。

Point しょうがはみじん切りにし、大さじ1強くらい使います。目玉焼きはのせなくても大丈夫です。

ひき肉となすのドライカレー

《 **材料|2人分** 》
ごはん … 2人分
合いびき肉 … 150g
なす … 2本
玉ねぎ … 1/4個
サラダ油 … 小さじ1
カレー粉 … 小さじ2
A　水 … 100㎖
　　ケチャップ … 大さじ2
　　中濃ソース、みりん … 各大さじ1
　　顆粒コンソメ … ひとつまみ
（あれば）パセリ（みじん切り）… 適量

《 **作り方** 》
❶なすは2㎝大に切り、水に3分さらして水けをきる。玉ねぎはみじん切りにする。
❷フライパンにサラダ油を中火で熱し、ひき肉と玉ねぎを炒める。火が通ったらなすも加えてしんなりするまで炒める。
❸カレー粉も加えてさらに1分炒めAを加えて2～3分炒め煮にする。
❹器にごはんと❸を盛り合わせパセリをふる。

ごはんがおいしい!

カレー&クリームライス

カレーはルーなしでカンタンに。
カフェのようなクリームライスも生クリームなしでお手軽に。
大人も子どもも大好きな味です。

生クリーム不要!
豚肉ときのこのクリームライス

《 **材料|2人分** 》
ごはん … 2人分
豚こま切れ肉 … 100g
しめじ … 1袋
玉ねぎ … 1/4個
バター … 15g
薄力粉 … 大さじ1
牛乳 … 250㎖
A　顆粒コンソメ
　　　… 大さじ1/2
　　塩、こしょう … 各少々
粗びき黒こしょう … 適量

《 **作り方** 》
❶しめじはほぐし、玉ねぎは薄切りにする。
❷フライパンにバターを中火で熱し、豚肉と玉ねぎを炒める。肉の色が変わったら、しめじを加えてさっと炒める。
❸弱火にし、薄力粉をふり入れて1分炒め、牛乳を3回に分けて加え、そのつどよく混ぜる。Aを加え、とろみがつくまで煮る。
❹器にごはんを盛り、❸をかけお好みで黒こしょうをふる。

レンジde6分 たっぷり野菜のドライカレー

《 材料｜2〜3人分 》
ごはん … 2〜3人分
合いびき肉 … 100g
玉ねぎ … 1/4個
にんじん … 1/3本
なす … 1本
A カットトマト缶 … 1/2缶（200g）
　水、カレー粉、トマトケチャップ
　… 各大さじ1
　顆粒コンソメ、砂糖、
　しょうゆ … 各小さじ1
　塩 … 小さじ1/5
　にんにくチューブ … 2cm
温玉、（あれば）パセリ（みじん切り）
　… 各適量

《 作り方 》
①玉ねぎ、にんじんはみじん切り、なすは粗みじん切りにして水に3分さらして水けをきる。
②耐熱ボウルに①、ひき肉、Aを入れて菜箸で混ぜ、ラップをふんわりとかけて電子レンジで3分加熱する。取り出してよく混ぜ、再びラップをふんわりかけて3分加熱して混ぜる。
③器にごはんを盛って②をかけ、温玉をのせてパセリをふる。

白菜のドライカレー

《 材料｜2人分 》
ごはん … 2人分
合いびき肉 … 150g
白菜 … 大1枚（150g）
玉ねぎ … 1/4個
サラダ油 … 小さじ1
カレー粉 … 大さじ1
A 水 … 100ml
　トマトケチャップ … 大さじ2
　中濃ソース、みりん … 各大さじ1
　しょうがチューブ … 2cm
ゆで卵（半分に切る）… 適量

《 作り方 》
①白菜は2cm大に切る。玉ねぎはみじん切りにする。
②フライパンにサラダ油を中火で熱し、ひき肉を炒める。色が変わったら①を加えて炒め、白菜がしんなりしたらカレー粉を加えて1分炒める。
③Aを加えて、混ぜながら3分ほど煮る。器にごはんを盛り、カレーをかけ、ゆで卵を添える。

レンジde豚こまハヤシライス

《 材料｜2人分 》
ごはん … 2人分
豚こま切れ肉 … 150g
玉ねぎ … 1/2個
しめじ … 1/2袋
A 水 … 150ml
　トマトケチャップ … 大さじ4
　中濃ソース … 大さじ3
　薄力粉 … 大さじ1
　顆粒コンソメ … 小さじ1/3
　バター … 10g

《 作り方 》
①玉ねぎは薄切りにし、しめじはほぐす。
②耐熱ボウルに豚肉、①、Aを入れてよく混ぜ、ラップをふんわりとかけ、電子レンジで7分加熱する。取り出してよく混ぜ、再びラップをかけ、2分加熱して混ぜる。
③器にごはんを盛って②をかける。

ガーリックチーズクリームライス

《 材料｜2人分 》
ごはん … 2人分
豚こま切れ肉 … 100g
玉ねぎ … 1/4個
にんにく … 1かけ
バター … 15g
薄力粉 … 大さじ1
牛乳 … 250ml
A ピザ用チーズ … 30g
　塩 … 小さじ1/5
　こしょう … 少々
粉チーズ、
　（あれば）パセリ（みじん切り）
　… 各適量

《 作り方 》
①玉ねぎは薄切り、にんにくはみじん切りにする。
②フライパンにバターを中火で熱し豚肉と①を炒める。肉の色が変わったら弱火にし、薄力粉をふり入れて1分炒める。続けて牛乳を3回に分けて加え、そのつどよく混ぜる。
③Aを加え、とろみがつくまで少し煮る。器にごはんを盛り、クリーム煮をかけて粉チーズ、パセリをふる。

パスタ、焼きそば、うどんなどは、手軽に作れるランチの定番。在宅ランチにも役立つレシピをたっぷり集めました！

\\ 焼き肉のたれが隠し味♡ //

レンチンミートソースパスタ

電子レンジ＆鍋　　15分

《 材料｜2人分 》
パスタ … 160g
合いびき肉 … 150g

A｜玉ねぎ（みじん切り）… 1/4個分
　｜トマトケチャップ … 大さじ3
　｜水、ウスターソース … 各大さじ2
　｜焼き肉のたれ … 大さじ1
　｜顆粒コンソメ、薄力粉
　｜　… 各小さじ1/2

粉チーズ、（あれば）レタス … 各適量

《 作り方 》
❶耐熱ボウルにひき肉とAを入れてよく混ぜ、ラップをふんわりとかけて電子レンジで4分加熱する。取り出して混ぜ、ラップをかけずに再び3分加熱し、箸で混ぜる。
❷パスタは塩（分量外）を加えた熱湯で表示時間どおりにゆでる。湯をきって器に盛り、①をかける。お好みで粉チーズをふり、レタスを添える。

\\ ペペロンチーノと //
\\ カルボナーラをミックス //

オリジナルペペたま

鍋＆フライパン　　15分

《 材料｜2人分 》
パスタ … 160g
ベーコン … 2枚
にんにく … 2かけ
オリーブ油 … 大さじ2
赤唐辛子（小口切り）… 1本分

A｜卵 … 3個
　｜粉チーズ … 大さじ1
　｜顆粒コンソメ … 小さじ1
　｜塩、こしょう … 各少々

（あれば）パセリ（みじん切り）… 少々

《 作り方 》
❶パスタは塩（分量外）を加えた熱湯で表示時間より1分短くゆでる。ゆで汁50mlを取り分けておく。
❷ベーコンは1cm幅に切り、にんにくはみじん切りにする。
❸ボウルにAを入れて混ぜておく。
❹フライパンに②、オリーブ油、赤唐辛子を入れて弱火で炒め、にんにくが色づいたら、取っておいた①のゆで汁を加えて混ぜる。
❺中火にし、パスタを加えてさっと炒め、火を止めて③を加え、手早くからめる。器に盛り、パセリをふる。

Point　ゆで汁を取り分けるのを忘れたら、湯を加えます。Aは必ず火を止めてから加えましょう。

鍋＆フライパン

15分

＼ 相性抜群、香りもバツグン ／

ベーコンとなすの和風パスタ

《材料｜2人分》

パスタ … 160g
ベーコン … 2枚
なす … 1本
玉ねぎ … 1/4個
にんにく … 1かけ
オリーブ油 … 大さじ3
A｜しょうゆ … 大さじ1
　｜バター … 15g
　｜塩、こしょう … 各少々
（あれば）パセリ（みじん切り）
　… 適量

《作り方》

❶パスタは塩（分量外）を加えた熱湯で表示時間より1分短くゆでる。
❷ベーコンは1cm幅に切る。なすは8mm厚さの半月切りにして、水に3分さらして水けをきる。玉ねぎは粗みじん切り、にんにくはみじん切りにする。
❸フライパンにオリーブ油と②を入れて中火にかけ、全体を炒め合わせる。なすがしんなりしたら、湯をきったパスタとAを加えて少し炒める。
❹器に盛り、パセリをふる。

鍋

9分

＼ 手軽で、1人ランチにおすすめ ／

めんつゆバターde納豆パスタ

《材料｜1人分》

パスタ … 80g
納豆 … 1パック
A｜バター … 10g
　｜めんつゆ（2倍濃縮）
　｜　… 大さじ1/2
　｜しょうゆ … 小さじ1/2
（あれば）小ねぎ（小口切り）
　… 適量

《作り方》

❶納豆は付属のたれと辛子を混ぜておく（辛子はお好みで）。
❷パスタは塩（分量外）を加えた熱湯で表示時間どおりにゆでる。湯をきってすぐ鍋に戻し、Aを加えて混ぜる。
❸器に②を盛り、①をのせ、小ねぎを散らす。

 辛子は味のポイントになるので、少量でも加えるのがおすすめです。2人分作るときはすべて倍量にしてください。

＼ マヨネーズ＆めんつゆで味つけバッチリ ／

牛乳deたらこクリームパスタ

鍋

10分

《材料｜2人分》

パスタ … 160g
たらこ（または明太子）… 1腹（70g）
A｜バター … 20g
　｜牛乳 … 大さじ4
　｜マヨネーズ … 大さじ1
　｜めんつゆ（2倍濃縮）… 大さじ1/2
（あれば）青じそ（せん切り）… 適量

《作り方》

❶パスタは塩（分量外）を加えた熱湯で表示時間どおりにゆでる。
❷たらこは身を取り出し、Aとともにボウルに入れる。
❸パスタの湯をきって②に加え、バターが溶けるまで手早く混ぜる。器に盛り、青じそをのせる。

Point たらこ（明太子）は2本で1腹です。刻みのりやねぎをトッピングしてもおいしいです。

ツナと塩昆布の和風パスタ

＼あえるだけで、お手軽！／

鍋 ⏱10分

《 **材料** | 2人分 》
パスタ … 160g
ツナ缶 … 1缶（70g）
塩昆布 … 10〜15g
ごま油 … 小さじ2
（あれば）青じそ、
　　マヨネーズ … 各適量

《 **作り方** 》
❶パスタは塩（分量外）を加えた熱湯で表示時間どおりにゆで、湯をきる。
❷ボウルに軽く油をきったツナ、塩昆布、ごま油を入れ、①を加えてあえる。
❸器に盛り、青じそをちぎってのせ、お好みでマヨネーズを添える。

Point　ごま油の代わりにバター（10g）を使ってもおいしくできます。

えびのトマトクリームパスタ

＼むきえびと牛乳でラクにおいしく！／

鍋＆フライパン ⏱15分

《 **材料** | 2人分 》
パスタ … 160g
むきえび … 120g
玉ねぎ … 1/2個
にんにく … 1かけ
オリーブ油 … 大さじ2
A ┌ カットトマト缶
　　 … 1缶（400g）
　└ 顆粒コンソメ … 小さじ1
牛乳 … 80mℓ
塩、こしょう … 各少々
（あれば）バジル … 適量

《 **作り方** 》
❶玉ねぎは粗みじん切り、にんにくは薄切りにする。パスタは塩（分量外）を加えた熱湯で表示時間より1分短くゆで、湯をきる。
❷フライパンにオリーブ油とにんにくを入れて弱火にかけ、香りが立ったら、むきえびと玉ねぎを加えて中火で炒める。玉ねぎがしんなりしたらAを加え、混ぜながら4分煮る。
❸牛乳と塩、こしょうを加えて混ぜ、パスタを加えてさっとからめる。器に盛り、バジルを添える。

Point　牛乳の代わりに（一部でも）生クリームを使うと、より濃厚な味になります。

ベーコンときのこのめんつゆバターパスタ

＼バターが決め手のまろやかパスタ／

鍋＆フライパン ⏱12分

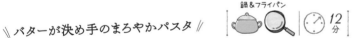

《 **材料** | 2人分 》
パスタ … 160g
ベーコン … 2枚
しめじ … 1袋
玉ねぎ … 1/4個
サラダ油 … 小さじ2
A ┌ めんつゆ（2倍濃縮）
　　 … 大さじ3
　├ バター … 10g
　└ 塩、こしょう … 各少々
粗びき黒こしょう、
　（あれば）青じそ（せん切り）
　　 … 各適量

《 **作り方** 》
❶ベーコンは1cm幅に切る。しめじはほぐし、玉ねぎは薄切りにする。パスタは塩（分量外）を加えた熱湯で表示時間より1分短くゆで、湯をきる。
❷フライパンにサラダ油を中火で熱し、ベーコン、しめじ、玉ねぎを炒める。玉ねぎがしんなりしたらパスタとAを加えてさっとからめる。
❸器に盛り、お好みで黒こしょうをふって青じそをのせる。

Point　きのこはしめじ以外でも。3倍濃縮のめんつゆを使う場合は、2/3量（大さじ2）にしてください。

キャベツに合う
＼＼ コンソメしょうゆ味 ／／
ベーコンとキャベツのパスタ

鍋＆フライパン ⏱ 12分

《 材料｜2人分 》
パスタ … 160g
ベーコン … 3枚
キャベツ … 3枚（150g）
にんにく … 1かけ
オリーブ油 … 大さじ1
A｜しょうゆ … 小さじ2
　｜顆粒コンソメ
　｜　　… 小さじ1/2
　｜塩 … 小さじ1/4
　｜こしょう … 少々

《 作り方 》
❶ベーコンは2cm幅に、キャベツは4cm大に切る。にんにくは薄切りにする。パスタは塩（分量外）を加えた熱湯で表示時間より1分短くゆで、湯をきる。
❷フライパンにオリーブ油、にんにく、ベーコンを入れて中火にかけ、にんにくの香りが立ったらキャベツを加えて炒める。
❸キャベツがしんなりしたらパスタとAを加え、さっとからめる。

Point　ベーコンの代わりにウインナーを使っても。ボリュームが出ます。

＼＼ 2食材でお手軽♪ ／／

ウインナーと
ほうれん草のバタポンパスタ

鍋＆フライパン ⏱ 12分

《 材料｜2人分 》
パスタ … 160g
ウインナーソーセージ … 4本
ほうれん草 … 1/2束（100g）
にんにく … 1かけ
バター … 15g
塩、こしょう … 各少々
ポン酢しょうゆ … 大さじ4

Point　好みで仕上げにもバター小さじ1を加えるとコクが増します。

《 作り方 》
❶パスタは塩（分量外）を加えた熱湯で表示時間より1分短くゆで、湯をきる。ウインナーは斜め切り、ほうれん草は4cm長さに切り、にんにくは薄切りにする。
❷フライパンにバター、ウインナー、にんにくを入れ、中火にかけて炒める。香りが立ったらほうれん草を加えて塩、こしょうし、少し炒める。
❸ほうれん草がしんなりしたらパスタを加えて混ぜ、ポン酢を加えてさっとからめる。

＼＼ 2〜3人分のつけ合わせのおかずにしても◎ ／／
ツナマヨパスタサラダ

鍋 ⏱ 12分

《 材料｜1人分 》
パスタ … 80g
ツナ缶 … 1缶（70g）
玉ねぎ … 1/4個
A｜マヨネーズ … 大さじ2
　｜牛乳 … 大さじ1
　｜顆粒和風だし、しょうゆ、
　｜　砂糖 … 各小さじ1/3
　｜塩、こしょう … 各少々
（あれば）イタリアンパセリ
　　… 適量

《 作り方 》
❶ツナは軽く油をきる。玉ねぎは薄切りにし、水に10分さらして水けをきる。パスタは長さを3等分に折り、塩（分量外）を加えた熱湯で表示時間どおりにゆで、流水で冷やして水けをきる。
❷ボウルにAを入れて混ぜ、①を加えてあえる。
❸器に盛り、イタリアンパセリを添える。

Point　玉ねぎとパスタの水けはしっかりきりましょう。食べるときに粗びき黒こしょうをふるのもおすすめ。

ゆでてあえるだけ！
ひと鍋パスタ

新常識！パスタ作りは鍋1つでOK！
材料を一気にゆでて、あとはソースをからめるだけ。
洗い物も削減できる、助かる1品です。

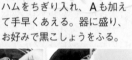

ハムとアスパラのカルボナーラ

Point アスパラの太さにより加え
るタイミングを調節してください。

《 材料｜2人分 》
パスタ … 160g
アスパラガス … 4本
ハム … 4枚
A｜卵 … 2個
　　牛乳 … 大さじ4
　　粉チーズ … 大さじ3
　　塩 … 少々
粗びき黒こしょう … 適量

《 作り方 》
❶アスパラは根元のかた
い部分を折り、下3cm分
の皮をむいて4cm長さに
切る。Aは合わせておく。

❷パスタは塩（分量外）を加え
た熱湯で表示時間どおりにゆで
る。ゆで上がる1分半前にアス
パラも加えて一緒にゆでる。

❸②の湯をきって鍋に戻し、
ハムをちぎり入れ、Aも加え
て手早くあえる。器に盛り、
お好みで黒こしょうをふる。

春キャベツとしらすの和風パスタ

《 材料｜2人分 》
パスタ … 160g
春キャベツ … 1/5個（200g）
しらす … 50g
A｜バター … 15g
　　しょうゆ、ポン酢
　　　… 各小さじ2
　　塩、こしょう … 各少々
粗びき黒こしょう … 適量

《 作り方 》
❶キャベツはざく切りにする。
❷パスタは塩（分量外）を加えた熱湯で
表示時間どおりにゆでる。ゆで上がる2
分前にキャベツも加えて一緒にゆでる。
❸②の湯をきって鍋に戻し、しらすとA
を加えてあえる。器に盛り、お好みで黒
こしょうをふる。

Point 普通のキャベツを使う場合は少し
長めにゆでてください。

ツナと水菜のマヨポンパスタ

《 材料｜2人分 》
パスタ … 160g
ツナ缶 … 1缶（70g）
水菜 … 1/2束（100g）
A｜ポン酢しょうゆ
　　　… 大さじ2
　　マヨネーズ、ごま油
　　　… 各大さじ1
白いりごま … 適量

《 作り方 》
❶ツナは軽く油をきる。水菜は
4cm長さに切る。
❷パスタは塩（分量外）を加えた
熱湯で表示時間どおりにゆでて湯
をきる。
❸パスタを鍋に戻してAとあえ、
最後に①を加えて混ぜる。器に盛
ってお好みで白ごまをふる。

Point 冷製パスタに
してもおいしいです。
その場合は❷でめんを
しっかり冷やして。

＼牛乳でソースを作るから簡単／

ベーコンとアスパラのクリームパスタ

鍋＆フライパン　15分

《 材料｜2人分 》
パスタ … 160g
ベーコン … 2枚
アスパラガス … 3本
玉ねぎ … 1/4個
オリーブ油 … 大さじ1
薄力粉 … 大さじ1
A｜牛乳 … 400㎖
　｜顆粒コンソメ … 大さじ1/2
　｜塩、こしょう … 各少々
粗びき黒こしょう … 適量

《 作り方 》
❶ベーコンは1.5cm幅に切る。アスパラは根元のかたい部分を切り、ピーラーで下3cm分の皮をむき、斜めに2〜3㎜幅に切る。玉ねぎは薄切りにする。パスタは塩（分量外）を加えた熱湯で表示時間より1分短くゆで、湯をきる。
❷フライパンにオリーブ油を中火で熱し、ベーコン、玉ねぎ、アスパラを炒める。アスパラがしんなりしたら薄力粉をふり入れ、1分炒める。
❸Aを加えて混ぜながら加熱し、軽くとろみがついたらパスタを加え、さっとからめる。器に盛り、お好みで黒こしょうをふる。

Point 食べる前に粉チーズをふるのもおすすめです！

ウインナーとほうれん草のバターしょうゆパスタ

鍋＆フライパン　12分

《 材料｜2人分 》
パスタ … 160g
ウインナーソーセージ … 4本
ほうれん草 … 1/2束（100g）
コーン … 大さじ4
サラダ油 … 小さじ2
塩、こしょう … 各少々
A｜しょうゆ、みりん … 各大さじ1
　｜バター … 15g
粗びき黒こしょう … 適量

《 作り方 》
❶ウインナーは斜め薄切りにし、ほうれん草は4cm長さに切る。パスタは塩（分量外）を加えた熱湯で表示時間より1分短くゆで、湯をきる。
❷フライパンにサラダ油を中火で熱し、ウインナーを炒める。焼き色がついたらほうれん草とコーンを加え、塩、こしょうをふって炒める。
❸ほうれん草がしんなりしたら、パスタとAを加えて炒め合わせる。器に盛り、お好みで黒こしょうをふる。

＼身近な材料でささっと／

Point コーンはなければ入れなくてもOK。ウインナーはベーコンで、ほうれん草は小松菜で代用できます。

＼たった2分の煮こみでまろやかに／

トマトクリームパスタ

鍋＆フライパン　15分

Point パスタをソースに加えるときは水分が多めなようでも、食べるころにはちょうどよくなります。

《 材料｜2人分 》
パスタ … 160g
ベーコン … 2枚
玉ねぎ … 1/2個
にんにく … 1かけ
オリーブ油 … 大さじ2
A｜カットトマト缶 … 1/2缶（200g）
　｜白ワイン（または酒） … 大さじ2
　｜顆粒コンソメ … 小さじ1/2
牛乳 … 100㎖
塩、こしょう … 各少々
（あれば）パセリ（みじん切り） … 適量

《 作り方 》
❶ベーコンは1cm幅に切る。玉ねぎは薄切り、にんにくはみじん切りにする。パスタは塩（分量外）を加えた熱湯で表示時間より1分短くゆで、湯をきる。
❷フライパンにオリーブ油、ベーコン、玉ねぎ、にんにくを入れ、中火にかけて炒める。玉ねぎがしんなりしたらAを加え、混ぜながら2分煮る。
❸牛乳を加えて混ぜ、塩、こしょうで味を調え、パスタを加えてさっとからめる。器に盛り、パセリをふる。

\\レモンをしぼっていつもと違う味に//

塩レモン焼きそば

フライパン 🔍 ⏲10分

《 材料 | 2人分 》

焼きそば麺 … 2玉
豚バラ切り肉 … 100g
キャベツ … 3枚(150g)
にんにく … 1かけ
A | 酒、ごま油 … 各大さじ1
  | 鶏ガラスープの素
  | … 大さじ1/2
  | 塩 … 小さじ1/4
サラダ油 … 小さじ1
レモン(くし形切り)… 2切れ
粗びき黒こしょう … 適量

《 作り方 》

❶豚肉は3cm長さに切る。キャベツはざく切り、にんにくは薄切りにする。Aは合わせておく。
❷フライパンにサラダ油を中火で熱し、豚肉とにんにくを炒める。火が通ったらキャベツを加え、しんなりするまで炒める。
❸焼きそば麺、水大さじ1(分量外)を加えてほぐしながら炒め、Aを加えて炒め合わせる。
❹器に盛りレモンを添え、お好みで黒こしょうをふる。

Point レモンは食べるときにしぼってかけてくださいね。

Point 焼きそば麺はレンジで加熱すると、炒めるときにほぐれやすくなります。

\\しょうゆベースの味つけで//

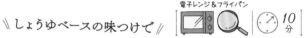

電子レンジ&フライパン 🔍 ⏲10分

豚肉とキャベツの和風焼きそば

《 材料 | 2人分 》

焼きそば麺 … 2玉
豚バラ薄切り肉 … 100g
キャベツ … 2枚(100g)
玉ねぎ … 1/4個
塩、こしょう … 各少々
A | しょうゆ、酒、みりん
  | … 各大さじ1
  | 顆粒和風だし
  | … 小さじ1/3
サラダ油 … 小さじ2
かつお節、紅しょうが
  … 各適量

《 作り方 》

❶豚肉は4cm長さに切る。キャベツはざく切り、玉ねぎは薄切りにする。Aは合わせておく。焼きそば麺は袋に1か所穴をあけ、電子レンジで2分加熱する。
❷フライパンにサラダ油を中火で熱し、豚肉を炒める。肉の色が変わったらキャベツと玉ねぎを加え、塩、こしょうをふって炒める。
❸キャベツがしんなりしたら、麺を加えてほぐし、Aを加えて炒め合わせる。器に盛り、お好みでかつお節をふって紅しょうがを添える。

\\調味料はすべて同じ量で!//

電子レンジ&フライパン 🔍 ⏲10分

黄金比率de上海焼きそば

《 材料 | 2人分 》

焼きそば麺 … 2玉
豚バラ薄切り肉 … 100g
にら … 1束
にんにく … 1かけ
ごま油 … 大さじ1
A | しょうゆ、みりん、酒、
  | オイスターソース
  | … 各大さじ1
ラー油 … 適量

《 作り方 》

❶豚肉、にらは4cm長さに切る。にんにくは薄切りにする。Aは合わせておく。焼きそば麺は袋に1か所穴をあけ、電子レンジで2分加熱する。
❷フライパンにごま油とにんにくを入れて中火にかけ、豚肉を炒める。火が通ったら、麺を加えてほぐすように炒め、Aとにらを加えて炒め合わせる。
❸器に盛り、お好みでラー油をかける。

食欲をそそる香りがたまりません
コクうましょうゆ焼きそば

電子レンジ＆フライパン　10分

《材料｜2人分》
焼きそば麺 … 2玉
豚バラ薄切り肉 … 100g
にら … 1/2束
にんにく … 1かけ
ごま油 … 大さじ1
A｜しょうゆ、みりん
　　… 各大さじ1
　│顆粒和風だし … 小さじ1

《作り方》
❶豚肉、にらは4cm長さに切る。にんにくは薄切りにする。焼きそば麺は袋に1か所穴をあけ、電子レンジで2分加熱する。
❷フライパンにごま油を中火で熱し、豚肉とにんにくを炒め、火が通ったら、麺を加えてほぐす。
❸にらとAを加え、炒め合わせる。

Point　ごま油で炒めると、香りよく仕上がります。

ゆでる手間なしで
パスタより簡単
焼きそばナポリタン

電子レンジ＆フライパン　12分

《材料｜2人分》
焼きそば麺 … 2玉
ウインナー … 4本
玉ねぎ … 1/2個
ピーマン … 2個
サラダ油 … 大さじ1/2
A｜ケチャップ … 大さじ4
　│牛乳、ソース… 各大さじ1
　│砂糖、顆粒コンソメ
　　… 各小さじ1/3
　│こしょう … 少々
バター … 10g
粉チーズ … 適量

《作り方》
❶ウインナーは斜め薄切りにする。玉ねぎとピーマンは8mm幅に切る。焼きそば麺は袋に1か所穴をあけ電子レンジで2分加熱する。
❷フライパンにサラダ油を中火で熱し、ウインナー、玉ねぎ、ピーマンを炒める。しんなりしたらAを加え、30秒ほど炒める。
❸焼きそば麺とバターを加え全体がなじむまで炒める。器に盛りお好みで粉チーズをふる。

Point　ソースは中濃ソース、ウスターソース、とんかつソースでも大丈夫です。

シーフードミックスでOK！
海鮮あんかけ焼きそば

フライパン　15分

《材料｜2人分》
焼きそば麺 … 2玉
冷凍シーフードミックス
　… 150g
白菜 … 大1枚（150g）
ごま油 … 大さじ1
A｜水 … 150ml
　│酒、しょうゆ、
　　オイスターソース
　　… 各大さじ1
　│砂糖 … 小さじ1
片栗粉 … 小さじ2

《作り方》
❶白菜は芯を1cm幅に切り、葉はざく切りにする。焼きそば麺は袋の上からもんでほぐす。片栗粉は水大さじ1と1/2（分量外）で溶いておく。
❷フライパンにごま油を強火で熱し、麺を入れ、フライ返しで押さえながら両面焼く。焼き色がついたら器に盛る。
❸②のフライパンを中火で熱し、シーフードミックスと白菜を入れて3分炒める。Aを加え、3分煮る。
❹①の水溶き片栗粉を加えてとろみをつけ、②にかける。

Point　シーフードミックスは凍ったままでOK。麺は押さえながら、焼き色がつくまで焼いてくださいね。

＼酸味のある甘辛だれが決め手／

おうちde簡単！ 油そば

   8分

《材料｜2人分》
中華麺 … 2玉
A しょうゆ … 大さじ1と1/2
　 酢、ごま油 … 各大さじ1
　 砂糖 … 小さじ2
　 鶏ガラスープの素、
　　 オイスターソース
　　 … 各小さじ1
半熟卵、のり、
　 （あれば）小ねぎ（小口切り）、
　 粉かつおなど … 適量

《作り方》
❶大きめのボウルにAを入れて混ぜる。
❷中華麺は袋の表示どおりにゆで、湯をきって①に加えてあえる。
❸器に盛り、半熟卵や小ねぎなど、好みのトッピングをのせる。

Point 麺は太めがおすすめ。ざるでしっかり湯をきり（水にはさらしません！）、熱いうちにたれであえて。

＼豚骨風味！ 焼きそば麺を使って／

焼きラーメン

  10分

《材料｜2人分》
焼きそば麺 … 2玉
豚バラ薄切り肉 … 100g
キャベツ … 1/5個（200g）
長ねぎ … 1/2本
ごま油 … 大さじ1
A 水、牛乳 … 各100㎖
　 しょうゆ … 大さじ1
　 鶏ガラスープの素
　　 … 小さじ2〜大さじ1
　 塩、こしょう … 各少々
紅しょうが、
　 （あれば）小ねぎ（小口切り）
　 … 各適量

《作り方》
❶豚肉は3㎝長さに切る。キャベツはざく切り、長ねぎは斜め薄切りにする。
❷フライパンにごま油を入れて中火で熱し、①を炒める。豚肉に火が通ったら麺とAを加え、麺をほぐしながら水分が少し残る程度まで炒め合わせる。
❸器に盛り、紅しょうがと小ねぎをトッピングする。

Point 鶏ガラスープの素は、分量に幅を持たせています☆最初は少なめに加えて様子を見て、お好みで仕上げに足してください♪

身近な材料で
＼絶品つけ汁が完成／

おうちつけめん

12分

《材料｜2人分》
中華麺 … 2玉
豚バラ薄切り肉 … 100g
長ねぎ … 1/2本
ごま油 … 小さじ2
A 水 … 400㎖
　 鶏ガラスープの素、しょうゆ
　　 … 各大さじ1
　 みりん、オイスターソース
　　 … 各小さじ1
　 にんにく、しょうが
　　 … 各チューブ2㎝
ゆで卵、刻みのり … 各適量

《作り方》
❶豚肉は3㎝長さに切る。長ねぎは斜め薄切りにする。中華麺は袋の表示どおりにゆで、冷水で冷やして水けをきる。
❷鍋にごま油を中火で熱し、豚肉と長ねぎを炒める。肉の色が変わったら、Aを加えてひと煮立ちさせる。
❸器に中華麺を盛り、お好みでゆで卵と刻みのりをのせる。別の器に②を盛りつけて添える。

Point 麺と一緒に、ゆでたキャベツやもやしなどを添えるのもおすすめ。ボリュームアップできます。

\\ ガッツリ! うま辛味 //
台湾風混ぜうどん

電子レンジ＆フライパン 🔍 ⏱ 10分

《 材料｜2人分 》
冷凍うどん … 2玉
豚ひき肉 … 150 g
にら … 1/2束
ごま油 … 小さじ2
豆板醤 … 小さじ1/2
A｜オイスターソース
　　… 大さじ1と1/2
　　しょうゆ、酒 … 各大さじ1
　　砂糖、みりん … 各小さじ2
　　鶏ガラスープの素 … 小さじ1
　　にんにくチューブ … 2㎝
卵黄 … 2個分

《 作り方 》
❶にらは1㎝幅に切る。Aは合わせて
おく。冷凍うどんは袋の表示どおりに
電子レンジで加熱し、流水で冷やして
水けをきる。
❷フライパンにごま油、豆板醤、ひき
肉を入れ、中火にかけて炒める。肉の
色が変わったら、Aとにらを加えてさ
っと煮からめる。
❸うどんを器に盛り、❷と卵黄をのせる。

Point うどんをレンジにかけている間に具を
作ると効率がよく、10分ほどで完成しますよ。

\\ 一気に混ぜて //
超簡単プルコギうどん

フライパン 🔍 ⏱ 10分

《 材料｜2人分 》
ゆでうどん … 2玉
豚こま切れ肉 … 120 g
玉ねぎ … 1/2個
にんじん … 1/3本
にら … 1/2束
しょうゆ … 大さじ1と1/2
水、酒、コチュジャン、
　ごま油 … 各大さじ1
砂糖 … 小さじ2
塩、こしょう … 各少々

《 作り方 》
❶玉ねぎは薄切り、にんじんは細切
りにする。にらは5㎝長さに切る。
❷フライパンににら以外の材料をす
べて入れ、手でよく混ぜ合わせる。
❸中火にかけ、豚肉の色が変わるま
でしっかり炒めたら、にらを加えて
さっと炒める。

Point にんじんは火が通りにくいの
で、細めに切りましょう。仕上げにラ
ー油をかけても◎！

電子レンジ ⏱ 5分

\\ 火を使わずに！ //
たまごとろ〜り納豆うどん

《 材料｜1人分 》
冷凍うどん … 1玉
A｜納豆 … 1パック
　　めんつゆ（2倍濃縮）
　　… 大さじ1
　　ポン酢しょうゆ、ごま油
　　… 各小さじ1
温玉（または卵黄）… 1個
（あれば）小ねぎ（小口切り）
　… 適量

《 作り方 》
❶冷凍うどんは電子レンジで表示どお
りに加熱する。
❷ボウルにAと①を入れて混ぜ、器に
盛り、温玉と小ねぎをのせる。

Point かつお節やのりをトッピングし
てもおいしいです♪

めんつゆde 鶏たまつけうどん

  鍋 & 電子レンジ 🕐 12分

《 材料 | 2人分 》
冷凍うどん … 2玉
鶏もも肉 … 1/2枚（150g）
長ねぎ … 1/2本
ごま油 … 大さじ1/2
A｜水、めんつゆ（2倍濃縮）
　　… 各100ml
　｜しょうがチューブ … 2cm
卵黄 … 2個分

《 作り方 》
①鶏肉は2cm大に切る。長ねぎは斜め薄切りにする。
②鍋にごま油を中火で熱し、①を炒める。鶏肉に火が通ったら、Aを加えて1分煮る。
③冷凍うどんは袋の表示どおりに電子レンジで加熱し（お好みで流水で冷やして）、器に盛る。別の器に②を盛って卵黄を加え、うどんをつけて食べる。

Point 余った卵白は冷蔵しておき、スープを作るときに加えています！

《 鶏肉のうまみがじんわり 》

アツアツでも、
《 冷やしても美味♡ 》

豚バラとねぎのつけうどん

 鍋 & 電子レンジ 🕐 15分

《 材料 | 2人分 》
冷凍うどん … 2玉
豚バラ薄切り肉 … 100g
長ねぎ … 1/2本
しめじ … 1/2袋
ごま油 … 小さじ1
A｜水 … 250ml
　｜しょうゆ、みりん
　　… 各大さじ2
　｜顆粒和風だし … 小さじ1
　｜塩 … 少々

《 作り方 》
①豚肉は3cm長さに切り、長ねぎは斜め薄切りにする。しめじはほぐす。
②鍋にごま油を中火で熱し、豚肉と長ねぎを炒める。火が通ったらAとしめじを加えて2分煮る。
③冷凍うどんは袋の表示どおりに電子レンジで加熱し（お好みで流水で冷やして）、器に盛る。別の器に②を盛って、うどんをつけて食べる。

Point 麺はそばやそうめんでも◎。仕上げにつゆに卵黄を落とすのもおすすめです。

《 火を使わずに作れ、さっぱり 》

ツナとトマトの冷やしうどん

電子レンジ 🕐 7分

《 材料 | 2人分 》
冷凍うどん … 2玉
ツナ缶 … 1缶（70g）
トマト … 1個
A｜めんつゆ（2倍濃縮）、
　　ポン酢しょうゆ
　　… 各大さじ2
　｜ごま油 … 小さじ2
（あれば）青じそ（せん切り）、
　白いりごま … 各適量

《 作り方 》
①ツナは軽く油をきり、トマトは小さめの角切りにしてボウルに入れ、Aを加えて混ぜておく。
②冷凍うどんは袋の表示どおりに電子レンジで加熱し、流水で冷やして水けをきる。
③器にうどんを盛り、①をかけ、青じそをのせてお好みで白ごまをふる。

Point ツナとトマトは好みで増量してもOK。青じその代わりにねぎや貝割れ菜でもよく合います。

＼ 甘辛味の肉をドン！と ／
豚焼き肉のっけうどん

 フライパン＆電子レンジ   10分

《 材料｜2人分 》
冷凍うどん … 2玉
豚こま切れ肉 … 180g
かいわれ菜 … 1パック
ごま油 … 小さじ1
A｜しょうゆ、みりん
　　… 各大さじ1と1/2
　｜砂糖 … 大さじ1/2
　｜にんにくチューブ … 1cm
めんつゆ（ストレート）… 適量

《 作り方 》
①Aは合わせておく。
②フライパンにごま油を中火で熱し、豚肉を炒める。肉の色が変わったら、Aを加えて煮からめる。
③冷凍うどんは袋の表示どおりに電子レンジで加熱し、器に盛る。②と根を切ったかいわれ菜を半量ずつのせ、めんつゆをかける。

Point 卵黄や温玉、マヨネーズをトッピングするのもおすすめです。

＼ しっかり味の肉そぼろをたっぷり ／

甘辛そぼろうどん

 フライパン＆電子レンジ 10分

《 材料｜2人分 》
冷凍うどん … 2玉
豚ひき肉 … 150g
ごま油 … 小さじ1
A｜水 … 大さじ2
　｜しょうゆ、酒
　　　… 各大さじ1と1/2
　｜砂糖 … 小さじ2
　｜片栗粉 … 小さじ1
　｜しょうがチューブ … 2cm
温玉、青菜 … 各適量

《 作り方 》
①Aは合わせておく。フライパンにごま油を中火で熱し、ひき肉を炒め、火が通ったらAを加えて煮からめる。
②冷凍うどんは袋の表示どおりに電子レンジで加熱し、器に盛って①をかける。お好みで温玉をのせ、塩ゆでした青菜を添える。

Point 添える野菜は、ゆでた小松菜やほうれん草、生のきゅうりやレタス、かいわれ菜、トマトもよく合います。

＼ レンチンして、あえるだけ！ ／
やみつき塩昆布うどん

電子レンジ 4分

《 材料｜1人分 》
冷凍うどん … 1玉
A｜マヨネーズ … 大さじ1
　｜しょうゆ … 小さじ2
　｜ごま油 … 小さじ1
　｜塩昆布 … 4g
（あれば）白いりごま、
　　かいわれ菜 … 各適量

《 作り方 》
①冷凍うどんは袋の表示どおりに電子レンジで加熱し、器に盛ってAとあえる。
②お好みで白ごまをふり、根を切ったかいわれ菜を添える。

Point しっかり味です。塩昆布の量は好みに合わせて加減してください。

トースター
⏲ 12分

パン

きっと作ってみたくなる、見栄え◎のトーストやサンドイッチ。そしてホームパーティーのおつまみにも使えます！朝食や軽食、

マルゲリータトースト

《 材料｜2〜3人分 》
バゲット … 6切れ
トマト … 1/2個
モッツァレラチーズ … 50g
塩 … 適量
バジル … 2〜3枚
エクストラバージンオリーブ油 … 適量
粗びき黒こしょう … 適量

《 作り方 》
① トマトとモッツァレラチーズをスライスし、バゲットにのせる。塩をパラパラとふり、バジルをちぎってのせ、オーブントースターで焼く。
② 食べるときにオリーブ油をかけ、お好みで黒こしょうをふる。

トースター
⏲ 8分

ドテマヨトースト

《 材料｜1人分 》
食パン … 1枚
卵 … 1個
スライスチーズ … 1枚
マヨネーズ … 適量
（あれば）パセリ（みじん切り）、
　粗びき黒こしょう … 各適量

《 作り方 》
① 食パンの縁にマヨネーズをグルッとしぼり出して「土手（ドテ）」を作り、真ん中に卵を割り落とす。
② 卵の上にスライスチーズをのせ、オーブントースターでチーズに焼き色がつくまで焼く。
③ パセリとお好みで黒こしょうをふる。

＼卵1個de大満足♡／
カルボ炒め のっけトースト

トースター＆フライパン

8分

《 材料 | 1人分 》
食パン … 1枚
ベーコン … 1枚
A｜卵 … 1個
　｜牛乳 … 大さじ1と1/2
　｜マヨネーズ … 大さじ1
　｜スライスチーズ
　｜　（適当にちぎる）… 1枚
バター … 5g
粗びき黒こしょう … 少々
（あれば）ミニトマト、サラダ菜
　… 適量

《 作り方 》
❶ベーコンは1cm幅に切る。Aは混ぜ合わせる。食パンはトーストする。
❷フライパンにバターを中火で熱し、ベーコンを炒める。こんがりしたらAを流し入れて大きく混ぜ、半熟になったら火を止める。
❸食パンの上に❷をのせ、お好みで黒こしょうをふる。ミニトマト、サラダ菜を添える。

Point 卵は半熟に仕上げるのがおすすめ。ベーコンの代わりにウインナーでもおいしく作れます。

＼ふわとろ♡リッチな味／
厚切りフレンチトースト

フライパン

20分
※浸す時間は除く

《 材料 | 2人分 》
食パン（4枚切り）… 2枚
A｜卵 … 2個
　｜牛乳 … 200ml
　｜砂糖 … 大さじ1と1/2
　｜バニラエッセンス … 少々
サラダ油 … 小さじ1
バター … 5g
メープルシロップ … 適量
（あれば）ラズベリー、
　ホイップクリーム、ハーブ
　… 各適量

《 作り方 》
❶食パンは半分に切る。バットにAを混ぜ合わせ、食パンの両面を浸し、ラップをかけて冷蔵庫で3時間〜ひと晩おく。途中上下を返す。
❷フライパンにサラダ油とバターを入れて弱火にかける。①を入れてふたをし、6〜7分焼き、焼き色がついたら裏返して6〜7分焼く。
❸器に盛り、メープルシロップをかける。ラズベリー、ホイップクリーム、ハーブを添える。

Point 火はずっと弱火です。レシピの焼き時間を目安にして、様子を見ながら加減してください。

＼いつ食べてもおいしい定番の味／
王道★卵サンド

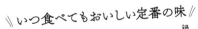
鍋

15分

《 材料 | 1〜2人分 》
食パン（6枚切り）… 2枚
卵 … 2個
A｜マヨネーズ … 大さじ2
　｜塩、こしょう … 各少々
　｜砂糖 … 小さじ1/4
　｜（好みで）辛子 … 適量
（あれば）パセリ … 適量

《 作り方 》
❶鍋に湯を沸かし、卵を入れて10分ほどゆでる。冷水で冷やして殻をむき、細かく切る。
❷ボウルに①とAを入れてあえる。
❸食パン1枚に②をこんもりとのせ、もう1枚の食パンでサンドする。ラップで包んで15分ほど落ち着かせ、食べやすく切り、パセリを添える。

Point 好みでパンに薄くバターを塗っておいても◎。

器選びの偏愛ポイント

よく聞かれる器について。私の好みはこの3つです。

いつもお世話になっている…
マルミツポテリ
https://www.marumitsu.jp/
洋食器はもちろん、和に合うものまで、
私のツボを刺激してくれる食器屋さんです。

オーバルが好き!

私はオーバルの器に何かと頼りがち。炒めも
のから、揚げものなどさっと盛りつけてもお
しゃれに決まるのがこの形だから、様々な種
類を持っています。深めのものから、浅いもの、
大きめから小さめまでなんでもあります。

●左列）下：サーレエペペ28cmプレート（白）3,190円/上：
マリニエール190オーバルプレート（黒）1,650円
●中央）下：パレット195プレート（トルコグリーン）
1,430円/中：マリネリア20cmブラター（白）1,430円/上：
トランキルプレートS（インディゴ）2,420円
●右列）下：ラコットクルンプリL（キャラメル）2,640円
/上：チュチュ オーバルプレート（ベージュ）2,750円

中皿が使いやすい!

我が家にあるお皿のほとんどは中皿サイズの
20〜22cm。ハンバーグなど、各々の盛りつけ
にももちろん使えるし、炒めものを1品よそ
うのもこのサイズがちょうどいいんです。

マニカレット 8"プレート（クリーム）1,650円

色はベーシック!

持っているのは、大体、白、黒、紺、飴色など。
目を引く色は小さめサイズで買うこともあり
ますが、ほとんどがベーシック。なんだかんだ、
料理の色をきれいに見せてくれるのはベーシ
ックカラーだなと思っています。濃い色はお
かずをきれいに見せてくれます。

レカ 165プレート（インディゴ、キャメル、白）1,540円

Part 5

手軽にできる
おやつ・スイーツ

ホットケーキミックスを使ったおやつをはじめ、
混ぜて冷やすだけのひんやりデザートや、
とっても簡単なのに本格的なケーキまで。
気軽にできるスイーツレシピです。

ホットケーキミックスの お菓子

ホットケーキミックスを使って人気のお菓子作りを簡単に。しかも、Mizuki流ならお菓子屋さんのような完成度‼
焼き菓子は焼けたらケーキクーラーなどにのせてしっかり冷まして。

型を使わずに焼け、
＼サックサク♡／

オーブン 25分

世界一簡単なホケミクッキー

《 材料｜18個分 》
卵 … 1個
サラダ油 … 20g
ホットケーキミックス … 150g
チョコチップ … 30g

《 下準備 》
・オーブンは170℃に予熱する。

《 作り方 》
❶ボウルに卵とサラダ油を入れ、泡立て器でよく混ぜる。続けてホットケーキミックスを加え、ゴムべらで混ぜる。粉っぽさがなくなってきたら、チョコチップを加えてさらに混ぜ、最後は手でまとめる。
❷天板にクッキングシートを敷いて①を3cm大に丸めて並べ、予熱したオーブンで15分焼く。

Point チョコチップを刻んだ板チョコやドライフルーツに替えてもおいしくできます。

チョコチップクッキー

オーブン 30分

《 材料｜15枚分 》
バター … 50g
A｜ホットケーキミックス … 100g
　｜ココアパウダー … 小さじ2
チョコチップ
（または細かく刻んだ板チョコ） … 30g

《 下準備 》
・オーブンは170℃に予熱する。
・バターを室温にもどす。

《 作り方 》
❶ボウルにバターを入れてゴムべらでなめらかにし、Aを加えてよく混ぜる。全体がしっとりしたら、チョコチップも混ぜて手でまとめる。
❷①を15cm長さの棒状にのばし、1cm厚さに切る。
❸天板にクッキングシートを敷いて②を並べ、予熱したオーブンで15分焼く。焼けたら天板にのせたまま冷ます。

Point バターは、有塩でも無塩でもどちらでもOKです。また、天板に並べたときに形を整えるときれいに仕上がります！

＼材料は4つ。卵なしで作れる！／

＼甘さの中に、ほんのり塩味が／

塩バタークッキー

オーブン 30分

《 材料｜15枚分 》
バター … 50g
ホットケーキミックス … 100g
塩 … ひとつまみ
グラニュー糖 … 適量

《 下準備 》
・オーブンは170℃に予熱する。
・バターを室温にもどす。

《 作り方 》
❶ボウルにバターを入れてゴムべらで混ぜてなめらかにする。ホットケーキミックスと塩を加え、しっとりなじむまで混ぜ、最後は手でまとめる。
❷①を15cm長さの棒状にのばし、グラニュー糖をまぶし、1cm厚さに切る。
❸天板にクッキングシートを敷いて②を並べ、予熱したオーブンで15分焼く。焼けたら天板にのせたまま冷ます。

Point オーブントースターの場合は焼き時間10分が目安。うっすら焼き色がついたらアルミ箔をかぶせて焼きます。

オーブン 25分

＼ ポリ袋で混ぜて焼くだけ ／
抹茶とホワイトチョコのスコーン

《 材料 | 6個分 》
ホットケーキミックス … 150g
抹茶パウダー … 大さじ1
牛乳、サラダ油 … 各大さじ2
ホワイトチョコ … 1枚（45g）

《 下準備 》
・オーブンは180℃に予熱する。
・ホワイトチョコは適当に割る。

《 作り方 》
❶ポリ袋にホットケーキミックスと抹茶を入れ、シャカシャカふって混ぜる。
❷牛乳とサラダ油を加えて袋の上からもみ、粉っぽさがなくなってきたらチョコを加え、もんでまとめる。
❸生地を取り出し、手で10cm大に丸くのばし、放射状に6等分に切る。
❹天板にクッキングシートを敷いて❸を並べ、予熱したオーブンで15分焼く。

＼ 材料4つだけで、超カンタン ／
チョコチャンクスコーン

オーブン 25分

《 材料 | 6個分 》
ホットケーキミックス … 150g
牛乳、サラダ油 … 各大さじ2
板チョコ … 1枚（50g）

《 下準備 》
・オーブンは180℃に予熱する。
・板チョコは適当に割る。

Point　使用するホットケーキミックスにより、生地がまとまりにくいことがあります。その場合は牛乳とサラダ油を少し追加してください。

《 作り方 》
❶ポリ袋にホットケーキミックス、牛乳、サラダ油を入れ、袋の上からもむ。粉っぽさがなくなってきたら、板チョコを加え（飾り用に少し残す）、さらにもんでまとめる。
❷生地を取り出し、手で10cm大に丸くのばす。放射状に6等分に切り、取りわけておいたチョコをのせる。
❸天板にクッキングシートを敷いて❷を並べ、予熱したオーブンで15分焼く。

＼ さわやかな香りとコクがいい！ ／
レモンとチーズのスコーン

オーブン 30分

《 材料 | 6個分 》
ホットケーキミックス … 150g
A｜ サラダ油、粉チーズ
　　　　… 各大さじ2
　｜ 牛乳、レモン汁 … 各大さじ1
B｜ 粉糖 … 20g
　｜ レモン汁 … 小さじ1
（あれば）レモンの皮（すりおろし・国産）
　　　　… 適量

《 下準備 》
・オーブンは180℃に予熱する。

《 作り方 》
❶ポリ袋にホットケーキミックスとAを入れ、袋の上からもんでまとめる。取り出して、手で10cm大に丸くのばし、放射状に6等分に切る。
❷天板にクッキングシートを敷いて、❶を並べる。予熱したオーブンで15分焼き、ケーキクーラーにのせて完全に冷ます。
❸Bを混ぜてアイシングを作り、❷にかけ、レモンの皮をのせる。

バナナブラウニー

 電子レンジ＆オーブン ⏱ 40分

＼＼ しっとり、濃厚な風味 ／／

《材料｜15cm角型1台分》
バナナ … 2本（1本120g）
板チョコ … 2枚（100g）
バター … 50g
A ┌ 卵 … 2個
　└ 砂糖、牛乳 … 各大さじ1
B ┌ ホットケーキミックス … 50g
　└ ココアパウダー（ふるう） … 10g

《下準備》
・オーブンは170℃に予熱する。
・型にクッキングシートを敷く。

《作り方》
❶チョコとバターは細かく刻み、耐熱ボウルに入れて電子レンジで1分ほど加熱し、混ぜて溶かす。
❷別のボウルにバナナ1本を入れてフォークでつぶし、Aを加えて泡立て器で混ぜ、①も加えて混ぜる。
❸②にBを加え、ゴムべらでさっくりと混ぜ、クッキングシートを敷いた型に注ぐ。
❹残りのバナナは16等分の輪切りにし（あればレモン汁をふると変色を防げる）、③にのせ、予熱したオーブンで25〜30分焼く。

Point バターは、有塩でも無塩でもどちらでもOKです。

＼＼ 蒸し器不要、フライパンで蒸せる！ ／／

超簡単チョコ蒸しパン

フライパン ⏱ 18分

《材料｜120mℓ耐熱容器5個分》
ホットケーキミックス … 100g
ココアパウダー（ふるう） … 大さじ1
A ┌ 卵 … 1個
　│ 牛乳 … 大さじ3
　│ 砂糖 … 大さじ2
　└ サラダ油 … 大さじ1と1/2
板チョコ … 1/2枚

Point 耐熱容器の大きさは多少違っても大丈夫です。ふたにふきんを巻いておくと、蒸している途中で水滴が落ちません。

《作り方》
❶ボウルにAを入れて泡立て器でよく混ぜ、ホットケーキミックス、ココアも加えて混ぜる。グラシンカップを敷いた容器に注ぎ、板チョコを適当に割ってのせる。
❷深めのフライパンに1.5cm高さまで水を入れ、中火にかける。沸騰したら①を入れ、ふきんで包んだふたをして12分蒸す。

チーズ蒸しパン

 電子レンジ＆フライパン ⏱ 20分

＼＼ スライスチーズを使って ／／

《材料｜120mℓ耐熱容器5個分》
ホットケーキミックス … 100g
スライスチーズ … 3枚
牛乳 … 大さじ3
A ┌ 卵 … 1個
　│ 砂糖 … 大さじ2
　│ サラダ油 … 大さじ1と1/2
　└ 粉チーズ … 大さじ1

Point 油を薄くぬったココットなどで作っても大丈夫です。

《作り方》
❶スライスチーズをちぎって耐熱ボウルに入れ、牛乳を加える。ラップをかけずに電子レンジで1分加熱し、泡立て器でよく混ぜてチーズを溶かす。
❷Aを加えてよく混ぜ、ホットケーキミックスも加えて混ぜる。グラシンカップを敷いた容器に注ぐ。
❸深めのフライパンに1.5cm高さまで水を入れ、中火にかける。沸騰したら②を入れ、ふきんで包んだふたをして12分蒸す。
❹蒸し上がったら取り出し、フライパンの湯を捨てる。フライパンに薄くサラダ油（分量外）を引いて中火にかけ、蒸しパンを逆さまに入れ、表面に軽く焼き色をつける。

レモンパウンドケーキ

 オーブン 🕐 50分

《材料|18cmパウンド型1台分》
ホットケーキミックス … 150g
A 卵 … 1個
　砂糖 … 大さじ4
　牛乳 … 大さじ3
　サラダ油 … 60g
　レモン汁 … 大さじ1と1/2
　（あれば）レモンの皮
　　（すりおろし・国産）… 1/2個分
B 粉糖 … 50g
　レモン汁 … 小さじ2
（あれば）レモンの皮
　（すりおろし・国産）… 適量

《下準備》
・オーブンを170℃に予熱する。
・型にクッキングシートを敷く。

《作り方》
❶ボウルにAを入れて泡立て器でよく混ぜる。ホットケーキミックスを加え、ゴムべらでさらに混ぜる。
❷①を型に注ぎ、予熱したオーブンで35～40分焼く。焼けたらケーキクーラーなどにのせて完全に冷ます。
❸Bを混ぜてアイシングを作り、②にかけ、レモンの皮をのせる。

ホケミ＆
サラダ油で
作れる！

 Point 焼き始めから10分で生地の真ん中に切りこみを入れると、きれいに割れます。

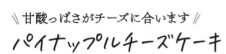

＼カンタンなのに本格的♡／
リッチバナナケーキ

オーブン 🕐 50分
※冷やす時間は除く

《材料|直径15cm底とれ型1台分》
バナナ … 3本
A 卵 … 1個
　砂糖、牛乳 … 各大さじ3
ホットケーキミックス … 150g
バター … 50g

《下準備》
・型にクッキングシートを敷く。
・バターはレンジで加熱して溶かしておく。
・オーブンを180℃に予熱する。

《作り方》
❶ボウルにバナナ2本を入れ、泡立て器でペースト状につぶし、Aを加えてよく混ぜる。
❷ホットケーキミックスも加えてゴムべらで混ぜ、粉っぽさが残っているうちに溶かしバターを加えてなじむまで混ぜ、型に注ぐ。
❸残りのバナナは長さを3等分、縦半分に切って②に放射状にのせ、予熱したオーブンで40～45分焼く。

Point バターは、有塩でも無塩でもどちらでもOKです。

＼甘酸っぱさがチーズに合います／
パイナップルチーズケーキ

オーブン 🕐 50分
※冷やす時間は除く

《材料|直径15cm底取れ型1台分》
クリームチーズ … 200g
パイナップル缶の実 … 4枚（150g）
A 砂糖 … 60g
　卵 … 2個
　ホットケーキミックス … 50g
　プレーンヨーグルト … 100g
　レモン汁 … 小さじ2
　パイナップル缶のシロップ … 大さじ1

《下準備》
・オーブンは170℃に予熱する。
・クリームチーズを室温にもどす。
・型にクッキングシートを敷く。

《作り方》
❶パイナップルは8等分に切り、汁けをきる。
❷クリームチーズをボウルに入れ、泡立て器で混ぜてなめらかにし、Aを上から順に加えてそのつどよく混ぜる。最後に①を加えて混ぜる。
❸型に②を注ぎ、予熱したオーブンで40～45分焼く。焼けたら粗熱をとり、冷蔵庫でひと晩冷やす。

少ない材料でもうまみたっぷり

黒糖サーターアンダギー

 フライパン 15分

《 材料｜約8個分 》
ホットケーキミックス … 150 g
卵 … 1個
黒糖（粉末） … 大さじ 2
サラダ油 … 適量

《 作り方 》
①ボウルに卵と黒糖を入れてよく混ぜる。
②ホットケーキミックスを加えてゴムべらで混ぜ、粉っぽさがなくなったら手でまとめて 3 cm大に丸める。
③フライパンにサラダ油を深さ 2 cmほど入れて160℃に熱し、②を入れ、転がしながら 6 分ほどじっくり揚げ、油をきる。

Point 黒糖は、粉末状のサラサラしたものを使ったほうが手軽です。

シュガードーナツ

 フライパン 12分

《 材料｜約15個分 》
ホットケーキミックス … 150 g
卵 … 1個
牛乳 … 大さじ 3
サラダ油、グラニュー糖 … 各適量

《 作り方 》
①ボウルに卵と牛乳を入れて泡立て器で混ぜ、ホットケーキミックスも加えてゴムべらで混ぜる。
②フライパンにサラダ油を深さ 1 cmほど入れて160℃に熱し、①をスプーンで 3 cm大にすくって落とし入れる。転がしながら、5 分ほど色よく揚げる。
③さっと油をきり、手早くグラニュー糖をまぶす。

Point 牛乳の代わりに同量のヨーグルトを使用すると、ふんわり、もちっとした食感になります。

簡単でおやつに◎

ふんわり、モチモチ♡

豆腐パンケーキ

 フライパン 15分

《 材料｜4枚分 》
ホットケーキミックス … 150 g
絹ごし豆腐 … 1/2丁（150 g）
卵 … 1個
牛乳 … 70㎖
サラダ油 … 適量
バター、フルーツ、ミント、メープルシロップ … 各適量

《 作り方 》
①ボウルに豆腐を入れ、泡立て器でペースト状につぶす。卵と牛乳を加えてよく混ぜ、ホットケーキミックスも加えて混ぜる。
②フライパンにサラダ油を薄くのばして中火にかける。①の1/4量を流し入れ、弱火で 4 分ほど焼く。焼き色がついたら裏返し、ふたをして 2 分蒸し焼きにする。残りの生地も同様に焼く。
③器に盛り、お好みでバターとミントをのせ、フルーツを添えてメープルシロップをかける。

Point 豆腐は水きり不要。パックから取り出し、多少水分がついたまま使用します。ホットケーキミックスは混ぜすぎ注意。粉っぽさがなくなればOK。

ふつうの食パンが、まるでメロンパン！

メロンパントースト

 トースター 15分

《材料｜2枚分》
食パン（5枚切り）… 2枚
ホットケーキミックス … 90g
バター（食塩不使用）… 20g
砂糖 … 大さじ1
溶き卵 … 1/2個分（25g）
グラニュー糖 … 小さじ1

《下準備》
・バターは室温にもどす。

Point 生地を食パンにのせる
ときは、十分に密着させて！

《作り方》
❶ボウルにバターを入れて泡立て器で
なめらかにする。砂糖、溶き卵の順に
加え、そのつどよく混ぜる。ホットケ
ーキミックスを加えてゴムべらでなじ
むまで混ぜ、2等分してまとめる。
❷①を手のひらでのばし、食パンにの
せる。
❸グラニュー糖をふり、包丁で格子状
に切り込みを入れ、オーブントースタ
ーで10分ほど焼く。途中で焼き色がつ
いたらアルミ箔をかぶせて焼く。

人気の韓国グルメをおうちで！

カリッとモチモチ♡チーズボール

フライパン 15分

《材料｜8個分》
ホットケーキミックス … 50g
白玉粉 … 100g
砂糖 … 大さじ1
ぬるま湯 … 100mℓ
さけるチーズ … 2本
パン粉、サラダ油 … 各適量
（好みで）トマトケチャップ、
　パセリ … 各適量

Point ぬるま湯の量は、生地
を簡単に丸められるぐらいを目
安に調節してください。

《作り方》
❶さけるチーズは4等分に切る。
❷ボウルに白玉粉と砂糖を入れ、ぬる
ま湯を少しずつ注ぎながら混ぜる。なめ
らかになったらホットケーキミック
スを加えて混ぜる（こねる）。
❸②を8等分にし、チーズを1切れず
つ包んで丸め、パン粉をまぶす。
❹フライパンにサラダ油を入れて160
℃に熱し、③を転がしながら色よく揚
げる。好みでケチャップとパセリを添
える。

おつまみにもどうぞ♪

オニオンリング

フライパン 12分

《材料｜作りやすい分量》
玉ねぎ（あれば新玉ねぎ）… 1個
薄力粉 … 大さじ2
A　ホットケーキミックス … 100g
　　塩、顆粒コンソメ … 各小さじ1/4
　　水 … 90〜100mℓ
サラダ油 … 適量

《作り方》
❶玉ねぎは1.5cm幅の輪切りにし、
バラバラにほぐしてポリ袋に入れ
る。薄力粉を加え、ふってまぶす。
❷ボウルにAを入れて混ぜる。
❸フライパンにサラダ油を入れて
180℃に熱し、①を②にくぐらせ
て入れ、2〜3分揚げる。

Point 衣はホットケーキの生地より少しもったりするくらいに水分量を調節してくだ
さい。味はついていますが、塩、ケチャップ、マスタードなどをつけて食べても♪

混ぜて焼くだけ！

ホットケーキMIXで、いろいろ マフィン
オイル生地

粉をふるうなど面倒な作業は0。毎日のおやつにちょうどいい、お手軽さです。すべて混ぜるだけの手軽なオイル生地でご紹介。

《 共通の下準備 》
・型にグラシンカップを敷く。
・オーブンは180℃に予熱する。

プレーンマフィン

《 材料 | マフィン型1台・6個分 》
ホットケーキミックス … 150g
A【 卵 … 1個
　砂糖 … 大さじ2
　牛乳 … 70㎖
　サラダ油 … 60g 】
アイシング用粉糖 … 50g

《 下準備 》
・オーブンを180℃に予熱する。
・型にグラシンカップを敷く。

《 作り方 》
❶生地を作る。ボウルにAを入れて泡立て器でよく混ぜる。

❷ホットケーキミックスを加えて粉っぽさがなくなるまでさらに混ぜる。

❸②をグラシンカップを敷いた型に等分にして注ぎ、180℃に予熱したオーブンで20分焼く。焼けたらケーキクーラーなどにのせて冷ます。

＼完成！／

仕上げに、粉糖と水小さじ2（分量外）を混ぜてアイシングを作り、冷めたマフィンにかければ完成。

レモンマフィン

《 材料 | マフィン型1台・6個分 》
ホットケーキミックス … 150g　A【卵 … 1個　砂糖 … 大さじ3　牛乳 … 60㎖　サラダ油 … 60g　レモン汁 … 大さじ1】（あれば）レモンの皮（すりおろし・国産）… 1/2個分

《 作り方 》
❶ボウルにAとレモンの皮（飾り用に少し残す）を入れて泡立て器でよく混ぜる。ホットケーキミックスを加えて粉っぽさがなくなるまで混ぜる。
❷グラシンカップを敷いた型に①を注ぎ、180℃に予熱したオーブンで20分焼く。焼けたらケーキクーラーなどにのせて冷まし、レモンの皮をトッピングする。

ブルーベリークリームチーズマフィン

《 材料 | マフィン型1台・6個分 》
ホットケーキミックス … 150g　A【卵 … 1個　砂糖 … 大さじ2　牛乳 … 60㎖　サラダ油 … 60g】クリームチーズ … 70g（1㎝角に切る）ブルーベリー（冷凍でもOK）… 70g

《 作り方 》
❶ボウルにAを入れて泡立て器でよく混ぜる。ホットケーキミックスを加えてさらに混ぜ、粉っぽさが残っているうちにクリームチーズとブルーベリー（飾り用に少し取り分ける）を加えてゴムべらで混ぜる。
❷グラシンカップを敷いた型に①を注ぎ、取り分けたクリームチーズとブルーベリーをのせ、180℃に予熱したオーブンで20分焼く。焼けたらケーキクーラーなどにのせて冷ます。

チョコバナナマフィン

《 **材料**│マフィン型1台・6個分 》
ホットケーキミックス … 150g　ココアパウダー（ふるう） … 15
g　バナナ … 1本（皮つき130g）　A【卵 … 1個　砂糖 … 大
さじ3　牛乳 … 60㎖　サラダ油 … 60g】板チョコ … 1/2枚〜

《 **作り方** 》
①バナナは5㎜幅の輪切りを6枚作り、残りをボウルに入れ
てフォークでつぶす。Aを加えて泡だて器でよく混ぜる。最
後にホットケーキミックスとココアパウダーを加えて粉っぽ
さがなくなるまで混ぜる。
②グラシンカップを敷いた型に①を注ぎ、輪切りのバナナ
とチョコを適当に割ってのせ、180℃に予熱したオーブンで
20分焼く。焼けたらケーキクーラーなどにのせて冷ます。

りんごと紅茶のマフィン

《 **材料**│マフィン型1台・6個分 》
ホットケーキミックス … 150g　紅茶（ティーバッグ） … 4g
りんご … 1/2個（150g）　A【卵 … 1個　砂糖 … 大さじ3
牛乳 … 60㎖　サラダ油 … 60g】

《 **作り方** 》
①りんごは皮をむいて1㎝角に切り、薄い塩水（分量外）に
さらして水けをきる。
②ボウルにAを入れて泡立て器でよく混ぜる。ホットケーキ
ミックス、紅茶を加えてさらに混ぜる。
③粉っぽさが残っているうちに①を加えて混ぜ、グラシンカ
ップを敷いた型に注ぎ、180℃に予熱したオーブンで20分焼く。
焼けたらケーキクーラーなどにのせて冷ます。

カフェモカマフィン

《 **材料**│マフィン型1台・6個分 》
ホットケーキミックス … 150g　牛乳 … 70㎖　インスタントコ
ーヒー … 小さじ2　A【卵 … 1個　砂糖 … 大さじ3　サラダ
油 … 60g】板チョコ（ブラック） … 1枚（50g・割っておく）

《 **作り方** 》
①耐熱ボウルに牛乳とインスタントコーヒーを入れ、電子レ
ンジで20秒加熱し、泡立て器で混ぜて溶かす。
②①にAを加えて泡立て器でよく混ぜ、ホットケーキミック
ス、板チョコを加えてゴムべらで混ぜる。
③グラシンカップを敷いた型に②を注ぎ、180℃に予熱したオ
ーブンで20分焼く。焼けたらケーキクーラーなどにのせて冷
ます。

クッキー＆クリームマフィン

《 **材料**│マフィン型1台・6個分 》
ホットケーキミックス … 150g　A【卵 … 1個　砂糖 … 大さ
じ2　牛乳 … 60㎖　サラダ油 … 60g】オレオ … 6枚（3枚
は大きめに、もう3枚は小さめに割っておく）（あれば）粉糖 … 適量

《 **作り方** 》
①ボウルにAを入れて泡立て器でよく混ぜる。ホットケーキ
ミックスと、小さめに割ったオレオを加えてゴムべらで混ぜる。
②グラシンカップを敷いた型に①を注ぎ、大きめに割ったオ
レオをのせ、180℃に予熱したオーブンで20分焼く。焼けたら
ケーキクーラーなどにのせて冷まし、仕上げに粉糖をふる。

ホットケーキミックスで 簡単食事パン

こちらも、焼けたらケーキクーラーなどでしっかり冷まして。

ホットケーキミックスでパン生地を簡単に作り、朝ごはんやおやつ、おつまみなどにうれしい惣菜パンに！

《 材料｜6個分 》
ホットケーキミックス … 150 g
A｜水 … 大さじ 3
　｜オリーブ油（またはサラダ油） … 大さじ 2
　｜塩 … 小さじ1/4
好みの具（ピーマンとウインナーの輪切り、
　玉ねぎの薄切り、ツナ、コーンなど） … 適量
トマトケチャップ、マヨネーズ、
　ピザ用チーズ、パセリ（みじん切り） … 各適量

《 下準備 》
・オーブンは190℃に予熱する。

《 作り方 》
❶具をそれぞれひと口大に切って用意をする。
❷ボウルにホットケーキミックスとAを入れ、ゴムべらで混ぜる。まとまったら6等分にし、手で10cm大に丸くのばす（クッキングシートを敷いた天板の上で作業するとラク）。
❸②にケチャップとマヨネーズを塗り広げ、好みの具とチーズをのせる。予熱したオーブンで13分焼き、仕上げにパセリを散らす。

最小限の材料で、
＼混ぜるだけ♡／

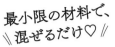 オーブン 20分

世界一簡単なホケミピザ

Point
トースターでも焼けます（10〜12分）。焼き色がついたらアルミ箔をかぶせてください。

＼ほんのり甘い生地と具の塩けがぴったり／
世界一簡単なお惣菜パン

オーブン 25分

Point
ケチャップとマヨネーズは、ちょっと多いかな？というくらいかけると美味♪
お弁当用のアルミカップ（9号）を使うと6〜7個分作れます。

《 材料｜ミニパウンド型5個分 》
ホットケーキミックス … 150 g
A｜卵 … 1個
　｜牛乳 … 80mℓ
　｜マヨネーズ … 大さじ 2
ピザ用チーズ … 30 g
ウインナーソーセージ … 5本
トマトケチャップ、マヨネーズ、
　（あれば）パセリ（みじん切り）
　… 各適量

《 下準備 》
・オーブンは180℃に予熱する。

《 作り方 》
❶ボウルにAを入れて泡立て器でよく混ぜる。ホットケーキミックスを加えて混ぜ、粉っぽさが残っているうちにチーズを加えて混ぜる。
❷①を型に注ぎ、ウインナーを1本ずつのせ、ケチャップとマヨネーズをかける。
❸予熱したオーブンで②を20分焼き、パセリをふる。

ホケミとレトルトカレーで手軽に!
カップカレーパン

 オーブン 25分

《 材料 | マフィンカップ6〜7個分 》
ホットケーキミックス … 150g
A 卵 … 1個
牛乳 … 80ml
マヨネーズ … 大さじ2
レトルトカレー
（キーマなど、汁けが少ないもの）
… 大さじ6〜7
ピザ用チーズ、パセリ（みじん切り）
… 各適量

《 下準備 》
・オーブンは180℃に予熱する。

《 作り方 》
❶ボウルにAを入れて泡立て器でよく混ぜ、ホットケーキミックスも加えて混ぜる。
❷①をマフィンカップの半分まで注ぎ、カレーを大さじ1ずつのせる。その上に残りの生地を入れ、チーズをのせる。
❸予熱したオーブンで20分焼き、パセリをふる。

Point お弁当用のアルミカップ（9号）でも作れます。その場合は7〜8個分作れます。手作りカレーを使うなら、具をつぶし、煮詰めて冷ましてからお使いください。

お惣菜マフィ6種

 オーブン 30分 6つの味を一気に
作っちゃおう!

《 材料 | マフィン型1台・6個分 》
ホットケーキミックス … 150g
A 卵 … 1個
牛乳 … 60ml
サラダ油 … 50g
マヨネーズ … 大さじ2
好みのトッピング … 適量

《 下準備 》
・オーブンは180℃に予熱する。
・型にグラシンカップを敷く。

《 作り方 》
❶ボウルにAを入れてよく混ぜ、ホットケーキミックスも加えて泡立て器で混ぜる。
❷グラシンカップを敷いたマフィン型に①を注ぎ、好みのトッピングをのせ、予熱したオーブンで20分焼く。

Point トッピングは好みのものでお試しください♪
トッピング例（左上から順に）
・ウインナー×コーン×ケチャップ
・焼きとり缶×チーズ
・ツナ×コーン×マヨネーズ
・加熱したブロッコリー×ミニトマト×チーズ
・レトルトカレー×うずら卵の水煮×チーズ
・ベーコン×クリームチーズ×ケチャップ

 電子レンジ＆オーブン 60分
※冷やす時間は除く

《下準備》
・バターはレンジで加熱して溶かしておく。
・型にクッキングシートを敷く。

《作り方》
❶Aでボトムを作る。ビスケットは細かく砕き、バターを加え、混ぜ合わせて型の底に敷き詰める。
❷かぼちゃは3cm大、さつまいもは2cm大に切り、耐熱ボウルに入れてラップをふんわりとかけ、電子レンジで8分加熱する。オーブンを170℃に予熱する。
❸②を熱いうちにつぶし、ある程度つぶれたら砂糖を加え、つぶしながら混ぜる。卵を加え泡立て器で手早く混ぜ、生クリームも加えて混ぜる。
❹③を型に注ぎ、予熱したオーブンで40〜50分焼く。ケーキクーラーなどにのせて冷まし、冷蔵庫でひと晩冷やす。

ヘルシーでやさしいベジケーキ
スイートポテト＆パンプキンケーキ

《材料｜直径15cm底取れ型1台分》
かぼちゃ … 正味300g
（種とワタ、皮は除く）
さつまいも … 正味100g（皮は除く）
砂糖 … 60g
卵 … 1個
生クリーム … 150㎖
A｜ビスケット … 70g
　｜バター … 30g

混ぜて焼くだけ
バスク風チーズケーキ

 オーブン 45分
※冷やす時間は除く

《材料｜直径15cm底取れ型1台分》
クリームチーズ … 250g
砂糖 … 70g
卵 … 1個
薄力粉（ふるう） … 大さじ1
レモン汁 … 小さじ1
生クリーム … 200㎖

《下準備》
・オーブンは220℃に予熱する。
・クリームチーズを室温にもどす。
・クッキングシートをくしゃくしゃにし、広げて型に敷く。

《作り方》
❶ボウルにクリームチーズを入れ、泡立て器で混ぜてなめらかにする。砂糖、卵、薄力粉、レモン汁、生クリームを順に加え、そのつどよく混ぜる。
❷①を型に注ぎ予熱したオーブンで35分焼く。焼けたらケーキクーラーなどにのせて冷まし、冷蔵庫でひと晩冷やす。

Point 生地を混ぜるときはなるべく泡立てないように気をつけて。

＼混ぜて焼くだけ／ チョコレートチーズケーキ

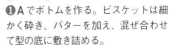
電子レンジ＆鍋＆オーブン
60分
※冷やす時間は除く

《 材料｜直径15cm底取れ型1台分 》
板チョコ … 2枚（100g）
クリームチーズ … 200g
生クリーム … 100ml
砂糖 … 大さじ2
卵 … 2個
（好みで）ラム酒 … 小さじ1/2
A｜ココアビスケット … 70g
　｜バター … 30g
ココアパウダー … 適量

《 下準備 》
・オーブンは170℃に予熱する。
・クリームチーズを室温にもどす。
・バターはレンジで加熱して溶かしておく。
・板チョコは適当に割る。
・型にクッキングシートを敷く。

《 作り方 》
❶Aでボトムを作る。ビスケットは細かく砕き、バターを加え、混ぜ合わせて型の底に敷き詰める。
❷小鍋で生クリームを沸騰直前まで加熱し、すぐにチョコを加えて溶かす。
❸ボウルにクリームチーズを入れ、泡立て器で混ぜてなめらかにする。砂糖、卵、ラム酒、②を順に加え、そのつどよく混ぜる。
❹③を型に注ぎ、予熱したオーブンで40分焼く。ケーキクーラーなどにのせて冷まし、冷蔵庫でひと晩冷やす。仕上げにココアをふる。

抹茶バスクチーズケーキ

オーブン
45分
※冷やす時間は除く

中は鮮やかな
＼グリーンで濃厚な味／

《 材料｜直径15cm底取れ型1台分 》
クリームチーズ … 200g
砂糖 … 60g
卵 … 2個
抹茶パウダー（ふるう） … 大さじ1と1/2
生クリーム … 150ml

《 下準備 》
・オーブンは220℃に予熱する。
・クリームチーズを室温にもどす。
・クッキングシートをくしゃくしゃにし、広げて型に敷く。

《 作り方 》
❶ボウルにクリームチーズを入れ、泡立て器で混ぜてなめらかにする。砂糖、卵、ふるった抹茶、生クリームの順に加え、そのつどよく混ぜる（なるべく泡立てないように気をつける）。
❷①を型に注ぎ、予熱したオーブンで35分焼く。焼けたらケーキクーラーなどにのせて冷まし、冷蔵庫でひと晩冷やす。

＼とろけるような食感です♡／
混ぜて焼くだけチーズテリーヌ

オーブン
60分
※冷やす時間は除く

《 材料｜18cmパウンド型1台分 》
クリームチーズ … 200g
A｜砂糖 … 70g
　｜卵 … 2個
　｜レモン汁 … 小さじ2
　｜プレーンヨーグルト … 100g
　｜生クリーム … 100ml
薄力粉（ふるう） … 大さじ1

《 下準備 》
・オーブンは180℃に予熱する。
・クリームチーズを室温にもどす。
・型にクッキングシートを敷く。

《 作り方 》
❶ボウルにクリームチーズを入れて泡立て器で混ぜてなめらかにする。Aを上から順に加え、そのつどよく混ぜる。最後に薄力粉を入れて混ぜ、型に注ぐ。
❷①を天板またはバットにのせて天板に湯を注ぎ、予熱したオーブンで50分ほど湯せん焼きする。焼けたらケーキクーラーなどにのせて冷まし、冷蔵庫でひと晩冷やす。

これは、危険なおいしさ♡
さつまいものはちみつバター

フライパン 🔍 ⏱ 15分

《 材料｜作りやすい分量 》
さつまいも … 1本(250g)
サラダ油 … 適量
バター … 15g
はちみつ … 適量
塩 … ひとつまみ

《 作り方 》
❶さつまいもは皮ごと1cm角の棒状に切り、水に5分さらして水けをきる。
❷フライパンにサラダ油を深さ5mmほど入れ、①を入れてから中火にかけ、火が通るまで揚げ焼きにする。
❸油をきって器に盛り、バターをのせてはちみつをかけ、塩をふる。

Point さつまいもの水けはしっかりきってください。バター、はちみつ、塩の量はお好みで。

ホイップクリームで華やかに
クリームレアチーズケーキ

電子レンジ 🔍 ⏱ 30分
※冷やす時間は除く

《 材料｜直径15cm底取れ型1台分 》
クリームチーズ … 200g
A | 砂糖 … 60g
　 | レモン汁 … 小さじ1
　 | 牛乳 … 50ml
　 | 生クリーム … 150ml
粉ゼラチン … 7g
水 … 大さじ3
B | ビスケット … 70g
　 | バター … 30g
C | 生クリーム … 50ml
　 | 砂糖 … 5g
(あれば) アラザン … 適量

《 下準備 》
・クリームチーズを室温にもどす。
・バターはレンジで加熱して溶かしておく。
・型にクッキングシートを敷く。

《 作り方 》
❶粉ゼラチンは水にふり入れてふやかす。
❷Bでボトムを作る。ビスケットは細かく砕き、バターと混ぜ合わせて型の底に敷き詰める。
❸ボウルにクリームチーズを入れて泡立て器でなめらかにして、Aを上から順に加えてそのつどよく混ぜる。①のゼラチンを電子レンジで20秒加熱して加え、よく混ぜる。
❹③を②に注ぎ、冷蔵庫で4時間以上冷やす。完全に固まったら型から取り出す。
❺Cを7分立てに泡立て、スプーンで④の表面にラフに塗り、アラザンを散らす。

Point 型から出すときは、温めたタオルを側面に当てると、するりと取り出せます。

チョコ好きに捧げる♡
超濃厚チョコテリーヌ

オーブン 🔍 ⏱ 30分
※冷やす時間は除く

《 材料｜18cmのパウンド型1台分 》
板チョコ（ブラック）… 200g
バター（食塩不使用）… 100g
砂糖 … 大さじ2
卵 … 3個
生クリーム … 50ml
ココアパウダー … 適量

《 下準備 》
・オーブンは180℃に予熱する。
・型にクッキングシートを敷く。

《 作り方 》
❶チョコレートとバターは細かく切ってボウルに入れ、湯せんにかけて溶かす。
❷①を湯せんにかけたまま砂糖を加えて混ぜる。卵を溶きほぐし、少しずつ加えながらそのつどよく混ぜ、最後に生クリームを加えて混ぜる。
❸型に②を注ぐ。天板またはバットにのせて天板に湯を注ぎ、予熱したオーブンで18〜20分湯せん焼きにする（焼き上がったとき、中はフルフルの状態でOK）。
❹型に入れたまま冷まし、冷蔵庫でひと晩冷やす。お好みでココアをふる。

レモンパックレアチーズケーキ

\\ 混ぜて冷やすだけでカワイイ♡ //

 電子レンジ 15分
※冷やす時間は除く

《 材料 | 15×15cmの角型 》
クリームチーズ … 200g
A | 砂糖 … 60g
　 | レモン汁 … 小さじ1
　 | プレーンヨーグルト … 200g
粉ゼラチン … 5g
水 … 大さじ2
市販のビスケット（レモンパック）
　 … 18枚
（あれば）好みのハーブ … 少々

《 下準備 》
・クリームチーズを室温にもどす。
・型にクッキングシートを敷く。

《 作り方 》
①粉ゼラチンは水にふり入れてふやかす。
②ボウルにクリームチーズを入れて泡立て器でなめらかにして、Aを上から順に加えてよく混ぜる。①のゼラチンを電子レンジで20秒加熱して加え手早く混ぜる。
③型にビスケットを9枚並べ、②を静かに注ぎ、表面に残りのビスケットをのせる。冷蔵庫で4時間以上冷やし、好みの大きさに切り、ハーブを飾る。

Point 冷やし固めるだけなので、ある程度深さがあればどんな容器（型）で作っても大丈夫です。

世界一カンタンな大学いも

揚げずに炒めもの \\ 感覚で作れる！ //

電子レンジ＆フライパン 15分

《 材料 | 2〜3人分 》
さつまいも … 1本（250g）
サラダ油 … 大さじ1と1/2
A | 砂糖、みりん
　 | … 各大さじ1と1/2
　 | しょうゆ … 大さじ1/2
（あれば）黒いりごま … 適量

《 作り方 》
①さつまいもは皮ごと3cm大に切り、水に5分さらして水けをきる。耐熱ボウルに入れてラップをふんわりとかけ、電子レンジで3分30秒加熱する。
②フライパンにサラダ油を中火で熱し、①を焼く。表面にうっすら焼き色がついたら（カリッとしたら）余分な油をふき取り、Aを加えて煮からめる。
③仕上げに黒ごまをふる。

Point さつまいものレンジ加熱はやわらかすぎない程度に！ また、焼き色がつき始めると早いので、手早くたれをからめましょう。

スコップケーキ

 混ぜるだけ 15分

サッと作れるのに \\ 映えます♡ //

《 材料 | 15×17×7cmの容器1台分 》
市販のスポンジケーキ（15cm） … 1台
生クリーム … 200ml
砂糖 … 大さじ1と1/2
A | 熱湯、砂糖 … 各大さじ2
　 | （好みで）洋酒 … 小さじ1
好みのフルーツ … 適量
（あれば）ミント、粉糖 … 各適量

Point お子さんが食べる場合は、シロップの材料をレンジで加熱し、アルコールをとばしてください（もしくは洋酒は入れなくても大丈夫です）。

《 作り方 》
①Aを混ぜてシロップを作る。スポンジは2枚にスライスする。フルーツは食べやすく切る。ボウルに生クリームと砂糖を入れ、7〜8分立てに泡立てる。
②容器にスポンジ1枚を適当にちぎって入れ、シロップの半量を塗る。生クリームの半量をのせ、フルーツの半量を散らす。これをもう一度繰り返す。
③仕上げにミントを飾り、粉糖をふる。ざっくりとスプーンですくってサーブする。

\\ 火を使わず、冷やし固めるだけ //
ラクラク桃缶ゼリー

電子レンジ　　8分
※冷やす時間は除く

《 材料｜100ml容器 7 個分 》
黄桃の缶詰 … 1 缶（総量425 g）
粉ゼラチン … 4 g
水 … 大さじ 2

Point 総量が同じなら、白桃缶でも作れます。

《 作り方 》
①粉ゼラチンは水にふり入れてふやかす。
②黄桃缶は実とシロップに分け、実は細かく切って容器に入れる。シロップは水（分量外）を足して200mlにする。
③①を電子レンジで20秒加熱し、シロップに加えて混ぜる。容器に注ぎ、冷蔵庫で 3 時間以上冷やす。

\\ 甘みと酸味がちょうどいい♡ //

いちごミルクプリン

電子レンジ　　5分
※冷やす時間は除く

《 材料｜5～6個分 》
いちご … 150 g
A　牛乳 … 250 g
　　砂糖 … 大さじ 3
粉ゼラチン … 5 g
水 … 大さじ 2
（あれば）いちご、
　　ホイップクリーム、
　　ミント … 各適量

Point 牛乳の一部を生クリームに替えると、濃厚な味に仕上がります。

《 作り方 》
①粉ゼラチンは水にふり入れてふやかす。
②ミキサーにいちごとAを入れてよくかくはんする。①を電子レンジで20秒加熱して加え、さらにかくはんする。
③②をグラスに注ぎ、冷蔵庫で 4 時間以上冷やす。食べるときにいちごやホイップクリーム、ミントをトッピングする。

ほっこりする
\\ 甘さで、なめらか //

さつまいものプリン

電子レンジ　　15分
※冷やす時間は除く

《 材料｜170ml容器 4 個分 》
さつまいも … 正味180 g
A　砂糖、はちみつ
　　　… 各大さじ 1 と1/2
　　牛乳 … 200ml
　　生クリーム（または牛乳）
　　　… 100ml
粉ゼラチン … 5 g
水 … 大さじ 2
メープルシロップ、黒いりごま、
　　さつまいも（トッピング用）
　　　… 各適量

Point メープルシロップをかけない場合は砂糖を少し増量しても。また、はちみつをかけるのもおすすめ。

《 作り方 》
①粉ゼラチンは水にふり入れてふやかす。
②さつまいもは皮をむいて 3 cm大に切り、水に 5 分さらして水けをきる。耐熱ボウルに入れ、ラップをふんわりとかけて電子レンジで 4 分30秒加熱する。
③さつまいもが熱いうちにミキサーに入れ、Aを加えてなめらかになるまでかくはんする。①を電子レンジで20秒加熱して加え、さらにかくはんする。
④③を容器に注ぎ、冷蔵庫で 4 時間以上冷やす。食べるときにレンジ加熱したさつまいもの輪切りをのせ、メープルシロップをかけて黒ごまをふる。

砂糖不要でさっぱり
みかん缶ゼリー

電子レンジ　8分
※冷やす時間は除く

《 材料 | 100㎖容器7個分 》
みかんの缶詰 … 1缶（総量425g）
粉ゼラチン … 4g
水 … 大さじ2

Point　甘さを足したいときは、レンチンしたゼラチンに砂糖（大さじ1くらい）を混ぜ、それからシロップに加えてください。

《 作り方 》
①粉ゼラチンは水にふり入れてふやかす。
②みかん缶は実とシロップに分け、実は等分して容器に入れる。シロップは水（分量外）を足して200㎖にする。
③①を電子レンジで20秒加熱し、シロップに加えて混ぜる。容器に注ぎ、冷蔵庫で3時間以上冷やす。

パパッと作れる！
超簡単♡みたらしだんご

鍋　15分

《 材料 | 3〜4人分 》
白玉粉 … 150g
水 … 130㎖
A｜水 … 150㎖
　　砂糖 … 大さじ4
　　片栗粉、しょうゆ
　　　… 各大さじ2
　　みりん … 大さじ1

《 作り方 》
①ボウルに白玉粉を入れ、水（130㎖）を少しずつ加えながらよくこねる。まとまったら2cm大に丸める。
②沸騰した湯で①をゆで、浮いてきたら、さらに2分ほどゆでる。氷水にとって冷やし、水けをきる。
③小鍋にAを入れ、よく混ぜてから中火にかける。絶えず混ぜながら加熱し、十分にとろみがついたら火を止める。
④器に②を盛り、③をかける。

Point　白玉粉の種類により、加える水の量を調節してください。生地を丸めたとき、割れない程度＝耳たぶくらいのやわらかさが目安です。

もっちり＆とろ〜り♡
チョコ白玉

鍋　20分

《 材料 | 3人分 》
白玉粉 … 100g
水 … 80㎖前後
板チョコ … 30〜40g
（あれば）ココアパウダー … 適量

Point　白玉粉の種類により、加える水の量を調節してください。生地を丸めたとき、割れない程度＝耳たぶくらいのやわらかさが目安です。

《 作り方 》
①板チョコは細かく刻む。ボウルに白玉粉を入れ、水を少しずつ注ぎながら混ぜ、耳たぶくらいのやわらかさにする。
②①を12等分にし、チョコを包んで丸める。
③沸騰した湯で②をゆで、浮いてきたら、さらに2分ほどゆでる。氷水にとって冷やす。
④水けをきって器に盛り、ココアをふる。

＼混ぜて冷やすだけで、見た目◎／
オレオonカップレアチーズケーキ

電子レンジ / 10分
※冷やす時間は除く

《 材料｜140mℓ容器3個分 》
クリームチーズ … 100g
砂糖…大さじ2と1/2
生クリーム…100mℓ
レモン汁…大さじ1
粉ゼラチン…3g
水…大さじ2
オレオ…3枚

《 作り方 》
❶粉ゼラチンは水にふり入れてふやかす。
❷クリームチーズは耐熱ボウルに入れ、電子レンジで30秒加熱してなめらかに練る。砂糖、生クリーム、レモン汁の順に加え、そのつどよく混ぜる。
❸①を電子レンジで20秒加熱し、②に加えてよく混ぜる。カップに注いでオレオをのせ、冷蔵庫で4時間以上冷やす。

Point オレオをトッピングせず、普通のレアチーズケーキとして食べても。

冷蔵庫に ＼あるものでスグでき！／
レンジdeとろけるミルクプリン

電子レンジ / 10分
※冷やす時間は除く

《 材料｜90mℓ容器5個分 》
牛乳 … 400mℓ
砂糖 … 大さじ3
粉ゼラチン … 5g
水 … 大さじ3

《 作り方 》
❶粉ゼラチンは水にふり入れてふやかす。
❷耐熱ボウルに牛乳の半量と砂糖を入れ、電子レンジで1分10秒加熱し、砂糖を溶かす。
❸①を電子レンジで20秒加熱して②に加えて混ぜ、残りの牛乳も加えて混ぜる。
❹容器に注ぎ、冷蔵庫で6時間以上冷やす。

Point もう少しかためが好みなら、粉ゼラチンを6gに増やしてみてください。牛乳の代わりに豆乳で作ると豆乳プリンになります。

寒天ショコラ

鍋 / 10分
※冷やす時間は除く

《 材料｜3〜4人分 》
ココアパウダー … 大さじ2
熱湯 … 大さじ3
A┌ 牛乳 … 450mℓ
 ├ 砂糖 … 大さじ3
 └ 粉寒天 … 4g

Point 寒天は溶けにくいので、沸騰したら、さらに2分ほど混ぜながら加熱してください。

《 作り方 》
❶ココアに熱湯を少しずつ注ぎ、よく混ぜて溶かす。
❷鍋にAと①を入れ、よく混ぜてから強火にかける。絶えず混ぜながら加熱し、沸騰したら弱火にして2分加熱する。
❸バットを水でぬらし、②を茶こし（または目の細かいざる）でこしながら注ぎ、粗熱をとって冷蔵庫で1時間以上冷やす。
❹固まったら好みの大きさに切り分ける。

ヘルシーなのに ＼濃厚で、大満足／

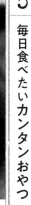

ヘルシーで、間違いなしの組み合わせ
抹茶寒天～小豆添え

鍋 | 10分
※冷やす時間は除く

《 材料｜3～4人分 》
抹茶 … 大さじ 1 と1/2
熱湯 … 大さじ 3
A　水 … 400㎖
　　砂糖 … 大さじ 3～4
　　粉寒天 … 4g
ゆであずき缶 … 適量

Point 寒天の扱い方は、寒天ショコラ（P204）を参考に！ 水の量を300㎖に減らしてかためにしてもおいしいですよ。

《 作り方 》
❶抹茶に熱湯を少しずつ注ぎ、よく混ぜて溶かす。
❷鍋にAを入れ、よく混ぜてから強火にかける。絶えず混ぜながら加熱し、沸騰したら弱火にして2分加熱する。火を止め、①を加えてよく混ぜる。
❸抹茶が溶けたら、バットを水でぬらし、②を茶こし（または目の細かいざる）でこしながら注ぎ、粗熱をとって冷蔵庫で1時間以上冷やす。
❹固まったら好みの大きさに切り、器に盛りあずきを添える。

レトロでかわいい♡
フルーツ牛乳寒天

鍋 | 10分
※冷やす時間は除く

《 材料｜3～4人分 》
A　水 … 100㎖
　　砂糖 … 大さじ 2
　　粉寒天 … 4g
牛乳 … 350㎖
好みのフルーツ缶 … 適量

Point 寒天の扱いは、寒天ショコラ（P204）を参考に！ 牛乳は少しずつ加え、そのつどよく混ぜて。一気に加えると固まるので注意を。

《 作り方 》
❶鍋にAを入れ、よく混ぜてから強火にかける。絶えず混ぜながら加熱し、沸騰したら弱火にして2分煮る。
❷牛乳を少しずつ加えて混ぜ、火を止める。バットを水でぬらし、②を注ぎ、粗熱をとって冷蔵庫で1時間以上冷やす。
❸固まったら好みの大きさに切り、器に盛り、フルーツ缶と合わせる。

材料3つでプルンプルン
片栗粉deわらび餅

鍋 | 10分
※冷やす時間は除く

《 材料｜3人分 》
水 … 300㎖
片栗粉 … 50g
砂糖 … 30g
（あれば）きな粉、黒蜜、
　　あんこ … 適量

Point かたくなるので冷蔵庫で冷やさないでください。

《 作り方 》
❶水、片栗粉、砂糖を鍋に入れ、よく混ぜてから中火にかける。木べらで絶えず混ぜながら加熱し、とろみがついたら弱火にする。
❷透明感が出るまでさらに加熱し、火を止め、1分間よく練り混ぜる。
❸ボウルに氷水を張り、②をスプーンですくい落とし、冷ます。器に盛り、きな粉などをトッピングする。

\ 外はカリッと、中はホクホク♡ /
塩カラメルポテト

電子レンジ＆フライパン
15分

《 材料｜2～3人分 》
さつまいも … 1本（250g）
バター … 15g
砂糖 … 大さじ2
塩 … 少々

《 作り方 》
❶さつまいもは皮ごと3cm大に切り、水に5分さらして水けをきる。耐熱ボウルに入れ、ラップをふんわりとかけて電子レンジで4分加熱する。
❷フライパンにバターを中火で熱し、①を炒める。バターがからんだら砂糖を加え、さつまいもにうっすらと焼き色がつくまで炒める。
❸仕上げに塩をふる。

Point さつまいものレンジ加熱はやわらかすぎないくらいに。やわらかすぎると炒めるときにくずれやすくなります。

コーヒーゼリーフロート

鍋
20分
※冷やす時間は除く

《 材料｜3人分 》
水 … 400mℓ
砂糖、インスタントコーヒー … 各大さじ2
粉ゼラチン … 8g
水 … 大さじ3
バニラアイス … 適量

Point ふやかしたゼラチンはかたまりのまま加えてOK。ゼラチンの量を6gに減らすとプルッフルに仕上がります。

《 作り方 》
❶粉ゼラチンは水にふり入れてふやかす。
❷鍋に水を入れて火にかけ、沸騰直前で火を止め、砂糖とインスタントコーヒーを加えて混ぜる。溶けたら①のゼラチンを加え、混ぜて溶かす。
❸バットを水でぬらし、②を注ぎ粗熱をとって冷蔵庫で5時間以上冷やす。固まったら好みの大きさに切り分けて（スプーンですくってもOK）グラスに入れ、バニラアイスをのせる。

喫茶店の気分を
\ 楽しめます♡ /

\ 混ぜるだけ! /
プレーンラッシー

混ぜるだけ
30秒

《 材料｜2人分 》
牛乳 … 200mℓ
プレーンヨーグルト … 200g
はちみつ（または砂糖） … 大さじ2
レモン汁 … 小さじ1

《 作り方 》
ボウルにすべての材料を入れて混ぜ、グラスに注ぐ。

Point はちみつが入っているので、1歳未満のお子さまには与えないでください。はちみつの代わりに砂糖を使う場合は、ヨーグルトと砂糖をよく混ぜて溶かしてから、ほかの材料を加えましょう。

おわりに

ブログをはじめて約8年、作ったレシピ数は6000を超えていました。

私のレシピノートは現在46冊目に達しています。

この本を作る中で、昔のレシピをさかのぼり、今までのことや皆さんとのやり取りをたくさん思い出すことがありました。本当に皆さんと一緒に歩んできたんだなと思います。

SNSを通していただくリアルな声に励まされ、そして支えられてきました。

時には一緒に悩むこともありますし、私が行き詰まった時には、いつも皆さんが手を差し伸べて下さいました。言葉では言い表すことができないくらいに、感謝の気持ちでいっぱいです。

これから先も共に悩み葛藤し、発見や楽しさを共有しながら、一緒に過ごせますように。

料理が繋いでくれたこのご縁が、いつまでも続きますよう、心から願っております。

最後に、簡単に料理を格上げできる便利な1品をご紹介します。

おかずや丼、麺にのせたり、そのまま副菜にもできたりする万能アイテム"温泉卵"です。

Mizuki

レンジで簡単！ 温泉卵

❶小さめの耐熱容器に卵1個を割り入れ、かぶるくらいの水を入れる。

❷黄身に爪楊枝で3〜4か所穴を空け、電子レンジで45秒加熱する（容器はなるべく卵がぴったり収まるサイズが◎。加熱が足りない場合は10秒ずつ追加加熱してください♪）。

Mizuki

料理研究家。和歌山県在住。調理師免許とスイーツ
コンシェルジュの資格をもつ。ほぼ毎日更新中のブ
ログ「Mizukiオフィシャルブログ～奇跡のキッチン」
では、日々、「簡単・時短・節約」をテーマにレシピ
を発信し続けている。2016年から3年連続レシピブ
ログアワードグランプリを受賞し、現在殿堂入りを
果たす。ブログのPV数は月間300万以上。Insta
gramも日々更新中で、現在100万フォロワーを突破。
雑誌やテレビをはじめ、企業のレシピ開発や、web
メディアで活躍中。また、過去に拒食症との闘いを
克服した経験をもつことから、食べることの大切さ
や、同じ病に苦しむ人へのアドバイスなども積極的
に行っている。著書に「Mizukiの混ぜて焼くだけ。
はじめてでも失敗しないホットケーキミックスのお
菓子」(KADOKAWA)、「Mizukiの今どき和食」(小
社刊)、「Mizukiの2品献立」(マガジンハウス) など
がある。

LINEブログ
「Mizukiオフィシャルブログ～奇跡のキッチン」
https://lineblog.me/mizuki_official/

Instagram
@mizuki_31cafe

Ameba
「Mizukiオフィシャルブログ～奇跡のキッチン」
https://ameblo.jp/mizuki31cafe/

STAFF
デザイン　tabby design
撮影　　　豊田朋子、Mizuki
調理補助　田戸あゆ香、小倉唯
校閲　　　聚珍社
編集協力　三浦良江
企画・編集　岡田好美

協力
マルミツポテリ
WEB STORE
https://www.marumitsu.jp/webstore/

今日のごはん、これに決まり！
Mizukiのレシピノート 決定版！ 500品

2021年10月5日　第1刷発行
2024年10月22日　第14刷発行

著　者　Mizuki
発行人　土屋　徹
編集人　滝口勝弘
発行所　株式会社Gakken
　　　　〒141-8416　東京都品川区西五反田2-11-8
印刷所　大日本印刷株式会社
ＤＴＰ　株式会社グレン

●この本に関する各種お問い合わせ先
本の内容については、下記サイトのお問い合わせフォームよりお願いします。
　　https://corp-gakken.co.jp/contact/
在庫については　Tel 03-6431-1250（販売部）
不良品（落丁、乱丁）については　Tel 0570-000577
　学研業務センター　〒354-0045 埼玉県入間郡三芳町上富279-1
上記以外のお問い合わせはTel 0570-056-710（学研グループ総合案内）

学研グループの書籍・雑誌についての新刊情報・詳細情報は、下記をご覧ください。
学研出版サイト　https://hon.gakken.jp/